초등학생이 꼭 알아야 할
어린이 한국사

초등학생이 꼭 알아야 할 어린이 한국사

이강래 편저

오렌지연필

"역사를 아는 것은 나 자신을 아는 것"

  수년간 출판기획·편집자로서 다양한 분야의 역사책을 기획·편집해왔습니다. 한국의 역사부터 한국 외 국가의 역사 전반, 동양·서양 미술사 등 각 분야 전문가들과 함께 다양한 독자들을 대상으로 출간했습니다. 그러면서 역사 공부에 관한 자신만의 길이 정립되었습니다. 또, 역사 공부야말로 모든 공부의 출발점이고, 올바른 인격 형성의 근본이라고 이야기할 수 있게 되었습니다.

  역사를 아는 것은 나를 아는 것입니다. 나 자신과 내가 살고 있는 곳, 내 이웃의 모습은 어떤 변화를 거쳐 어떻게 자리 잡아 지금에 이르렀는지 역사는 알려줍니다. 그러니 역사 공부가 다른 어떤 공부보다 더욱 중요하고, 선행되어야 한다고 말할 수 있습니다.

  하지만 역사에 관심도 없는 사람에게 피부로 잘 와 닿지 않는 이유를 들어서는 역사 공부의 당위성을 이해시키기 어렵다는 것을 압니다. 더 흥미를 가져다 줄 이유를 들어줄 필요가 있겠지요. 그런데 어떻게 역사 공부의 소중함을 인식시킬 좋은 이유는 사실 잘 떠오르지 않습니다. 역사를 아는 것은 정말 중요하고, 또 정말 재밌는 일인데 말이지요.

  어쩌면 '역사 공부'라는 말에서 우리가 더욱 신경 쓰는 것은 '공부'라는 단어에 있는지 모르겠습니다. '역사를 아는 것도 지겹고 귀찮은 공부이다.' 이와 같은 선입견으로 역사에 접근하도록 이미 많은 이의 머릿속에 자리 잡혀 있습니다. 그렇게 된 데에는 여러 이유 중에 어른도 쉽게 손에 쥘 수 있는 쉬운 역사책이 거의 없는 것이 가장 큰 이유라고 생각합니다. 시중에 나와 있는 책들은 어느 정도 역사 공부가 되어 있는 사람에게 적합한 책들이 대부분입니다. 조금 쉬운 책을 찾아보면, 어린이를 대상으로 한 책이 대부분입니다. 어른도 잘 모르는 지식은 걸음마부터 시작해야 합니다. 하지만 어른이 접근하기에 적합한 쉬운 역사책은 찾기 어렵습니다.

  역사책을 계속해서 전문가와 만들어 오면서 매번 생각했던 것이 있습니다. 먼저, '전문가들은 오히려 일반 성인에 맞는 쉬운 수준으로 역사를 풀어내는 것이 쉽지 않구나.' 하는 생각을 했습니다. 그리고 '이처럼 골치 아픈 내용이 담긴 책이 일반적이라면, 특히 일반 성인은 역사 공부를 시작하겠다고 손을 먼저 뻗기가 쉽지 않겠구나.' 하고 생각했습니다. 바쁜 사회인에게는 따로 역사 공부를 할 여유가 아예 없다고 해도 과언이 아니지요. 그냥 화장실에서 가볍게 펼쳐 봐도 좋은

    책, 내용이나 문장이 그리 어렵지 않은 책이 바쁜 현대인에게는 필요합니다. 그래서 어린이는 물론이고 일반 성인도 쉽게 역사에 쉽게 접근할 수 있는 책을 기획해보자고 생각했습니다.

    역사를 정의할 때 무엇보다 먼저 알아두어야 하는 것은 '시간의 흐름'이라는 사실입니다. 과거부터 지금까지 여러 사건들의 발생으로 흘러온 시간 속 이야기가 역사입니다. 역사라고 하면 거창할 수 있지만, 우리 가족에 벌어졌던 과거 사건들의 나열도 하나의 역사가 될 수도 있습니다. 그것은 가족에 한정된 역사일 가능성이 크지만요. 그러니까 역사를 배울 때 가장 먼저 해야 할 것은 역사의 흐름을 밑그림 그리듯 모두 펼쳐보는 것입니다.

    과거부터 지금까지 흘러온 시간 속 사건들을 모두 펼쳐내는 것은 사실 쉽지 않습니다. 그래서 바로 이 책을 기획하게 된 것입니다. 이 책은 어떻게 우리 조상님들의 발자취를 마치 이야기 풀어내듯 엮어낼지 고민 속에 나왔습니다. 큰 사건을 위주로 하고 그 사건들을 이어가다 보면 금세 큰 고민 없이 결론에 도달할 수 있도록, 마치 굴비 한 두름처럼 정성들여 엮어냈습니다. 여러분은 굴비 한 개, 두 개 빼내어서 맛있게 잘 구워먹으면 됩니다. 화장실에서든 어디에서든….

    여기까지 읽은 여러분 모두 우리 역사 속으로 뛰어들 준비되었나요? 분명히 이 책을 덮을 때쯤 여러분은 우리 선조가 지나온 삶의 매력에 흠뻑 빠져 더 깊고 많은 이야기를 찾게 될 것입니다. 그때 다시 서점으로 가 시중에 출간된 좀 더 상세한 내용이 담긴 역사책들 중 자신에게 맞는 책을 골라 읽으세요. 이미 이 책을 읽고 단단해진 토양을 바탕으로, 더 섬세한 수많은 역사 이야기가 가지를 치고 잎을 펼치며, 꽃과 열매를 맺을 것입니다. 그리고 더 훌륭한 여러분의 자양분이 될 것입니다.

Contents

	Prologue	04
1	선사 시대와 초기 국가	10
2	삼국 시대의 형성과 발전	38
3	통일 신라와 후삼국 시대	66
4	고려의 건국과 발전	96
5	고려 무신 정권과 대몽 전쟁	128

6	고려의 멸망과 조선의 건국	158
7	조선 초기의 정치와 문화 발달	182
8	조선 시대의 환란	214
9	조선 후기 사회의 변화	242
10	조선의 멸망	278
	한국사 연대표	317
	도판 목록	319

Part 1
선사 시대와 초기 국가

- 선사 시대의 생활
- 사회의 변화와 국가의 발생
- 고조선의 역사
  - 고조선의 건국을 담은 단군 신화
  - 고조선의 발전
  - 고조선의 멸망
- 한반도의 초기 국가
  - 초기 국가의 성립
  - 부여의 발전, 그리고 고구려
  - 동예와 옥저
  - 삼한의 등장과 사회

잡식로드 휴게소 부여의 건국 신화

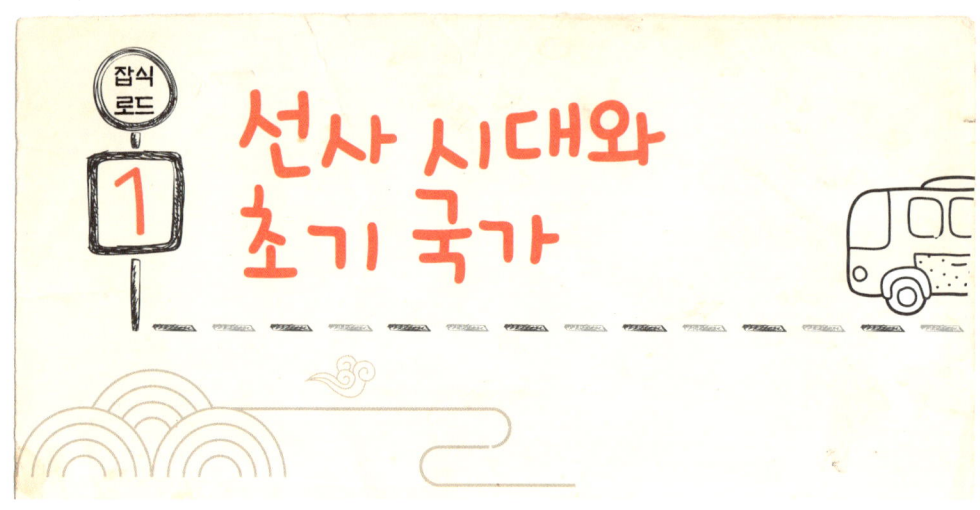

1 선사 시대와 초기 국가

선사 시대의 생활

구석기 시대의 생활

구석기를 사용한 시기를 '구석기 시대'라고 합니다. 그리고 돌을 깨거나 떼어내어 만든 석기를 '뗀석기'라 하는데 구석기는 이 뗀석기를 말하지요. 이 시대를 연구하려고 해도 겨우 몇 가지밖에 자취가 남아 있지 않아 대개 상상을 통해서 분석할 수밖에 없습니다. 그렇다면, 우리나라의 구석기인들은 어떤 방법으로 살았을까요?

> 뗀석기는 선사 시대 전 기간에 걸쳐서 오랫동안 사용되었습니다.

우리나라에는 약 70만 년 전부터 사람이 살기 시작하였습니다. 사람은 다른 동물에 비해 약한 존재여서 맹수와 추위를 피하는 것이 생존의 가장 큰일이었지요. 또 생존을 위해 무리를 지어 생활할 수밖에 없었습니다. 넓은 들판보다는 동굴 같은 곳으로 들어가 생활한 것도 이런 이유에서지요. 동굴뿐만 아니라 강가에서 생활하기도 하였는데, 아무래도 동굴보다 강가가 먹을 것을 얻는 데 더 유리하기 때문입니다. 이들은 나무 열매나 뿌리 등을 채집하거나 작은 동물 등을 사냥하여서 먹는 문제를 해결하였습니다.

구석기 시대에는 기후 변동이 심해서 빙하기와 간방기가 반복되었습니다. 인류는 이러한 기후 변화에 적응하면서 생존을 이어나가기 위해 안간힘을 써야 했습니다. 이 시기에 사용했던 대표적인 도구는 돌을 깨서 만든 '찍개'와 '주먹도끼'였습니다. 주먹도끼는 인류 역사에서 가장 오랜 기간 사용한 도구로 알려졌지요. 주먹도끼는 생활하는 데 필요한 모든 일을 할 수 있도록 하는 그야말로 만능 도구였습니다. 우리나라에서는 '연천 전곡리'와 '공주 석장리'에서 출토된 주먹도끼가 가장 대표적입니다.

> 간방기는 빙하기와 다음 빙하기 사이의 따뜻한 시기를 말합니다.

주먹도끼

> **구석기 시대의 대표 유적지**
> 제천 점말동굴, 단양 금굴, 청원 두루봉동굴, 공주 석장리, 연천 전곡리 등

신석기 시대의 생활

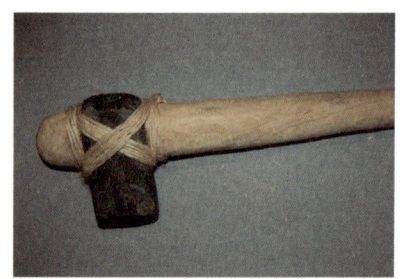

갈아 만든 돌도끼

인간은 수십만 년 동안 깨뜨려서 뾰족하게 만든 돌만 사용했습니다. 그러다가 1만 년 전 비로소 돌을 갈아서 사용하게 되었습니다. 돌을 갈면 더 날카로운 칼날을 얻을 수 있다는 것을 알게 된 것이지요. 이처럼 갈아 만든 석기를 우리는 '간석기'라고 하며, 이 간석기를 사용하기 시작한 시대를 '신석기 시대'라고 부릅니다. 이때는 빙하기가 완전히 물러가고 지구가 따뜻해지기 시작한 때였습니다.

이즈음 사람들은 식물을 재배하는 기술을 익히게 되었습니다. 씨앗을 심고 물을 주면, 식물로 자란다는 것을 알게 된 것이지요. 그리고 이 시기에는 가축을 기르는 법도 알게 되었습니다. 다시 말해 구석기 시대에는 채집과 수렵으로만 살아갔다면, 신석기 시대는 농경과 목축을 시작한 시기입니다.

물론 아직 초보적인 농사법만을 사용할 수 있을 뿐이었지요. 그렇지만 농사를 지을 수 있게 되면서 사람들의 생활에도 큰 변화가 일어났습니다. 농사를 짓는다는 것은 한 곳에 머물러야 하는 것을 의미하지요. 이것을 '정착 생활'이라고 합니다. 또, 한 곳에 머물러 지내려면, 집이 필요했습니다. 신석기인은 주로 강가나 바닷가에 집을 짓고 정착했습니다. 그 이유는 농사를 지으려면 물이 필요하고, 강가에서는 물고기나 조개를 잡기에도 좋기 때문이지요. 이들은 강가 주변의 식물을 이용하

> 움집의 주요 재료는 강 주변에 서식하는 갈대나 억새였습니다.

여 집을 지었습니다. 이를 '움집'이라고 합니다. 움집의 규모를 보면, 신석기인이 가족 단위로 생활했다는 것을 알 수 있습니다.

신석기 시대의 움집
신석기 시대 사람들은 움집을 지을 때 땅을 어느 정도 판 후에 지었습니다. 가운데에는 화덕을 피워서 기온을 따뜻하게 유지했지요.

신석기인은 채집하고 수렵한 식량을 그릇에 저장했습니다. 그중 가장 대표적인 것이 '빗살무늬 토기'입니다. 대개 밑이 뾰족한 형태였는데, 그 이유는 뾰족한 부분을 흙에 꽂아 안정되게 고정할 수 있기 때문입니다. 빗살무늬 토기라는 이름이 붙은 이유는 나무나 뼈로 그릇에 빗살무늬를 새겨 넣었기 때문입니다.

그리고 신석기인은 옷도 만들어 입었습니다. 이들은 나무 껍질이나 동물의 가죽을 몸에 맞게 잘라서 동물의 뼈로 바늘을 만들어 실로 꿰매 입었습니다. 실을 꼬아 베를 짜 천을 만들기도 했는데, 이때 '가락바퀴'라는 도구를 사용했습니다.

빗살무늬 토기

신석기 시대의 대표 유적지
울산시 울주군 서생면 신암리, 서울 암사동, 제주 고산리, 강원도 양양군 손양면 오산리, 경기도 광주 미사리 등

청동기 시대의 생활

농사를 짓고 정착 생활을 시작하면서 도구가 살아가는 데 더 중요한 것이 되었습니다. 더 가공이 쉽고 더 단단한 도구가 필요하게 되었고 좋은 도구를 만들 수 있는지에 따라서 생존이 갈리게 되었습니다. 인류는 차츰 농사 외의 활동에도 생활의 범위를 넓히게 되었습니다. 농사에 실패하면, 옆 무리로 침범하여 약탈하기도 하고 더 좋은 식량을 위해 교류하기도 했지요.

다양한 청동검

그러다가 발견하게 된 것이 청동입니다. 청동은 돌보다 훨씬 가공이 쉽고 더 단단했습니다. 이 재료를 이용해서 훨씬 우수한 도구를 만들 수 있게 되었지요. 이처럼 청동으로 만든 도구를 사용하기 시작한 때를 '청동기 시대'라고 합니다. 우리 역사에서 청동기를 사용하기 시작한 때는 대략 기원전 2000년경에서 1500년경으로 보고 있습니다.

청동기인은 생계를 농사에 의존했습니다. 매일 농사일을 하며 살아갔지요. 주목할 만한 작물은 벼입니다. 이 시기부터 벼농사를 시작하게 되었습니다. 현재 우리나라 사람의 주식인 쌀을 이때부터 먹기 시작한 것입니다. 그런데 청동기는 돌보다는 단단하지만, 재료를 얻기가 쉽지 않아서 여전히 농사일을 하는 데 사용하기엔 적합하지 않았습니다. 그래서 실생활에는 여전히 간석기를 주로 사용했습니다. 청동은 재료의 특성상 거침없이 미끈하고 아름다우며, 다양한 형태로 변형이 쉬워서 하늘에 제사의식을 지내는 용도로 주로 사용했습니다. 그 밖에 권력을 드러내는 과시용으로도 사용하였습니다.

탄화미
여주 흔암리 유적에서 발견된 청동기 시대의 탄화된 쌀로, 현재 서대문구 '농협 쌀 박물관'에 보관되어 있습니다.

청동기 시대의 토기는 신석기 시대와 확연히 구분이 됩니다. 이때의 토기는 무늬를 넣지 않아 표면이 밋밋한 것이 특징인데, 이를 '민무늬 토기'라고 부릅니다. 미송리식 토기, 팽이형 토기, 붉은간 토기 등 다양한 형태의 민무늬 토기가 유적지에서 발견되었습니다.

도구가 발달하면서 농사일도 더 쉬워졌고 정착 생활은 더욱 안정되었습니다. 앞쪽에는 물이 흐르고 뒤쪽에는 낮은 산이 있는 곳에 주로 정착하였습니다. 넓은 지역에 많은 가족이 모여 사는 형태로 거주하였으며, 한 가족은 대략 네 명에서 여덟 명 정도의 규모를 이루었던 것으로 추정합니다.

민무늬 토기

점차 남는 식량이 많아지면서 개인 소유의 재산도 발생했습니다. 더 힘이 강한 자가 더 많이 가질 수 있었고, 이러한 소유의 불균형은 계급으로까지 이어졌습니다. 막강한 힘을 가진 자는 지배자가 되었고, 빈부의 격차와 계급의 발생은 사후에도 영향을 끼쳤습니다. 죽은 자의 무덤 크기와 함께 묻는 내용물의 종류에 차별이 생겼지요. 이러한 계급 사회의 대표적인 증거로 고인돌을 들 수 있습니다. 계급에 따라서 고인돌의 크기는 큰 차이를 보입니다. 발견한 고인돌 중에는 위에 덮은 덮개돌의 무게가 심지어 수십 톤에 이르는 것도 있습니다. 이 정도 무게의 돌을 운반하기 위해 얼마나 많은 인력이 동원되었을지 상상해보면, 청동기 시대에 계급의 차이가 얼마나 현격했는지 알 수 있습니다.

> 고인돌은 지상이나 지하에 방을 만들어 시신을 매장하고, 그 위에 여러 개의 받침돌로 받친 덮개돌을 덮은 모양의 선사 시대 무덤입니다. 어떻게 이처럼 거대한 바위를 이용해 선사 시대 사람들이 무덤을 만들었는지는 발견된 유물들로 추측할 뿐입니다.

청동기 시대의 대표 유적지
경기도 연천 삼거리, 임진강변, 강화도 고인돌, 강릉시 교동, 부여 송국리, 진주 남강, 울산 검단리 등

옥천 석탄리 고인돌

강화 부근리 지석묘

사회의 변화와 국가의 발생

구석기 시대나 신석기 시대에는 아직 많은 식량을 생산할 수 없었기 때문에, 모두 같이 일하고 똑같이 분배하는 사회였습니다. 그러나 청동기 시대로 접어들어 도구와 농사 기술이 발달하면서, 생존에 필요한 것보다 생산량이 초과하게 되었지요. 그러자 잉여 식량을 혼자서 차지하려는 사람이 생겼습니다. 그는 다른 이보다 힘이 세고 도구도 훨씬 강한 것을 소유했습니다. 식량을 지배하는 것은 곧 인간을 지배하는 것이었습니다. 지배자는 피지배자 위에 군림했습니다.

농경문 청동기

'농경문 청동기'는 일종의 의식을 치르는 용도의 청동 유물입니다. 한 쪽에는 밭을 일구는 남성과 새 잡는 여성이 새겨졌고, 다른 한 쪽에는 나뭇가지 위에 새가 앉아 있는 모습이 새겨졌답니다. 이 유물은 다른 청동기 유물에서 볼 수 없었던, 당시 생활상을 생생하게 보여줍니다.

지배자의 욕심은 거기서 멈추지 않고 밖으로 향했습니다. 옆 부족과 약탈을 위한 전쟁을 치르게 되었지요. 부족의 지배자는 세력을 밖으로 더 키워갔고 점차 약탈 전쟁의 범위가 넓어졌습니다.

농사짓는 사람 외의 많은 사람이 무기를 들고 전투를 치르는 역할을 했습니다. 족장은 청동검을 들고 전투를 지휘하였습니다. 그리고 전투에서 승리하면, 다른 부족에서 잡아온 사람들을 노예로 부리기 시작하였지요. 이러한 현상은 더욱더 계급사회를 강화하도록 하였습니다. 계급이 더 세분화되자 힘이 가장 센 이는 점차 그 세력을 더욱더 키워갔습니다. 지배자는 이처럼 지배하는 지역과 세력이 넓어지면서 좀 더 효율적으로 사회를 조직하고 관리할 필요가 있었습니다. 국가는 그렇게 등장하게 되었습니다.

이렇게 등장한 부족 국가들은 서로 통폐합을 반복하면서 부족 연맹 국가로까지 발전하였습니다. 우리 민족 최초의 국가는 '고조선'입니다.

고조선의 역사

고조선의 건국을 담은 단군 신화

> 이 단군 신화는 고려 시대 일연이 지은 『삼국유사』의 내용을 바탕으로 하였습니다.

옛날 옛적에 하늘나라의 왕 '환인'에게는 '환웅'이라는 아들이 있었습니다. 환웅은 자주 하늘 아래를 내려다보며 인간 세상을 동경했지요. 환인은 아들의 뜻을 굽히지 못해 환웅이 인간세계에 내려가면, 과연 인간에게 이익이 있을지 견주어봤습니다. 충분히 아들이 인간에게 널리 이익을 줄 법하다고 판단하여 하늘 아래로 내려가 인간을 다스리도록 하였지요. 환웅은 하늘이 왕에게 주는 표식, 세 개를 들고 마침내 인간 세상으로 내려갔습니다.

환웅은 무려 3천여 명을 데리고 태백산 꼭대기 신단수 아래에 내려왔습니다. 그곳을 '신시'라고 이름 지었으며, 자신을 '환웅천왕'이라 칭하였습니다. 환웅은 인간 세상에 이로움을 주기 위해 노력했습니다. 인간 세상을 다스리고 올바로 살아갈 수 있도록 하였지요.

> '인간 세상을 널리 이롭게 하라!'
> 이러한 사상을 '홍익인간(弘益人間)'이라고 합니다.

그런데 그때, 같은 동굴에 사는 곰 한 마리와 호랑이 한 마리가 환웅에게 끊임없이 사람이 될 수 있게 해달라고 빌었습니다. 환웅은 처음에 얼토당토않다고 여겼으나 그들의 뜻에 감동하여 몇 가지 조건을 들어 그 소원을 들어주겠다고 했습니다. 영험이 있는 쑥 한 타래와 마늘 스무 개를 주면서 이것을 먹고 백일 동안 햇빛을 보지 않으면, 사람의 모습이 될 수 있을 것이라고 하였지요. 곰과 호랑이는 연신 고마워했습니다. 그러나 곰과 호랑이 모두 인간이 된 것은 아닙니다. 21일 동안 참고 참았던 곰은 여자의 몸이 되었으나, 호랑이는 참지 못하여서 인간이 될 수 없었지요.

여인으로 변한 곰은 혼인할 상대가 없었습니다. 그녀는 아이를 갖고 싶었지만, 방법이 없었지요. 그래서 아이를 갖게 해달라고 매일 밤 빌었습니다. 환웅은 그녀의 정성에 감동하여 소원을 들어주기로 했습니다. 사람으로 변해서 그녀와 혼인하였지요. 그렇게 곰 여인은 아들을 낳았고 이름을 '단군왕검'이라 하였습니다.

단군왕검은 기원전 2333년에 평양성을 수도로 하고, 국가 이름을 '조선'이라 하여 나라를 세웠습니다. 그 후 다시 수도를 아사달로 옮겼으며, 그 나라를 무려 1,500년 동안 다스렸습니다. 기묘년에는 기자를 조선의 왕으로 봉하였고, 단군은 아사달에 숨어서 산신이 되었습니다.

> 현재 아이들이 배우는 국사 교과서에도 고조선의 건국 시기가 2333년으로 표기되었습니다. 이 연도는 조선 성종 때 서거정이 지은 『동국통감』에 최초로 기록되어 있습니다. 하지만 고조선의 건국 시기에 관해서는 역사학자들 간에도 의견이 갈립니다.

『삼국유사(三國遺事)』

『제왕운기(帝王韻紀) 영인본』

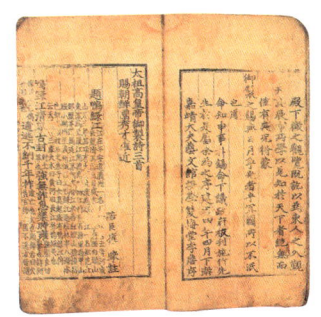

『권근 응제시주(權近 應制詩註)』

단군 신화가 기록된 역사서
『삼국유사』(일연, 고려), 『제왕운기』(이승휴, 고려), 『응제시주』(권람, 조선 초), 『세종실록 지리지』(변계량, 조선) 등

고조선의 발전

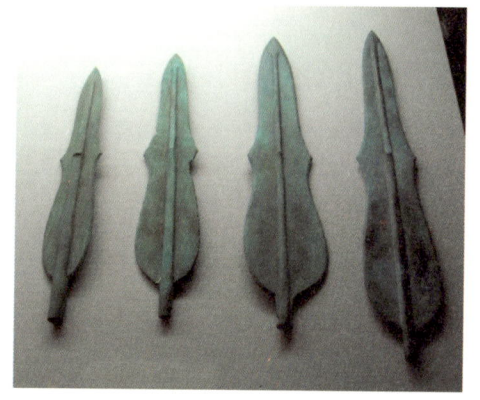

비파형 동검
'비파형 동검'은 이름대로 우리나라 고전 악기 '비파'를 닮았습니다.

비파

기원전 10세기경, 우리나라도 벼농사가 시작되고 청동기 문화가 확산되면서 국가가 발생하기 시작했습니다. 이 시기 후 중국 고서에 '조선'이라는 명칭이 등장하므로 국가가 본격적으로 발생한 시기를 이때로 보기도 합니다.

우리나라 초기 청동기의 대표적인 유물인 '비파형 동검'이 주로 출토되는 곳은 중국의 요령(랴오닝) 지방을 중심으로 한반도 서북부에 이르는 지역입니다. 유적 분포와 문헌 기록까지 모두 살펴보았을 때, 고조선 초기의 중심지를 요령 지방으로 생각할 수 있지요. 기원전 4세기 말부터 3세기 초, 고조선은 도읍을 평양으로 정합니다. 이는 '세형 동검'의 발굴 분포를 통해서 알 수 있습니다. 다시 말하면, 고조선은 도읍을 랴오둥(요동) 지방에서 평양으로 이동하였고, 평양에 정착하며 세형 동검 문화를 이룩하였다고 생각할 수 있습니다. 다만, 고조선의 첫 중심지에 관해서는 여러 의견이 아직 논쟁 중입니다.

기원전 3세기 말에는 중국의 시황제가 전국을 통일하였습니다. 그러한 전쟁 통에 많은 중국의 유망민이 고조선으로 건너왔습니다. 한나라의 유방이 초나라의 항우를 물리치고 중국을 재통일한 직후에는 위만이 고조선으로 망명 왔습니다. 당시 고조선은 준왕이 지배하고 있었는데,

위만을 신뢰하여 서쪽 1백리의 땅을 선뜻 내어주고 지키도록 했습니다. 그러나 위만은 이에 만족하지 않고 세력을 더 키웠습니다. 급기야 기원전 194년에 준왕을 쫓아내고 왕의 자리에 올랐지요. 이처럼 위만이 조선을 지배하던 시대를 '위만 조선'이라고 칭합니다.

일반적으로 고조선은 시기에 따라 단군조선, 기자조선, 위만조선으로 나누어 부릅니다.

위만 조선은 중국에서 철기 문화를 받아들이고 더욱 발전하였습니다. 그리고 강력한 부족 연맹 국가가 되었습니다. 중앙 정부를 조직하였고 주요 관직을 갖추었으며, 대외 방어를 위한 강력한 군대를 육성하였습니다. 8조법도 이 시기에 정립되었지요. 고조선은 발전을 거듭하여 우거왕 때에 이르러서는 중국 한나라도 위협할 만한 강력한 국가를 이루었습니다.

8조법은 총 여덟 개의 조항으로 구성된 법률이었는데, 현재는 3개 내용만 전해집니다.

교과서에서 이야기하는 고조선의 영역

고조선

고조선의 멸망

한나라는 중국을 재통일하며 더욱 강성해졌습니다. 흉노를 격퇴하고 베트남을 정복하였으며, 비단길 개척도 이 시기의 일입니다. 무제는 한나라를 동아시아의 최강국으로 성장시켰지요.

위만의 손자로 당시 고조선의 왕이 된 우거왕은 한나라가 한강 이남의 진국과 직접 교통하지 못하도록 했습니다. 반드시 고조선을 통해서 교역하도록 하였지요. 한나라는 처음에 이런 우거왕을 달래려고 했으나 받아들여지지 않았습니다. 그리고 고조선이 더욱 강력해지자 한나라 무제는 위협을 느꼈습니다. 급기야 기원전 109년 약 5만 명의 병사를 이끌고 고조선을 침략하였습니다. 그러나 고조선은 완강히 저항하여 한의 침략군을 격퇴하였습니다. 다시 무제는 고조선을 회유하려 하였으나 고조선은 여전히 이를 받아들이지 않았지요.

'진국'은 철기 시대 초기인 약 기원전 3~2세기에 한반도 중남부 지역을 차지했던 정치집단입니다. 진국은 국가 형태로 발전하지 못하고 사라졌습니다.

한나라 무제의 초상화

한나라는 또다시 고조선을 침략하였습니다. 이번 침략은 효과적이었습니다. 당시 고조선의 수도였던 왕검성을 포위하였으나 고조선의 저항도 만만치 않았습니다. 그러나 한나라의 계략은 군사력만큼 강했습니다. 한나라는 고조선의 지배층을 매수하여 고조선의 분열을 꾀했습니다. 그 방법은 적절했습니다. 고조선의 지배층 일부가 한나라에 항복해버리고 말았던 것입니다. 고조선 안에서는 엎친 데 덮친 격으로 내분까지 일어났습니다. 결국, 우거왕은 한나라와 화친을 주장한 이계상 삼이 보낸 자객에 의해 살해되고 말았습니다.

우거왕의 사망 후에도 장군 '성기'의 지휘 아래 계속해서 왕검성을 방어했습니다. 그러나 성기마저 살해되고 마침내 왕검성이 함락되고 말았습니다. 이처럼 끝없는 저항에도 불구하고 내분으로 인해 고조선은 멸망하고 만 것입니다. 그때가 기원전 108년이었습니다.

왕검성은 '왕험성'이라고도 합니다. 이후 고구려의 도읍지가 되기도 하는 지역인데, 정확한 위치에 관해서는 의견이 분분합니다.

한은 고조선을 멸망시키고 고조선의 옛 땅에 4군을 설치하여 직접 통치하였습니다. 그러나 한의 침략에 저항하는 고조선 유민들의 항쟁은 멈추지 않았습니다. 4군 중 진번·임둔·현도군까지 되찾았으며, 313년에 마지막으로 낙랑군까지 한반도에서 몰아냈습니다.

왼쪽 지도에서 4군(한사군)의 위치는 평양 중심설을 반영한 것입니다. 그러나 그 위치에 관해서는 계속해서 논란이 되어 왔고, 중국 랴오둥(요동) 지역에서 4군 관련 유물이 발견되면서 그 논란은 재점화되었습니다.

한반도의 초기 국가

초기 국가의 성립

철기 시대의 주거지 유적
이 사진은 강원도 동해시 송정동에서 발견된 철기 시대의 주거지 유적입니다.

철기
이것은 강원도 동해시 송정동에서 발견된 철기 시대의 유물입니다.

청동은 귀한 물건이었기 때문에 주로 무기나 의식용 도구로 사용되었습니다. 실생활이나 농사를 지을 때는 여전히 석기를 사용하였지요. 하지만 철은 청동보다 훨씬 단단하여서 실용적이었습니다. 이제 인간은 농기구와 무기를 철로 만들게 되었습니다. 철은 도구만 변화시킨 것이 아닙니다. 사는 방식도 변화시켰습니다. 그것은 곧 사회의 변화까지 가져오게 되었습니다.

철제 농기구를 사용하여 농사를 짓게 되면서 전보다 훨씬 깊게 밭을 갈 수 있게 되었습니다. 덕분에 농업 생산량은 급격히 늘어나게 되었지요. 잉여 생산물이 더 많아지자 약탈하려는 자들도 더 늘었습니다. 곳곳에서 욕심에 가득 찬 인류의 전쟁이 벌어지게 되었습니다. 그들의 무기는 역시 철제로 만들어진 것이었습니다. 철은 그야말로 생사를 가르는 중요한 자원이 되었지요. 이와 같은 부족 간의 전쟁과 연합은 국가의 개념을 바꾸어 놓았습니다.

국가는 처음에 작은 부족 국가에서 시작했습니다. 앞서 말한 전쟁과 연합을 통해 부족 국가들은 성장을 거듭하였고 이들이 모여 하나의 국가를 만들었습니다. 이처럼 여러 부족 국가가 모여 하나의 국가로 성장한 것을 '부족 연맹 국가'라고 합니다. 부족 연맹 국가의 왕이 권력을 강화하여 모든 권력을 끌어 모으면, '중앙 집권국가'로 발전하게 됩니다. 이를 '고대 국가'라고 하며, 고구려와 백제, 신라가 이에 해당합니다.

철제 보습

처음 우리나라에 철기가 들어온 것은 기원전 5~4세기경으로 추정하고 있습니다. 고조선 말기 무렵에는 철기 문화가 한반도 전역에 널리 확산되었습니다. 기원전 1세기경에는 한강 아래 지역까지 널리 보급되었지요. 고조선이 멸망하면서 다시 그 유민들이 여러 지역으로 이동하며, 철기 문화를 알렸기 때문입니다.

철기 문화가 보급되면서 고조선 사회는 급격히 변화의 길을 갔습니다. 위만이 세력을 키울 수 있었던 것도 철기 덕분인 것으로 알려졌습니다. 새로운 도구와 기술이 사회의 변화와 발전을 가져오는 것은 일반적인 현상이지요. 특히 철기 문화는 우리나라 여러 초기 국가의 성립을 촉진시켰습니다. 고조선이 멸망하자 꽃봉오리가 만개하듯 만주와 한반도에 부여, 고구려, 동예, 옥저, 마한, 진한, 변한 등 여러 국가가 활짝 날개를 펴고 자리를 잡아갔습니다. 만주에서는 부여와 고구려가, 한반도의 북부 동해안지역에서는 옥저와 동예가 자리를 잡았습니다. 동시에 한반도 남부지역에서는 마한, 진한, 변한의 삼한이 발전해 나아갔습니다.

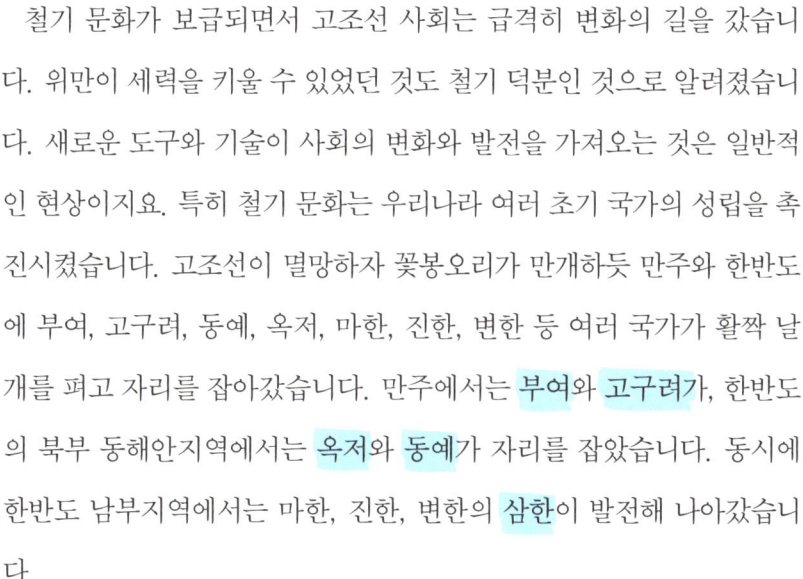

부여의 발전 그리고 고구려

고조선이 멸망한 후 기원전 1세기 무렵 드디어 부족 연맹 국가가 한반도에 등장합니다. 그 첫 발자국은 '부여'라는 국가로부터 시작되었습니다. 부여 역시 고조선과 마찬가지로 처음에는 작은 소국들로 이루어졌습니다. 그러다가 점차 그 소국들의 연합이 강화되면서 왕이 다스리는 부족 연맹 국가로 발전한 것이지요.

부여는 넷으로 나누어 있었습니다. 그리고 마가, 우가, 구가, 저가 등의 '가'들로 하여금 각각을 다스리도록 하였습니다. 이러한 지방 지배 구조를 '사출도'라 하였습니다. 각 '가'들은 왕을 추대하기도 하는 등 왕의 권력을 견제했습니다. 부여 왕의 권력은 강하지 않았습니다. 예를 들어 홍수나 가뭄으로 흉년이 들면, 왕에게 그 책임을 묻기도 하였지요.

> 네 개의 가가 통치하는 지방과 중앙을 통치하는 왕을 포함하여 다섯 개의 부족이 부여를 구성하였습니다. 이처럼 부여는 다섯 개의 부족이 모여 만든 '5부족 연맹체'였습니다.

부여의 영토는 사방으로 약 2천 리에 달했습니다. 부여가 자리 잡은 쑹화강 유역은 논농사보다 밭농사에 유리했지요. 그리고 초원지대가 많아 말 등의 가축을 기르는 목축에 훨씬 이로웠습니다. 목축이 발달했다는 사실은 부여 족장의 이름에 동물의 이름을 붙인 것을 통해서도 알 수 있습니다.

부여에 관해 기록된 우리의 역사서로는 『삼국사기』, 『삼국유사』, 『동명왕편』, 『제왕운기』 등이 있습니다.

기원전 37년쯤에는 '고구려'라는 국가가 압록강 중류 지역에 만들어졌습니다. 부여는 고구려가 건국된 초기에는 우호적인 관계를 유지하였는데 고구려가 점차 성장해 가면서는 관계가 극도로 나빠졌습니다. 게다가 3세기 후반 이후에는 주변에 맞닿아 있는 국가들이 자주 침략하여 큰 어려움을 겪기 시작했지요. 5세기에 들어서 고구려 광개토대왕은 급기야 부여를 본격적으로 공격했습니다. 그리고 동부여를 빼앗긴 것을 시작으로, 점차 몰락의 운명을 맞이하게 되었습니다. 마침내 494년, 부여 왕이 고구려에 항복함으로써 부여는 역사 속으로 사라졌습니다.

『삼국사기』

부여는 중앙 집권적 통치체제를 갖춘 고대 국가로 발전하지 못하고 부족 연맹 국가에서 소멸했습니다. 그러나 부여라는 국가의 의미는 우리 역사에서 가볍지 않습니다. 고구려나 백제의 출발을 부여에서 찾아볼 수 있기 때문입니다. 부여에서 뻗어 나온 세력이 이들 국가를 건국한 것입니다. 이러한 사실은 각국의 건국신화에서도 알 수 있습니다. 고구려는 부여에서 한강 이남으로 내려온 '주몽'에 의해 건국되었습니다. 백제는 주몽의 아들인 '온조'가 건국하였지요. 그러니 이들 국가 모두 건국에 있어서 부여와 관련이 있다고 말할 수 있습니다.

부여의 순장 풍습

'순장'이란 지배층의 사람이 사망하면, 함께 다른 사람을 매장하는 끔찍한 장례 풍습입니다. 대개 전쟁에서 포로로 잡혀와 노비가 된 이들이 순장의 희생양이 되었습니다. 심지어 산 채로 묻기도 했다고 하니 지금으로서는 상상할 수도 없는 이야기이지요? 그런데 스스로 함께 묻히길 원했던 이도 있다고 하니 그렇게 가볍게만 생각할 이야기는 아닌 듯합니다.

그런데 순장은 부여만의 풍습은 아니었습니다. 초기 고조선에서도 100여 명 넘게 순장한 무덤이 발견되기도 했습니다. 그만큼 이러한 풍습은 당시가 강한 계급 사회였음을 나타내어줍니다. 지배층과 피지배층의 명확한 관계를 순장 풍습에서 살펴볼 수 있지요. 한편으로는 죽음 이후의 삶을 꿈꾸는 '내세 사상'이 존재했음을 알 수도 있습니다. 사후에도 지배층을 떠받들어야 할 노비가 함께해야 한다는 사상을 순장을 통해서 알 수 있지요.

순장은 고대 국가가 발달하면서 점차 사라졌습니다. 사회가 발달하면서 노동력이 중시되고 피지배층의 지위가 향상되었기 때문이지요. 그러다가 불교가 들어온 후 죽음을 대하는 방식이 달라지면서는 완전히 사라지게 되었습니다.

> '부여에서는 사람이 죽으면 여름에는 모두 얼음을 쓰고, 사람을 죽여 순장시키는데 많을 때는 백 명을 헤아렸다'
> — 『삼국지』「위서」〈동이전〉 (30권)

옥저와 동예

지금의 함경도와 강원도 북부 동해안 연안지역은 좁고 산세가 험준해서 선진문화를 받아들이기가 쉽지 않았습니다. 그래서 군장(족장)이 다스리는 부족 사회에 오랫동안 머물러 있었지요. 부여나 고구려처럼 부족 연맹 국가로까지 발전하지 못하였고 중앙을 통치하는 지배자, 왕도 등장하지 못했습니다. 이들 국가는 강국으로 성장한 고구려의 영향을 많이 받았습니다. 고구려와 언어도 거의 같았고, 음식이나 옷, 집의 구조 등도 고구려와 거의 비슷했습니다.

'옥저'는 함경도, 동해안 연안을 중심으로 발달한 부족 국가였습니다. 옥저가 위치했던 함경도 지역은 토지가 비옥하여 농사가 잘되고 바닷가에 위치하여 소금과 해산물이 풍부했습니다. 힘 센 고구려가 이를 보고 가만히 있을 리 없었겠지요. 고구려는 옥저에 소금이나 해산물을 바치도록 강요했습니다.

서울시 용산구에 있는 '중앙박물관'에 옥저와 동예의 유물이 전시되어 있으니 한 번씩 방문해 보세요.

옥저에는 '민며느리제'라는 결혼 풍습이 있었습니다. 이것은 어린 여자아이를 미리 데려와 키운 후 며느리로 삼는 제도입니다. 그리고 옥저에는 '골장'이라는 장례 풍습이 있었습니다. 가족이 죽으면 시신을 임시로 매장한 후 나중에 뼈만 추려 다른 가족과 함께 가족 무덤에 안치하여 장례를 지내는 풍습입니다.

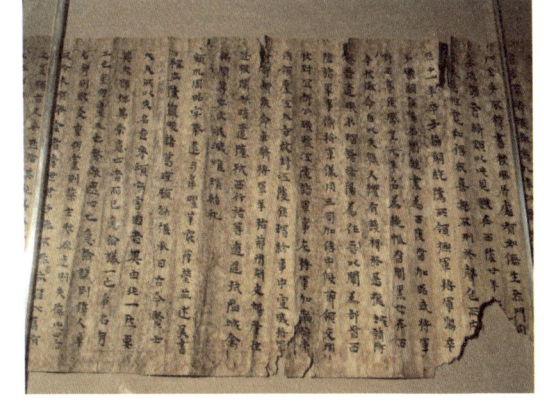

『삼국지(三國志)』의 일부분
중국의 역사서 『삼국지』「위지」〈동이전〉에 옥저와 동예에 관해 기록되어 있습니다.

'동예'는 옥저의 남쪽, 강원도 북부 동해안 연안을 중심으로 발달한 부족 국가였습니다. 옥저만큼 토지가 비옥하고 해산물이 풍부하였지요. 동예의 결혼 풍습은 같은 부족과 결혼하지 않는 족외혼이 대표적입니다. 그리고 다른 부족을 함부로 침입하지 못하게 하였으며, 만약 이를 어길 시 '책화'라고 하여 노비와 소, 말 등으로 갚아야 했습니다. 이를 근거로 동예는 읍락 단위의 공동체를 이루고 있었음을 알 수 있습니다. 또 동예에는 10월에 하늘에 제사를 지내는 '무천'이라는 행사가 있었습니다. 무천은 일종의 추수감사제라고 할 수 있지요.

이들 국가는 고구려의 간섭을 받으며 유지하다가, 결국 고구려에 완전히 흡수되어 사라졌습니다.

각국의 제천행사
· 고구려: 동맹
· 부여: 영고
· 동예: 무천
· 삼한: 5월제, 10월제

동예의 집터(단양 수양개 유적)

삼한의 등장과 사회

고조선이 활발하게 성장해나갈 때 한반도 남부 지역에는 '진'이 성장하고 있었습니다. 진은 세력 확장을 위한 방책으로 한나라와의 교역을 선택했지요. 고조선은 이를 지켜보지 않고 두 나라 사이를 훼방 놓았습니다. 반드시 고조선을 거쳐 교역하도록 한 것입니다. 중국의 한나라는 이를 참지 않고 고조선을 공격하게 됩니다.

부산의 금정구 노포동 고분군은 청동기·삼한 시대의 대표적인 유적지입니다.

고조선이 멸망하자 유민들은 남쪽으로 도망갔습니다. 이들은 진의 토착 문화와 고조선의 문화를 융합 하였고, 이는 다시 철기문화의 발전을 이루도록 했습니다. 그리고 작은 부족 국가들이 연합하면서 마한, 진한, 변한이라 불리는 삼한의 연맹체들이 생겨났습니다. 삼한의 최고 통치자를 진왕으로 부른 것으로 추정해 보면, 삼한이 진에서 출발했음을 알 수 있습니다.

삼한 중 낙동강 동쪽에는 진한이, 서쪽에는 변한이 그리고 마한은 경기, 충청, 전라도 지역을 중심으로 발전하였습니다. 마한은 무려 총 78개의 소국으로 이루어졌습니다. 그만큼 마한의 세력이 삼한 중에서 가장 강했습니다. 그중에서도 특히 '목지국'의 힘이 강력했습니다. 심지어 목지국의 왕을 진왕으로 부르며, 삼한의 최고 통치자로 추대했습니다.

철기문화가 더욱 발달하면서 작은 나라들이 연합하거나 전쟁을 일으키며 세력을 키워나갔습니다. 그러면서 한반도는 다시 새로운 국가들로 재편되어갔지요. 진한의 '사로국'은 후에 '신라'가 되었고, 변한의 '구야

삼한 시대의 목걸이

국'은 '가야'가, 그리고 마한의 '백제국'은 '백제'가 되었습니다. 그러나 가장 강력했던 국가 목지국은 더 성장하지 못하고 백제에 흡수되어 버렸습니다.

삼한은 다른 지역과 다르게 제정이 분리된 사회였습니다. 대개의 부족국가는 정치 지배자가 종교까지 겸하여 관리했는데, 삼한은 정치의 지배자와 제사장인 종교의 지배자가 분리되어 있었습니다. 종교 지배자인 제사장은 '천군'이라 불렀으며, '소도'라는 신성한 지역을 다스렸습니다. 소도는 군장의 세력이 미치지 못하는 곳이어서 죄인이 이곳에 숨어도 함부로 잡아갈 수 없었습니다.

소도를 표시했던 솟대

삼한은 철기문화를 바탕으로 하는 농경사회였습니다. 보리, 콩, 밀 등 밭작물을 주로 재배했지요. 그리고 저수지를 이용하여 벼를 재배하기도 했습니다. 변한에서는 특히 철이 많이 생산되어 일본에까지 수출했습니다. 당시에 철은 마치 화폐처럼 사용될 정도로 중요한 물자였습니다. 철 외에도 베, 곡식 등을 외국에 수출하였습니다. 당시 삼한인은 움집이나 귀틀집에서 살았습니다. 또, '두레'라는 조직을 두어 마을 주민들이 함께 공동으로 농업활동을 하고는 했습니다.

> 두레는 우리나라 전통적인 농촌 사회의 모임으로, 품앗이와 비슷한 역할을 하였습니다. 두레는 의무적으로 참가해야 하는 촌락 단위의 공동노동이라고 한다면, 품앗이는 개인적 친분에 의해 맺는 공동노동이라 할 수 있습니다.

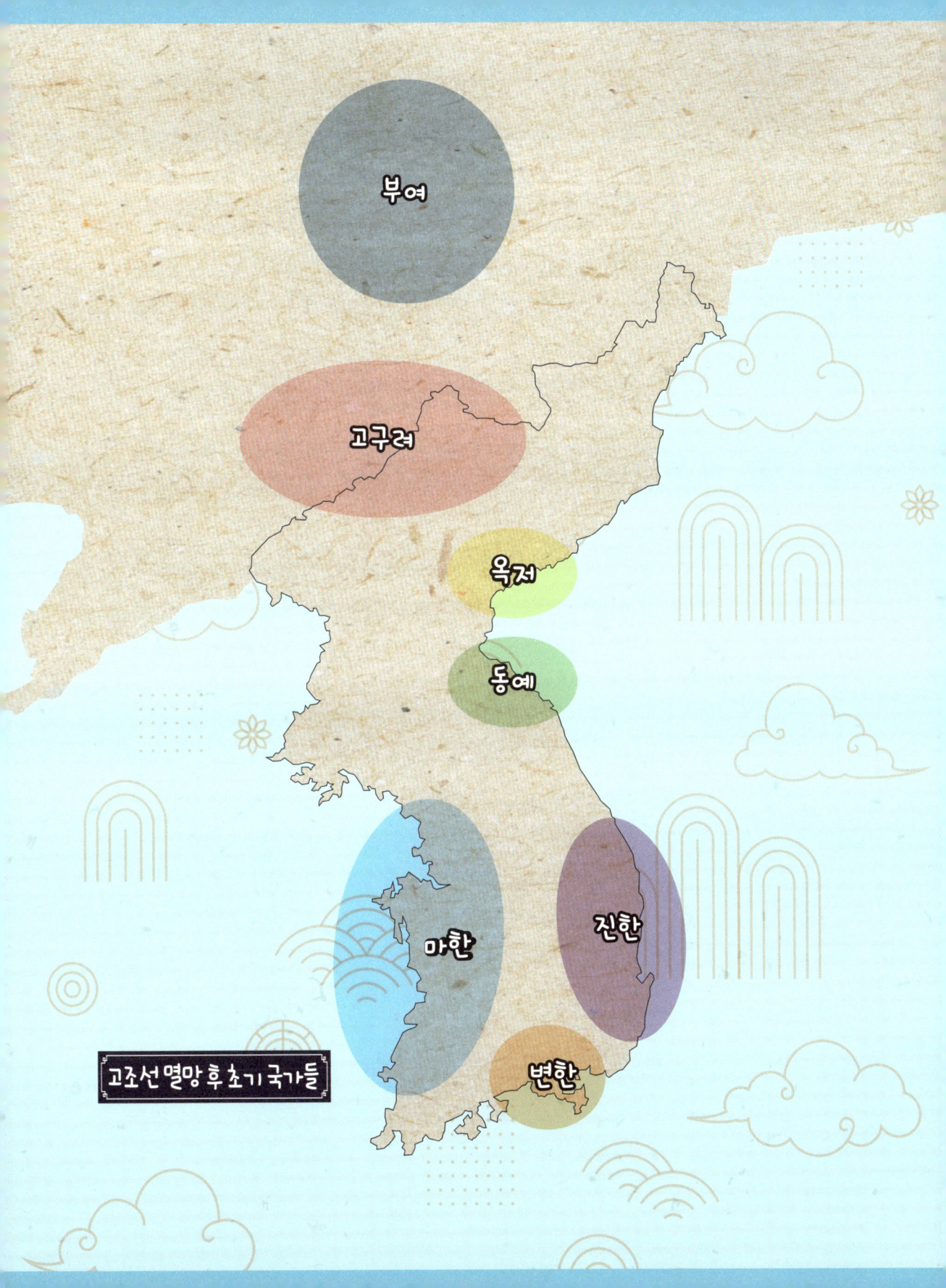

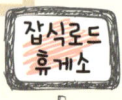

부여의 건국 신화

옥저, 동예, 삼한 등의 부족 국가들은 왕이 없었기 때문에 딱히 건국 신화가 남아 있지 않습니다. 하지만 부여는 중앙 집권 국가를 이룬 고구려, 신라, 백제처럼 건국 신화를 남겼습니다. 아래 부여의 건국 신화를 읽어보고 다른 나라의 신화와 비교해 보세요.

북쪽의 고리국 왕이 밖에 나간 사이에 시녀가 후궁에서 임신하게 되었습니다. 왕이 돌아와 이를 알고 죽이려 하자 시녀가 그 까닭을 말하였습니다.

"달걀만 한 크기의 기운이 하늘에서 저에게로 떨어져 내려오는 것이 아니겠어요. 그것으로 임신하게 된 것이옵니다."

왕은 말도 안 된다고 여겨 그녀를 옥에 가두어 버렸지요. 그 뒤에 마침내 아들을 낳았는데, 왕이 그 아기를 돼지우리에 버려 죽게 하려고 했습니다. 그런데 어찌 된 일인지 돼지가 아기를 죽이지 않고 입김을 불어 넣어 오히려 살게 했지요. 그러자 이번에는 다시 마구간에 집어넣어 말이 밟아 죽이도록 했습니다. 그러나 밟아 죽이기는커녕 말도 역시 아이에게 입김을 불어 넣어주었습니다. 왕이 이를 보고 그 아이를 하늘의 아들이라 생각하여 어미가 거두어 기르도록 허락하였습니다. 그리고 아이의 이름을 '동명'이라 하였지요.

그런데 동명은 자라면서 활을 잘 쏘는 능력이 서서히 드러났습니다. 왕은 동명의 용맹함에 탄복하기보다 그가 나라를 빼앗을까 봐 두려워 동명을 죽이려고 했습니다. 그러자 동명은 남쪽으로 도망하게 되었지요. 가다 보니 어느새 쑹화강에 이르렀습니다. 강을 어찌 건너야 하나 난감한 상황에 부닥쳤습니다. 그때 그가 활로 물을 치니 물고기와 자라가 모여서 물 위에 떠올라 다리를 만들어 주는 것이 아니겠습니까? 동명은 그들 덕분에 강을 무사히 건널 수 있었습니다. 그렇게 남쪽으로 내려가 마침내 부여 땅에 도착하였습니다. 그리고 수도를 정한 후 부여의 왕이 되었습니다.

이와 같은 부여의 건국 신화를 '동명 신화'라 이릅니다. 그런데 이 동명 신화, 고구려의 건국 신화와 그 내용이 비슷합니다. 고구려 건국 신화가 부여의 신화와 비슷한 이유 중에서 설득력 있는 것은 고구려가 부여의 지배를 합리화하기 위해 건국 신화를 비슷하게 남겼다는 이야기입니다.

동명 신화는 다양한 사료에 등장합니다. 중국 후한의 사상가인 왕충이 지은 『논형』이 대표적이고 『삼국지』 「위지」 「동이전」 〈위략〉 등에도 담겼습니다.

Part 2
삼국 시대의 형성과 발전

삼국의 건국과 발전
고구려의 건국과 발전
백제의 건국과 발전
신라의 건국과 발전

가야의 역사
가야의 건국
가야의 발전
가야의 멸망

삼국의 전성기
고구려의 전성기
백제의 중흥
신라의 전성기

고구려와 수나라의 전쟁

 찬란한 문화를 꽃피운 백제의 문화재

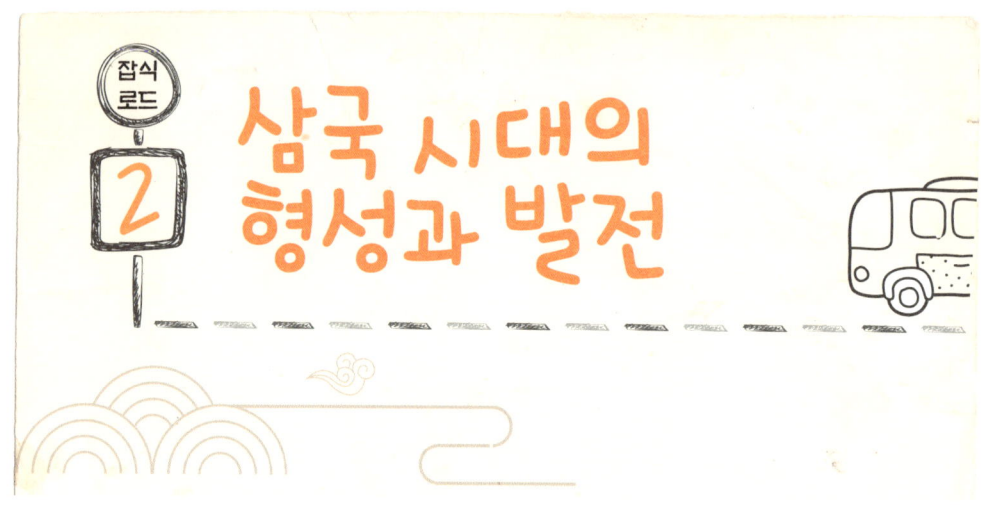

삼국 시대의 형성과 발전

삼국의 건국과 발전

고구려의 건국과 발전

고주몽(동명성왕) 석상
고구려를 세운 고주몽은 '동명성왕'이라고도 부릅니다. 이 석상은 평양에 세워졌습니다.

고구려는 처음에 고조선의 동북부 지역인 압록강 중류 동가강 유역에 자리 잡았습니다. 그 지역은 중국으로부터 철기문화가 한반도로 흘러들어가는 통로라 할 수 있어서 국가를 발전시키기에 매우 좋은 지역이었습니다. 고구려를 건국한 '고주몽'은 부여 출신으로, 부여에서 한 무리를 이끌고 내려와 국가를 세운 것입니다.

고구려는 예부터 정복 전쟁을 통해 세력을 확대해 나갔습니다. 고구려인의 이러한 기질은 고구려를 세운 곳의 형세와 관련이 깊습니다. 산이 많고 평야가 적은 지리적인 특성 때문에 땅이 고른 주변국으로 눈을 돌릴 수밖에 없었지요.

태조왕(재위 53~146)은 중국 한나라의 요동군을 점령하였으며, 현도군도 내쫓았습니다. 그리고 고조선 멸망 후 한나라가 설치했던 낙랑군도 가만히 놔두지 않았지요. 더불어 함경도 지방에 있던 옥저를 정복하고 만주 지방으로 세력을 확장하였습니다. 이러한 정복과 통합을 통해 고구려는 비약적인 발전을 이루었습니다.

2세기 말 고국천왕(재위 179~197)은 내부 정비에 힘썼습니다. 왕위를 형제 상속에서 부자 상속으로 바꾸었고, 특정 왕비족과 연합하여 왕권을 튼튼히 하였습니다. 귀족세력의 반란을 진압하는 등 중앙 집권 정책을 강력하게 추진하기도 하였습니다.

고구려는 부족 간 유대를 강화하거나 아예 통합하면서 5개의 부족이 연맹한 부족 연맹 국가로 성장하였습니다. 이중 계루부의 왕이 다른 4개의 부족을 통제하면서 고구려의 국가 체계는 차츰 자리를 잡아가게 되었습니다. 그 결과 고구려는 삼국 중에서 가장 먼저 중앙 집권 국가로 발전해 갔습니다.

> **고구려 초기의 5부**
> 연노부, 절노부, 순노부, 환노부, 계루부

4세기 들어서면서 고구려의 대외 세력 확장은 본격화되었습니다. 4세기 미천왕(재위 300~331) 때에는 평양 지역을 차지했던 한군현(한사군)을 완전히 몰아냈습니다(313). 소수림왕(재위 371~384)은 고구려 전성기의 기틀을 마련했습니다. 율령을 반포했고 학교를 세웠으며, 불교를 수용하였지요. 그러면서 중앙 집권 체제를 완성했습니다. 뒤이어 4세기 말부터 5세기, 그러니까 광개토대왕과 장수왕(재위 413~491) 때에 이르러서는 동북아시아의 중심 세력이라 할 만큼 강대국으로 성장하였습니다.

> 고구려 시대 율령 반포에 관해서 『삼국사기』에 수록되어 있으나 그 내용이 무엇이었는지는 남아 있지 않습니다. 다만, 중국 당나라나 일본의 율령을 바탕으로 추측할 뿐입니다.

한군현

한군현은 기원전 108년 한나라의 무제가 위만이 다스리던 고조선을 멸망시키고 설치한 낙랑군, 진번군, 임둔군, 현도군을 말합니다. 다른 말로 한사군이라고도 합니다. 그 위치와 역할에 관해서는 우리나라나 중국, 일본의 의견이 각각 다릅니다.

백제의 건국과 발전

백제는 기원전 18년, 고구려에서 이주해 온 '온조'에 의해 건국되었습니다. 주몽의 아들 온조와 비류는 주몽이 북부여에 있을 때 낳은 유리를 왕으로 추대하려는 것에 위협을 느꼈습니다. 그래서 고구려를 떠나 한반도 아래 지방으로 도망하였지요. 이들은 각각 작은 나라를 세웠습니다. 그러나 비류의 나라는 성장하지 못했고 온조가 세운 백제가 흡수했습니다. 그러면서 백제는 차츰 주변 지역을 더 통합하면서 발전해 나갔습니다.

백제가 정착한 곳은 마한이 있었던 한강 하류 지역이었습니다. 그래

비류는 바닷가에서 살고 싶어 '미추홀'이라는 지역에 나라를 세웠습니다. 그런데 바닷가 근처이다 보니까 땅은 습하고 물이 짜서 백성들이 편히 살 수 없었다고 합니다. 비류는 백성들에게 미안하기도 하고 부끄럽기도 하여 크게 자책하고 괴로워했습니다. 그러다가 끝내 목숨을 잃었다고 전해집니다.

서 여전히 남아 있던 마한 세력이 백제를 고깝게 보았지요. 게다가 북쪽으로는 한군현 세력이 백제를 괴롭혔습니다. 덕분에 백제는 끊임없이 전쟁을 치러야 했는데, 전쟁에 승리하며 세력을 확장하고 성장해 갔습니다.

3세기 고이왕(재위 234~286)은 삼국 중에서 가장 먼저 법률과 제도를 정비하여 통치체제를 구축한 왕입니다. 그러면서 중앙 집권적인 국가의 기틀을 마련하였지요. 고이왕은 부족장들을 중앙 귀족화하여 '부'라는 조직에 편입시켰습니다. 그렇게 고구려처럼 『5부 체제』를 확립하였습니다. 그리고 고이왕은 남쪽으로 세력을 확장하여 마한의 목지국을 점령하였습니다. 그러면서 한강유역을 장악하며, 한반도 중부 지방의 지배권을 확립하였습니다.

『양직공도』에 나오는 백제 사신의 모습

『양직공도』는 양나라 원제가 왕위에 오르기 전에 편찬한 도서입니다.

백제의 전성기는 4세기 후반 근초고왕(재위 346~375) 때였습니다. 근초고왕은 백제의 세력을 더욱 밖으로 확장하는 데 큰 역할을 한 왕입니다. 한반도 내에서는 남쪽으로 영산강 유역에 진출하여 마한세력을 통합하였고, 북쪽으로는 황해도 지역으로 진출하여 고구려군을 물리쳤습니다. 고구려와의 평양성 전투에서는 고국원왕을 전사시키기도 했지요. 근초고왕은 이에 멈추지 않고 바다 건너로 세력을 더욱 넓혔습니다. 중국의 요서지방과 산동지방에도 진출하였고, 일본의 규슈지방에까지 진출했습니다. 근초고왕은 백제를 당시 삼국 중에서 가장 강력한 힘을 가진 국가로 성장시켰습니다.

백제 금동 대향로

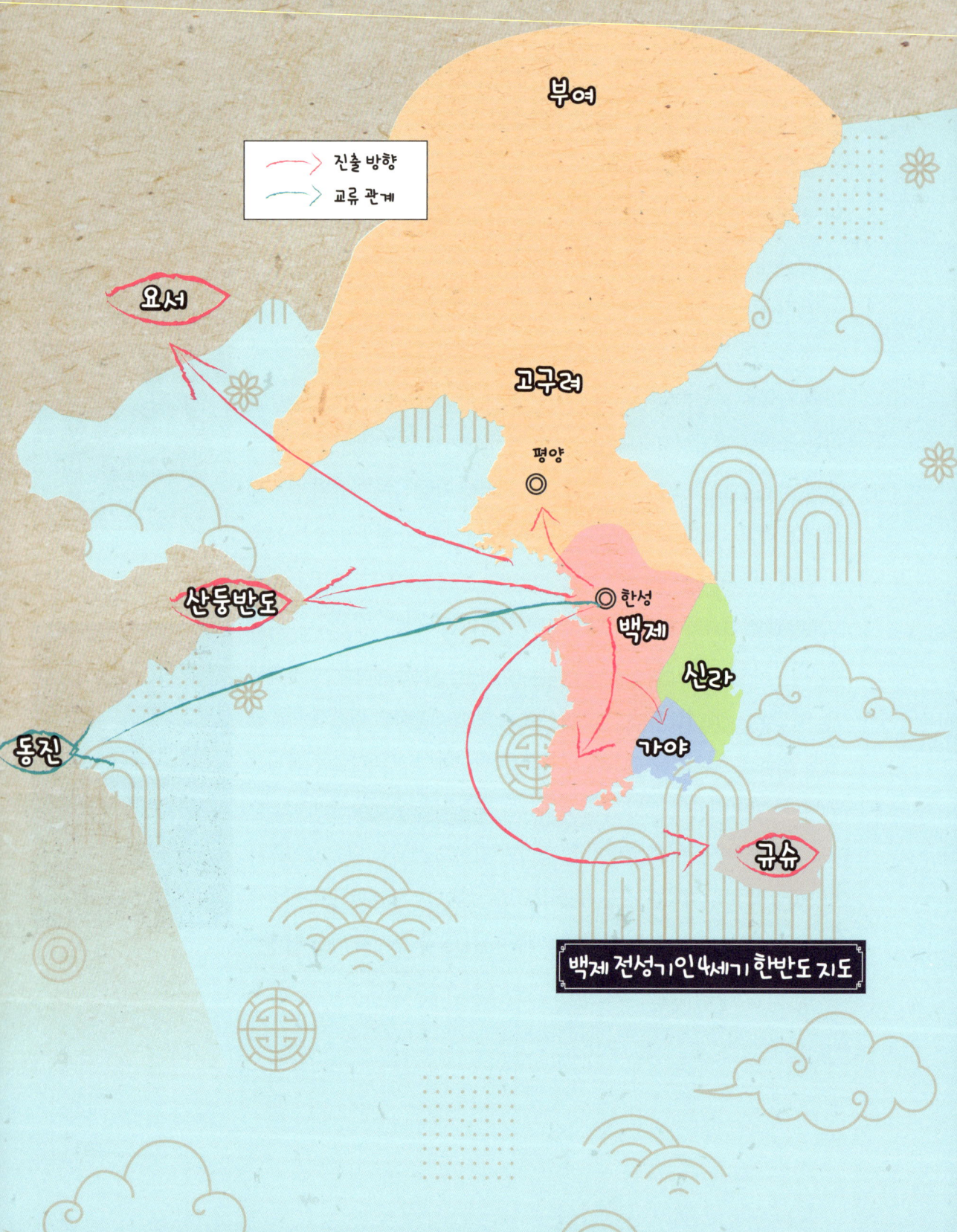

신라의 건국과 발전

신라는 진한의 한 작은 나라였던 사로국에서 출발하였습니다. 신라가 성립한 진한의 경주 지방은 고조선 멸망 후 유민들이 이주하여 거주하고 있었습니다. 그 지역의 지형은 강과 산으로 둘러싸여서 토착세력이 강했습니다. 게다가 한반도의 동남쪽에 자리하여서 다른 지역에 비해 발전이 늦은 지역이었지요. 기원전 57년, '박혁거세'는 토착 세력인 여섯 촌락을 연합하여 국가를 건설했습니다. 신라는 삼국 중에서 가장 늦게 세워졌고 가장 늦게 성장했습니다.

도제기마인물상
'도제기마인물상'은 국보 91호로 지정된 신라의 문화재입니다. 현재는 국립중앙박물관에 전시되어 있습니다.

신라에서 지배자를 이르는 호칭은 시대별로 바뀝니다. 귀인을 의미하는 '거서간', 제사장이나 무당을 뜻하는 '차차웅', 연장자를 뜻하는 '이사금', 최고의 우두머리를 뜻하는 '마립간' 등으로 변화했습니다. 거서간이라는 호칭을 썼을 때는 여전히 부족 국가였음을 알도록 하고, 차차웅이라는 호칭을 썼을 때는 제정일치 사회였음을 알 수 있도록 합니다.

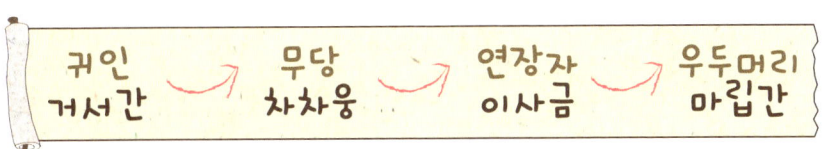

신라 지배자 호칭의 변화

신라는 박씨, 석씨, 김씨 세력이 번갈아 나라를 다스렸습니다. 이를 통해 왕권이 그다지 강하지 않았다는 것을 알 수 있습니다. 그러다가 신라가 중앙 집권적인 체제를 마련해가기 시작한 것은 4세기 후반 내물왕(재위 356~402) 때부터입니다. 이때 왕을 이르는 호칭은 마립간이었는데, 이는 최고의 우두머리라는 뜻입니다. 내물왕은 여섯 부족의 족장들을 중앙 귀족으로 포섭하였고 정치 체제를 6부로 정비하였습니다. 그러면서 내물왕은 김씨 왕위 계승권을 독차지하게 되었고, 왕의 권한을 강화할 수 있었습니다. 고대 국가로의 기틀을 마련하게 된 것이지요.

> 내물왕의 성은 김씨였으며, 본명은 김내물(金奈勿) 외에도 김나물(金那勿) 또는 김나밀(金那密)이었습니다.

경주 오릉
이 무덤은 박혁거세와 그 부인인 알영부인을 포함해 신라 초기 네 명의 박씨 임금 무덤입니다.

가야의 역사

가야의 건국

　가야는 무려 500여 년 이상 삼국과 함께 한반도에서 자웅을 겨룰 만큼 강성한 국가였습니다. 그러나 우리는 이 시대를 사국시대가 아니라 삼국시대라 부르고 있습니다. 분명히 당시의 한반도 모습을 이르는 지도에는 네 개의 국가가 존재함에도 불구하고 가야의 존재를 축소했던 것은 그간 가야에 관한 사료가 많지 않았기 때문입니다. 그러나 역사는 승자의 기록인 만큼 삼국에 밀려 사라진 가야의 기록이 많지 않다고 중요하지 않은 과거로 다루어서는 안 됩니다. 다행히도 최근에 가야의 유물이나 유적이 다수 발견되면서 그 훌륭한 문화유산이 복원되고 있습니다.

가야의 도기
기마인물형 뿔잔

　가야의 건국에 관해서도 신화가 남아 전해집니다. 특히 『삼국유사』의 「가락국기」에 잘 정리되어 있습니다. 가야가 탄생할 쯤에는 아직 왕이 없었고 9개의 촌으로 나뉘어 겨우 농사지으며 공동으로 우물을 파 식수를 하던 시절이었습니다. 그때 그곳에 하늘의 신이 여섯 왕을 내려 보냈습니다. 신화 속에서는 왕들이 신비스러운 황금 상자 속의 알에서 태어났다고 전해집니다. 가장 먼저 태어난 왕의 이름을 '수로'라 하였고, 그는 '금관가야'를 다스렸습니다. 김수로왕은 건국한 지 7년 만에 왕후를 맞이합니다. '허황옥'이라는 왕후는 인도에서 건너왔습니다. 그리고 나머지 다섯 왕은 각각 다섯 가야를 다스렸습니다.

허왕비릉
'허왕비릉'은 가락국(가야)의 초대 왕 수로왕의 부인인 '허황옥'의 무덤입니다.

건국 초기의 가야
- 금관가야: 수로왕
- 대가야: 이진아시왕
- 아라가야: 아로왕
- 성산가야: 벽로왕
- 소가야: 말로왕
- 고령가야: 고로왕

신화 속 알의 의미

신라의 박혁거세나 고구려의 주몽도 알에서 탄생했다고 신화로 전해지지요. 그렇다면, 왜 모두 알에서 태어난 것으로 시조 신화를 남긴 것일까요?

옛날 옛적부터 새는 하늘과 땅을 잇는 가교와 같은 역할을 한다고 알려졌습니다. 그러므로 알에서 태어났다는 것은 하늘의 뜻을 받아 땅에 내려왔음을 상징한다고 할 수 있습니다. 왕들은 이처럼 알에서 태어났다는 것을 내세우면서, 하늘의 뜻대로 왕이 될 수밖에 없음을 강조하려고 했던 것입니다. 그리고 하늘의 뜻을 받은 우두머리가 다스리는 부족이니 다른 부족보다 우세하다는 것을 드러내려고 했던 것이지요.

가야의 발전

　가야가 자리 잡고 성장한 지역은 김해 지역의 낙동강 유역이었습니다. 그곳은 무기나 농기구 등의 재료로서 사회 발전에 매우 중요한 자원인 철이 풍부한 지역이었습니다. 그리고 그것은 가야의 가장 강력한 힘이 되었습니다. 가야의 유적지 곳곳에서 '철정'이 발견되는 것으로 그 사실이 입증되었습니다.

　철정은 막대 모양으로 만든 쇳덩어리를 말합니다. 쇠를 가공하기 쉽게 기본적인 모양으로 만들어 놓은 것인데, 왜에서도 이를 수입해갔습니다. 이 철정은 교역하는 데 일종의 화폐 역할도 하였습니다.

　금관가야가 위치한 김해 지역 낙동강 하구 부근은 해상과 내륙을 연결하는 교통의 중심지였습니다. 내륙은 물론이거니와 바다로 나가서 왜나 한군현과도 교류할 수 있는 지리적 이점을 가지고 있었지요. 이러한 지리적 강점을 통해 금관가야는 주변국과의 교역을 주도하는 역할을 하면서 성장하였습니다.

가야의 철정

가야의 토기

김해 예안리 고분군의 가야 유적

금관가야는 강력한 경제력을 갖게 되었으며, 이러한 경제력으로 주변의 가야 소국을 압도하여 가야 연맹체 구성을 주도하였습니다. 이러한 가야 연맹은 막강한 힘을 쌓아갔고 심지어 4세기 후반쯤에는 신라와도 대등한 관계를 가질 만큼 성장하였습니다. 그러면서 가야 연맹은 낙동강 동쪽 및 중상류까지 세력을 확장해 나아갔습니다.

가야의 멸망

가야의 철갑옷

가야는 영토를 확장해 나아가면서, 신라와 계속해서 대립 관계에 놓이게 되었습니다. 참다못한 가야는 왜와 연합하여 4세기 말경 신라를 먼저 공격하기도 했습니다. 물론 신라도 가만히 당하고만 있지 않았지요.

백제와는 큰 말썽 없이 좋은 관계를 유지하고 있었습니다. 문제는 고구려였습니다. 당시 가장 강력한 국가였던 고구려는 한반도 남단으로 세력을 확장해가고 있었습니다. 고구려 광개토대왕은 낙동강 하류까지 진출하였고 위협을 느낀 신라도 낙동강 쪽으로 세력을 확장하였습니다. 곧 가야의 연맹은 무너지고 말았습니다.

5세기 중반쯤에는 백제와 신라도 동맹을 맺었습니다. 고구려의 세력 확장 위협을 두고 볼 수 없어서였지요. 가야 연맹도 다시 구성이 되었습니다. 앞서 금관가야를 중심으로 형성된 것과 달리 이때는 대가야를 중심으로 형성되었습니다. 그러나 6세기를 넘어서며 신라의 세력 및 영토 확장에 따라 가야 연맹은 또 깨지고 말았습니다.

532년, 금관가야가 결국 신라에 투항해버렸습니다. 금관가야가 신라에 넘어가자 가야의 다른 나라들도 신라에 항복했습니다. 대가야마저 562년, 신라에 항복하면서 가야라는 이름은 역사 속으로 사라졌습니다.

가야는 지리적 조건이 훌륭했음에도 불구하고 중앙 집권적인 고대 국가로 성장하지 못하고 무너져 내렸습니다. 그 이유는 가야 연맹의 속국들이 효과적으로 통합하지 못했기 때문입니다. 그러나 가야가 완전히 그대로 소멸된 것은 아닙니다. 신라에 흡수되면서 역사와 문화 등 사회 발전에 주요한 영향을 끼쳤습니다. 예를 들어, 신라 통일의 일등 공신인 김유신 장군이 금관가야의 마지막 왕인 구형왕의 손자인 것을 보았을 때, 가야가 우리의 역사에서 무의미하지 않음을 알 수 있습니다.

우륵 기념탑

우륵은 우리나라 3대 악성(우륵, 박연, 왕산악) 중 한 사람으로 알려졌습니다. 가야 말기 12현으로 된 가야금을 만든 인물로 가장 유명하지요. 평생 185곡을 만든 것으로 알려졌으나 현재는 한 곡도 남아 있지 않습니다.

우륵 기념탑은 이러한 우륵을 기리기 위해 경상북도 고령군 대가야읍에 세워졌습니다.

삼국의 전성기

고구려의 전성기

고국원왕이 죽고 고구려는 최대의 위기를 맞았습니다. 이후 왕위에 오른 소수림왕은 나라 밖보다 안을 다시 정비하는 일에 집중했습니다. 소수림왕은 중국에서 불교를 들여와 공인하였으며, 태학을 설립하여 교육 정책을 펼쳤습니다. 또한 율령을 반포하여 왕권 강화에 박차를 가했지요.

이를 바탕으로 광개토대왕(재위 391~413)에 접어들면서 고구려의 위세는 강력하게 뻗어나갔습니다. 광개토대왕은 본격적으로 대외 정복 활동에 나섰지요. 고구려는 당시 가장 강한 세력인 중국과 맞붙어 있어서 항상 전쟁의 위협에 놓여 있었으며, 전쟁을 거듭하며 성장해 나아갔습니다.

광개토대왕은 백제를 가장 먼저 공격하여 임진강 일대를 점령했습니다. 이러한 공격은 여러 의미가 있으나 광개토대왕의 할아버지였던 고국원왕에 대한 복수이기도 했습니다. 백제의 근초고왕이 고구려를 공격하여 고국원왕을 전사시켰다는 것을 앞서 이야기하였지요.

그다음 북쪽에 자리 잡은 거란을 공격했으며, 백제 공격도 늦추지 않았습니다. 백제의 성들을 점령하고 한강을 건너 백제의 수도까지 진격했습니다. 광개토대왕은 왜군이 신라를 침입하자 신라를 돕기 위해 5만

고구려 덕흥리 고분
벽화의 인면조

의 군사를 보내어 물리치기도 했습니다.

한반도 남쪽 공격의 성공을 발판으로 이제 다음 목표로 정해 놓은 중국 후연을 칠 때였습니다. 공격은 성공적이었지요. 후연을 공격하여 요동 지역을 포함한 만주의 대부분을 차지했고, 이어 동북쪽의 부여와 동쪽의 말갈을 공격하여 굴복시켰습니다.

광개토대왕은 주변국을 공격하고 점령하며, 64개의 성과 1,400여 개의 촌락을 차지하는 성과를 올렸습니다. 광개토대왕이라는 이름도 이처럼 정복활동을 통해 영토를 크게 확장하였기에 붙여진 것입니다. 만주에 남아 있는 광개토대왕릉비는 특히 이러한 그의 위세를 잘 알 수 있도록 합니다.

광개토대왕의 업적을 기리기 위해 우리나라 곳곳에도 원본을 비슷하게 따라 만든 광개토대왕비가 세워졌습니다. 쉬는 날 곳곳을 찾아 방문해 보는 건 어떨까요?

광개토대왕릉비

광개토대왕릉비는 414년 광개토대왕의 아들 장수왕이 세웠습니다. 이 비는 독립기념관에 있는 복제품으로, 실물은 중국 지린성 지안시 태왕진에 있습니다.

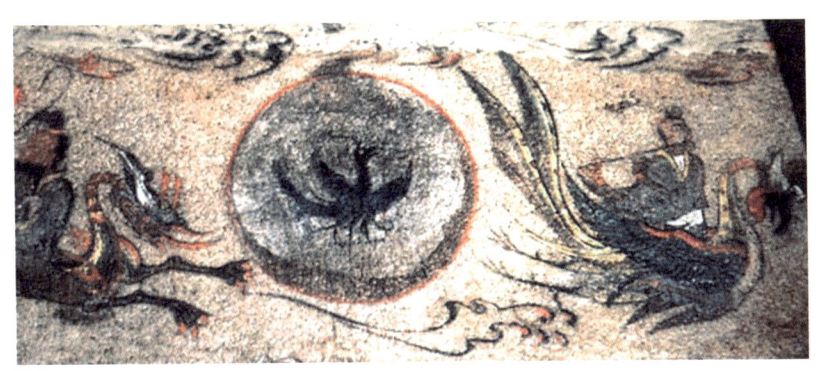

고구려 고분 벽화에 그려진 삼족오

고구려 시대의 '삼족오'는 태양에 사는 까마귀에 관한 중국 신화의 영향을 받았습니다. 그러나 그 모양을 보면, 고구려만의 독자적인 형태로 한층 발전시킨 것을 알 수 있습니다.

장수왕의 업적

광개토대왕 다음에 왕위에 오른 장수왕(재위 412~491)은 넓은 영토를 다스리기 위해 체제정비가 필요했습니다. 제일 먼저, 국내성에서 평양성으로 수도를 이전했습니다(427). 평양은 역사적, 문화적으로 의미 있을 뿐만 아니라 대동강 유역의 평야지역을 끼고 있어서 경제적으로도 풍요로운 지역이었습니다. 그리고 한강 이남의 백제나 신라를 견제하고 삼국 간의 세력다툼에서 주도권을 잡는 데 유리한 지역이었습니다. 또한, 수도 이전은 국내성에 기반을 둔 귀족 세력을 약화하여 왕권을 강화하는 데 필요한 일이었지요.

고구려의 승승장구를 백제와 신라도 가만히 보고 있지는 않았습니다. 두 국가가 동맹을 맺어 고구려를 견제했지요(나제동맹). 그러나 이 동맹은 무력화되었습니다. 장수왕이 먼저 백제를 공격했고, 백제의 수도인 위례성을 점령했습니다. 개로왕을 잃은 백제는 공주로 수도를 옮겨야 했습니다. 이로써 한강 유역을 차지한 고구려는 역사상 최대 영토를 확보하며 최고의 전성기를 누리게 됩니다.

> **고구려의 수도 이전**
> 홀본 → 국내성 → 환도성 → 국내성 → 평양 → 장안

장군총
장군총은 중국 길림성에 있는 고구려 유적인데, 장수왕의 무덤으로 추정하고 있습니다.

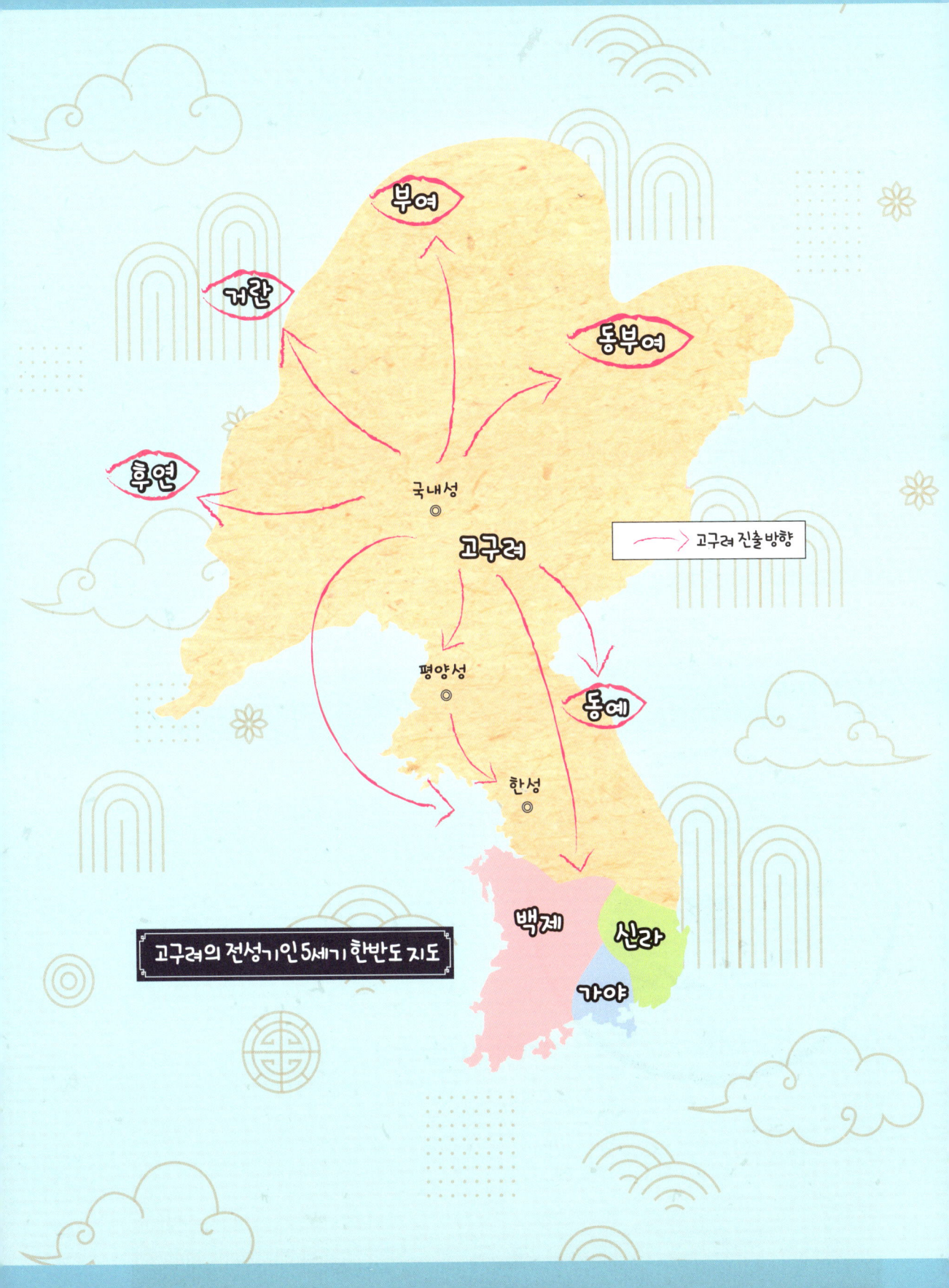

백제의 중흥

삼국 중 가장 먼저 전성기를 맞이한 국가는 백제였습니다(4세기). 하지만 고구려 광개토대왕의 침략을 받아 한강 이북 지역을 빼앗기면서 큰 파도 속 돛단배처럼 흔들렸습니다. 나제동맹도 그다지 효과적이지 못했지요. 고구려 장수왕에게 한강 유역을 완전히 빼앗기면서 백제는 서둘러 웅진(공주)으로 수도를 옮겨야 하는 수모를 당했습니다(475).

> 백제가 웅진으로 천도한 것은 문주왕 때입니다. 그러나 문주왕은 재위 3년 만에 웅진 천도에 협조한 세력에 의해 살해당했습니다.

그 후 백제는 왕권이 약화되고 사회가 안정을 되찾지 못하면서 쇠퇴의 길을 가기 시작했습니다. 그러나 쥐구멍에도 볕들 날이 있다고, 다시 전성기를 맞는 기회가 찾아왔습니다.

동성왕(재위 479~501)은 신라와 혼인 관계를 맺으며, 신라와의 관계를 돈독히 하여 고구려의 공격에 맞섰습니다(혼인동맹). 무령왕(재위 501~523)은 중국 남조의 양나라와 국교를 맺고 선진문화를 들여오며, 국력 회복에 힘썼지요. 공주 무령왕릉의 유물들을 통해 중국 남조와 교류하며, 얼마나 세련된 문화를 이룩하였는지 확인할 수 있습니다.

무령왕릉의 청동거울

성왕의 업적

6세기 중반에 접어들며 백제는 재기의 기틀을 마련합니다. 성왕(재위 523~554) 재위 때였지요. 먼저 성왕은 수도를 사비성으로 옮기고 국호는 '남부여'라 하였습니다(538). 그리고 정치제도와 지방제도를 정비하여 왕권을 강화하고자 하였으며, 중국 남조와 활발히 교류하면서 차츰 발전해 나갔습니다.

한편, 성왕은 신라와 연합하여 고구려가 차지했던 한강 유역을 되찾기에 이릅니다. 그런데 동맹국이었던 신라가 백제를 공격하여 한강 유역의 땅을 빼앗아 버렸습니다. 이렇게 신라의 배신으로, 나제동맹은 깨져 버리고 신라와도 다투는 사이가 되었습니다. 성왕은 이에 참지 않고 직접 군사를 이끌고 신라를 공격했습니다. 그러나 관산성(충북 옥천)에서 신라군에 패하였고, 성왕도 이 전투에서 전사하고 말았지요. 이 전투의 승자는 김유신의 할아버지인 김무력 장군이었습니다.

백제는 이번에는 적대적인 관계였던 고구려와 동맹의 길을 택합니다. 이 동맹으로 신라의 성장을 견제해야 했습니다.

칠지도
이 칠지도는 일본 이소노가미 신궁(石上神宮)에 보물로 전해온 백제의 칼입니다.

백제의 수도 이전
위례성(온조) -> 웅진(문주왕) -> 사비성(성왕)

신라의 전성기

<천마도>
<천마도>는 지증왕의 무덤으로 추정하는 경주 천마총에서 발견된 장니(말다래)에 그려진 그림입니다. 현재 국보 제207호로 지정되어 있습니다.

신라는 삼국 중 가장 늦은 6세기에 전성기를 맞이하게 되었습니다. 4세기 백제, 5세기가 고구려의 시대였다면, 6세기는 신라의 시대였다고 할 수 있지요. 신라는 삼국 중에서는 가장 늦게 중앙 집권적 고대 국가의 기틀을 마련하였다는 것을 앞서 알아봤지요. 덕분에 전성기도 늦게 이룰 수밖에 없었습니다. 고구려의 남진정책에 맞서고자 백제와 동맹(433)한 후 백제를 공격해 한강 유역을 점령하면서, 마침내 삼국의 주도권을 장악하기 시작한 것입니다.

지증왕(재위 500~514)은 왕호를 마립간에서 왕으로, 국호를 사로국에서 신라로 고치면서 성장의 기틀을 다졌습니다(503). 지증왕이 지금의 울릉도인 우산국을 정복한 것도 잘 알려진 사실입니다.

지증왕의 뒤를 이은 법흥왕(재위 514~540)은 불교를 공인하고 율령을 반포하였으며, 모든 관리들이 공복을 입도록 하였습니다. 더불어 귀족의 대표를 '상대등'이라는 관직으로 임명하는 등 왕권 강화에 힘썼지요. 대외적으로 법흥왕은 김해의 금관가야를 정복(532)하여 합병하면서 낙동강 유역으로 진출할 수 있게 되었습니다. 536년에는 신라 최초로 연호를 정하였습니다. 그 이름은 '건원'이라 하였습니다.

연호란, 군주국가에서 군주가 자신이 통치하는 기간의 연차에 붙이는 특별한 나라 이름입니다.

진흥왕의 업적

신라가 본격적으로 전성기를 맞이한 것은 법흥왕을 이어 진흥왕(재위 540~576)이 재위하던 때였습니다. 진흥왕은 거칠부로 하여금 역사서인 『국사』를 편찬토록 하였습니다. 그리고 일종의 청소년 수련 단체인 화랑도를 국가 조직으로 개편하여 젊은 인재를 양성하는 국가적 노력을 기울였습니다. 화랑들은 도의와 무예, 학문 등을 갈고 닦았는데 삼국 간의 전쟁에서도 작지 않은 역할을 하였습니다.

> '거칠부'는 신라 진흥왕 때의 장군이자 재상이었습니다. 그는 진흥왕의 명을 받아 『국사(國史)』를 편찬하고 신라 최고의 관직인 상대등에까지 올랐습니다.

중앙 집권 체제를 기반으로 진흥왕은 영토를 더욱 확장하고자 하는 욕망을 품었습니다. 나제동맹으로 함께 고구려에 맞선 후 한강 유역을 차지한 백제를 공격하여 한강 유역을 빼앗은 것도 진흥왕 때였습니다. 그리고 진흥왕은 대가야를 멸망시키면서 낙동강 유역을 완전히 차지하게 되었습니다. 진흥왕은 북쪽으로는 함경남도 함흥 일대, 서쪽으로는 한강 유역과 황해 연안, 남동쪽으로는 가야까지 정복하여 신라 최고의 정복 왕으로 등극했습니다.

진흥왕은 영토 확장을 기념하여 정복한 지역에 기념비를 세웠습니다. 아직까지 단양 적성비와 4개의 진흥왕 순수비가 남아 있습니다. 이처

창녕 신라 진흥왕 척경비(창녕 순수비)

럼 영토를 확대하여 국력을 과시한 진흥왕은 자신을 '태왕'이라 하여 자신의 위상을 황제와 동등하게 두었고, '개국'이라는 연호를 사용하여 신라의 위상을 더욱 높였습니다.

> **신라의 연호 변천사**
> 건원(법흥왕) → 개국(진흥왕) → 건복(진평왕) → 인평(선덕여왕) → 태화(진덕여왕)

〈당염립본왕회도〉
당나라의 화가 '염립본'이 그린 〈왕회도〉에는 각국 사신의 모습이 담겼습니다. 그중 삼국의 사신만 추려보았습니다. 왼쪽부터 신라, 고구려, 백제의 사신입니다.

신라의 전성기인 6세기 한반도 지도

고구려

신라

백제

삼국에 있어 한강의 의미

한반도의 중심에 위치한 한강 유역은 삼국에 있어 매우 중요한 지역이었습니다. 농사가 잘 되는 지역일 뿐만 아니라, 여러 지역의 문화가 스며들어 오고 바다를 통해 중국과 교류할 수 있어서 신문화 흡수에 유리한 지역이었습니다. 이런 이유로 한강 유역을 차지한 국가가 삼국 중에서 주도권을 차지하게 되었지요.

한강 유역을 중심으로 성장한 백제는 4세기 근초고왕 때 강성한 국력을 자랑하였습니다. 5세기에는 고구려가 백제로부터 한강 유역을 빼앗아 한반도의 주도권을 행사하였습니다. 신라는 6세기에 한강 유역을 차지하였습니다. 이로써 백제와 고구려의 연합을 무력화하였고 중국과 직접 교류할 수 있게 되었습니다. 신라는 한강을 차지하면서 한반도를 장악하였고 삼국 통일의 기틀을 마련할 수 있게 되었지요.

4세기 백제 → 5세기 고구려 → 6세기 신라

고구려와 수나라의 전쟁

589년, 신라가 한강유역을 차지하여 고구려, 백제 연합이 신라를 공격할 때쯤 남북조로 분열되었던 중국이 수나라에 의해 통일되었습니다. 강력한 세력을 이룬 수나라는 주변국에 큰 위협이 되었지요. 백제와 고구려의 연합 공격에 위태로워진 신라는 수나라에 도움을 청할 수밖에 없었습니다. 그때 고구려는 돌궐과 연합하여 수나라에 대항했습니다. 당시 한반도의 정세는 이와 같은 세력 균형을 이루고 있었습니다.

수나라 '문제'는 고구려를 협박해 왔습니다. 이러한 협박에도 불구하고 고구려는 대담하게 먼저 수나라를 공격했습니다. 고구려의 영양왕(재위 590~618)이 수나라의 요서지방을 먼저 공격하여 허를 찌른 것입니다(598). 머리끝까지 분노한 수 문제는 고구려를 공격했고, 이후 세 차례 더 공격했지요. 그러나 수나라의 군대는 제대로 싸워보지도 못하고 고구려 침공에 실패를 거듭했습니다. 특히 문제의 아들인 수나라 '양제'가 평양성을 공격했을 때 청천강 부근에서 벌어진 살수대첩이 대표적인 전투였습니다. 이 전투에서 '을지문덕 장군'이 수나라군대 약 30만 대군을 무찌른 것은 유명한 일화로 남았습니다.

수나라 초대 황제인 '문제'의 초상화

결국, 수나라는 고구려 침략에 무참히 실패했고 곧 어이없이 무너지고 말았습니다. 그 이유는 무리한 전쟁으로 인한 국력 약화와 더불어 각지에서 일어난 내란을 막지 못했기 때문입니다.

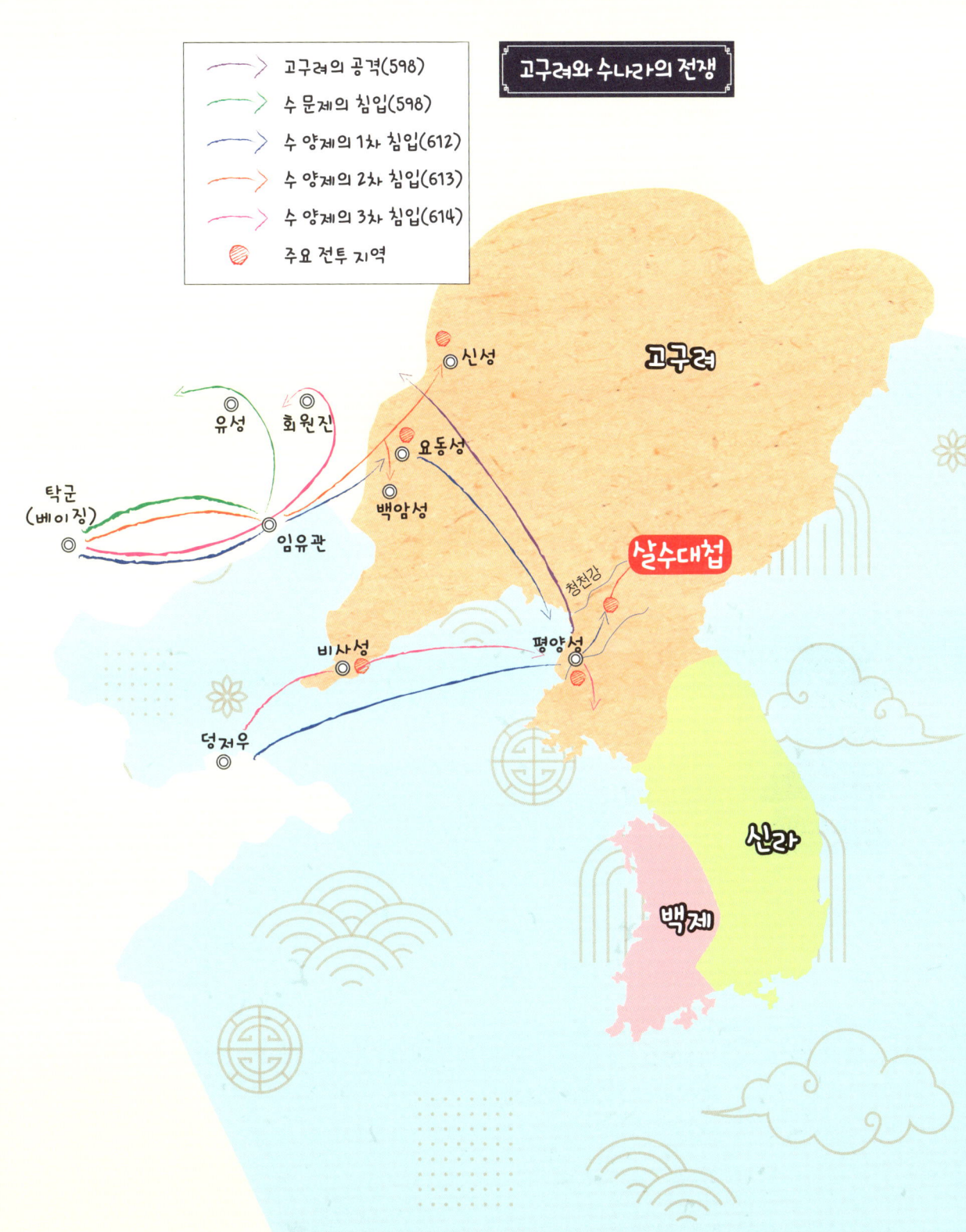

찬란한 문화를 꽃피운 백제의 문화재

백제의 문화는 고급스럽고 귀족적인 면이 강합니다. 세련되고 우아하지요. 그리고 백제문화의 가장 큰 특색은 석조문화입니다. 미륵사지석탑은 목탑의 형식을 바탕으로 한 석탑으로 정림사지오층석탑과 함께 백제 건축의 아름다움을 잘 보여 줍니다. 또한 백제는 금속 공예품에서도 빼어난 아름다움을 드러내지요. 걸작으로 꼽히는 금동미륵반가상은 물론 바위에 조각한 마애삼존불 등은 백제 문화의 섬세함을 잘 보여 줍니다. 백제의 문화는 일본에 전해져 일본인들이 자랑스러워하는 아스카 문화의 원조가 되기도 했습니다.

부여정림사지오층석탑

정림사지오층석탑은 백제 시대의 세련미와 기품을 한껏 보여주는 귀중한 문화재입니다.

부여정림사지오층석탑은 백제 시대의 대표적인 석탑입니다. 충청남도 부여에 소재하고 있으며, 국보 제9호로 지정되었지요. 이 탑은 화강암으로 이루어졌으며, 높이는 8.33m입니다. 정림사는 당시 백제의 수도인 사비의 시내 한가운데 있던 중요한 절이었습니다.

탑의 각층 기둥들은 목조 건축의 '배흘림기법'을 이용하였고, 지붕돌의 형태도 목조 건축의 형식을 따랐습니다. 매우 세련되고 창의적이며, 아름다운 모습입니다.

익산미륵사지석탑

익산미륵사지석탑은 전라북도 익산에 있으며, 우리나라에 남아 있는 석탑 중 가장 오래된 석탑입니다. 그리고 국보 제11호로 지정되었습니다. 백제 최대 절이었던 미륵사 터에 남아 있는 이 탑은 백제 무왕 때에 만들어졌으며, 우리나라의 탑이 목탑에서 석탑으로 바뀌는 출발점으로 인정받고 있습니다. 석탑이지만 목조 건물

양식으로 만들어졌으며, 백제의 목탑 형식을 잘 보여줍니다.

현재 일부가 붕괴되어 6층까지만 남아 있으나 원래는 7층이나 9층이었을 것이라고 추측합니다.

익산미륵사지석탑은 한반도에서 가장 오래되었으면서도 가장 큰 석탑입니다.

백제금동대향로

백제금동대향로는 충청남도 부여의 능산리 절터에서 발견된 것으로, 국보 제287호로 지정되었습니다. 높이는 64cm이고 무게는 11.8kg인 대형 향로이며, 몸체와 뚜껑, 봉황 장식, 받침대로 구성되어 있습니다.

뚜껑에는 여러 개의 산이 겹겹을 이루는 풍경과 함께 악기를 연주하는 악사들과 여러 인물상, 봉황과 용, 호랑이를 비롯한 동물들이 표현되었습니다. 뚜껑 맨 위에는 여의주를 품고 날개를 펴고 있는 봉황이 달려 있습니다. 향로의 몸체는 연꽃을 표현한 것인데 연꽃잎에는 불사조와 물고기, 사슴 등 동물들이 새겨졌고, 받침대는 하늘로 고개를 쳐들고 있는 용의 모양입니다.

이 향로는 백제 시대의 공예와 미술문화, 종교와 사상 등도 알게 해주는 대표적인 백제 공예품이라고 할 수 있습니다.

이 금동대향로에는 부처뿐만 아니라 도교의 상상 속 동물들과 신선이 조각되어 있어 불교와 도교의 문화를 모두 담았다고 알려졌습니다.

금동여래입상

금동여래입상은 삼한 중 '마한'의 왕궁이 있던 자리로 알려진 터에 있는 전라북도 익산왕궁리오층석탑에서 발견된 유물입니다. 국보 제123-4호이지요. 높이 17.4cm 크기로 연꽃 모양의 받침 위에 여래상이 서 있는 모습입니다. 이 불상은 부드러운 얼굴 표정을 하고 있으며, 몸 뒤쪽에는 불꽃무늬와 덩굴무늬로 '광배', 그러니까 일종의 후광을 표현했습니다.

이 불상은 조각 수법이 아주 정교하고 우수하여, 불상 연구에 좋은 자료가 되고 있습니다.

이 금동여래입상은 청동으로 만든 다음 금을 도금한 것입니다.

Part 3
통일 신라와 후삼국 시대

- 신라의 삼국 통일
- 발해의 성립과 멸망
- 통일 신라의 발전과 멸망
- 후삼국 시대

잡식로드 휴게소 발해의 문화

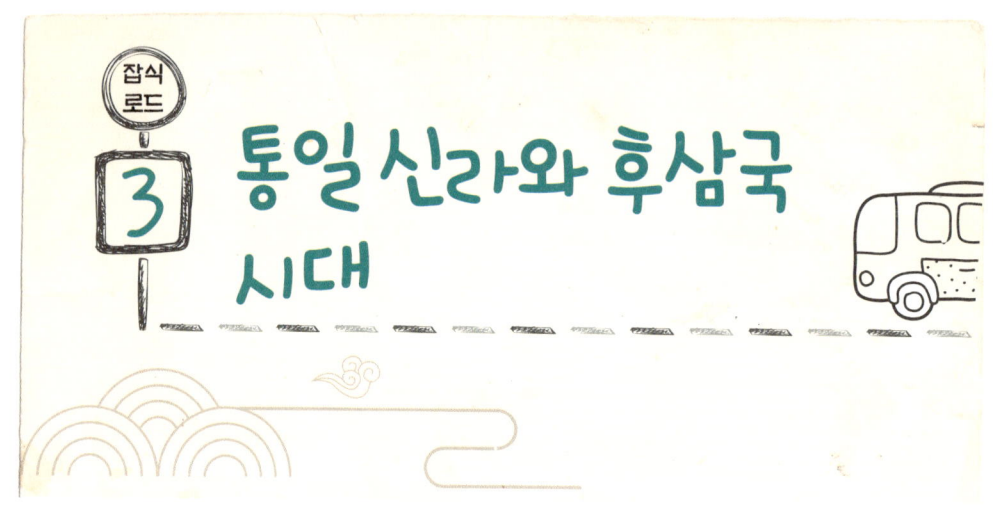

3 통일 신라와 후삼국 시대

신라의 삼국 통일

삼국 시대 말기의 상황

삼국의 동맹
고구려 ↔ 백제 & 신라
신라 ↔ 백제 & 고구려

　한반도에 삼국이 자리 잡으면서 2:1의 대치 상황이 줄곧 벌어졌습니다. 어느 한 나라가 강해지면, 다른 두 나라가 손을 잡았지요. 고구려가 강해지면, 백제와 신라가 손을 잡아 대응하는 식이었습니다. 하지만 한반도 상황의 변수는 항상 주변국이었습니다. 특히 중국은 무시할 수 없는 거대 국가였습니다.

　6세기 말쯤 등장한 중국의 수와 당은 그 큰 땅덩어리를 하나로 통일했습니다. 이들은 항상 한반도를 넘봤습니다. 삼국의 왕들은 중국의 상황에 맞게 융통성을 발휘해야 왕위를 유지할 수 있었습니다. 고구려는 연개소문이, 백제는 의자왕이, 신라는 김춘추가 당시 새로운 통치자였습니다.

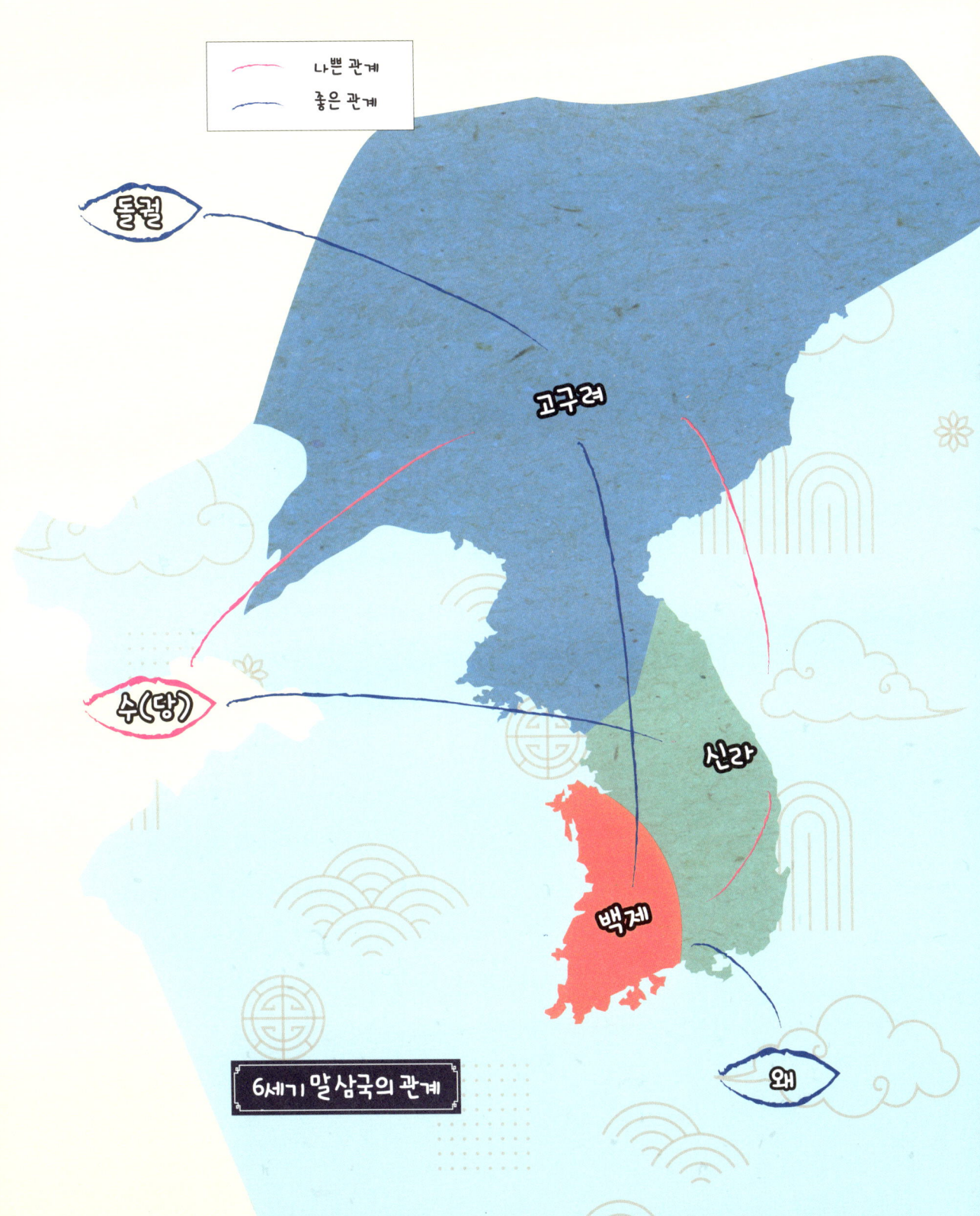

의자왕의 신라 공격

백제 무왕의 맏아들이었던 의자왕(재위 641~660)은 641년 왕의 자리에 올랐습니다. 의자왕은 무왕이 다져놓은 기틀을 바탕으로, 왕권을 강화할 방법을 찾았습니다. 그 대책으로 귀족 40여 명을 섬으로 추방하였지요. 또 민심을 안정시키려고 노력했습니다. 그러면서 내실을 다지고 통치의 폭을 넓혔습니다.

의자왕은 신라를 공격하여 영토 확장하는 데에도 힘을 쏟았습니다. 자신의 힘을 드러내고 옛 영토를 되찾겠다는 바람을 이루려는 목적이었지요. 의자왕은 직접 말에 올라 앞장서 지휘하였습니다. 그리고 642년 신라 공격에 성공하여 40여 개의 성을 빼앗았습니다.

같은 해 8월에는 대야성(지금의 합천)을 공격하도록 하였습니다. 그 전투에서 성주 김품석과 그의 아내를 죽이면서 신라의 주요 요충지를 점령하게 되었습니다. 그러나 김품석을 죽인 것은 신라의 왕, 김춘추의 분노를 극에 달하도록 했습니다. 김품석은 김춘추의 사위였던 것입니다. 물론 김품석의 아내는 김춘추의 딸이었지요.

그다음 해인 643년에는 당나라와 고구려와의 관계에 많은 공을 들였습니다. 고구려로서도 신라를 견제하는 데 백제의 힘이 필요했지요. 이제 고구려와 함께 신라가 당나라와 통할 수 있었던 교통의 요충지인 당항성을 공격했습니다. 그러나 당항성 공격은 실패로 끝났습니다. 그런데 그 공격 실패 이후 신라와 당의 관계는 오히려 더욱 돈독해졌습

> '대야성(大耶城)'은 과거 대가야국이 있던 지역입니다.

> '당항성(黨項城)'은 경기도 화성시 서신면에 있는 성곽으로, '화성 당성'이라고도 합니다.

니다.

이후 645년에는 7개의 성을 빼앗았으며, 648년에는 10여 개의 성을 점령하였습니다. 655년에는 고구려, 말갈과 연합하여 신라 북쪽에 있는 30여 성을 점령하는 등 신라를 향한 공격은 계속해서 어느 정도 성과를 거두었습니다.

부소산성
부소산성은 부여에 있는 백제의 마지막 왕성으로, 당시에는 '사비성'이라 불렸습니다. 왕궁을 지키기 위해 쌓은 성으로, 쌓기 시작한 지 67년 만인 무왕 6년(605년)에 완성한 것으로 알려졌습니다.

백제의 멸망

의자왕은 신라 공격에 비교적 성공하면서 국내도 안정적으로 통치할 수 있었습니다. 왕권 강화도 성공적이었고 민심도 잡을 수 있었지요. 그런데 노년에 접어들면서 이빨 빠진 호랑이처럼 무뎌진 의자왕이었습니다. 안정되었던 나라 안 정치 상황도 흔들렸지요. 알려진 바로는 사치스럽게 궁을 짓고 술을 마시고 놀며, 타락한 생활에 빠졌다고 합니다. 다만, 이는 당나라와 신라의 기록에서 전하는 내용이므로 정확한 해석은 아니라고 최근에 밝혀졌습니다.

'낙화암과 3천 궁녀' 이야기는 의자왕이 술과 여색에 빠져 나라를 돌보지 않았다는 예로 자주 거론되고는 하지요. 그러나 『삼국사기』에는 의자왕이 마지막까지 처절하게 싸웠다고 기록되어 있습니다.

660년, 신라와 당 연합군이 마침내 백제 땅으로 쳐들어왔습니다. 황산벌과 백강에서의 고투는 참으로 처절했답니다. 그러나 백제군은 신라와 당 연합군을 막아낼 수 없었습니다. 사비성이 함락되자 얼마 지나지 않아 웅진성으로 달아난 의자왕은 백기를 들고 항복하고 말았습니다. 그리고 가족, 측근들과 함께 당나라로 끌려갔습니다. 그 후 그들은 다시는 백제 땅을 밟지 못했지요. 이처럼 백제는 어쩐 일인지 제대로 싸워 보지도 못하고 멸망의 길을 가게 되었습니다.

계백장군유적전승지
충청남도 논산에 있는 이곳은 백제의 명장, 계백 장군의 무덤으로 추정하는 곳입니다.

계백 장군의 기백*

660년, 백제에 신라와 당나라 연합군이 쳐들어왔을 때 황산벌에서 큰 전투가 벌어졌습니다. 계백 장군은 황산벌 싸움에 나서기 전 자신의 손으로 가족을 죽이고 결의를 다졌다고 전해집니다. 결국, 버티지 못하고 신라 김유신 장군의 손에 죽임을 당했지만, 그의 이야기는 지금까지 전해지며 많은 이에게 용기를 주고 있습니다.

*기백: 씩씩하고 굳센 정신

고구려의 멸망

618년, 수나라가 멸망하고 중국에는 당나라가 그 자리를 대신했습니다. 당은 처음에 고구려와 좋은 관계를 유지하려고 했지요. 당과 고구려는 포로를 교환하는 것으로 서로의 관계를 증명했습니다. 그러나 이러한 관계는 서로의 실리를 위한 것이었습니다. 고구려가 당의 화친 요구

중국의 고구려 장군 가면

에 응했던 것은 수나라와의 전쟁으로 힘을 많이 잃었기 때문입니다. 전쟁을 쉬며, 충전할 필요가 있었지요.

그런데 당나라 태종은 고구려를 대하는 태도가 전혀 달랐습니다. 그는 강인한 성격으로 국내정치를 안정시킨 다음 침략 전쟁에 나섰습니다. 태종은 야망이 컸던 인물이었지요. 고구려도 슬슬 압박하기 시작했습니다.

고구려는 랴오허강 주변 국경선에 천리장성을 쌓아서 당의 공격에 맞섰습니다. 영류왕(재위 618~642)이 왕위를 물려받으면서는 당과 문제없이 지내기를 원했습니다. 수나라와의 전쟁 때만 해도 을지문덕으로 하여금 살수대첩에서 승리를 거두도록 했는데 말입니다. 이를 지켜본 연개소문은 영류왕의 정책이 마음에 들지 않았지요.

연개소문은 곧, 요즘 말로 하면, 쿠데타를 일으켜 새로운 왕을 세웠습니다. 그때가 642년이었지요. 보장왕(재위 642~668)은 왕위만 이을 뿐 권력은 대막리지인 자신이 모두 가지고 있었습니다. 연개소문은 당과 신라에 강경하게 맞서는 정책을 펴나갔고 백제와는 힘을 합쳐 신라를 압박했습니다. 신라는 당나라에 사신을 보내 고구려가 조공하는 길을 막으려 한다며 도움을 청했지요. 당은 연개소문에게 신라와 잘 지내라고 요구했습니다. 하지만 연개소문은 그 요구를 듣지 않고 강하게 나갔습니다. 사신을 가두고 당의 제안을 거절했지요.

당 태종은 고구려를 치기로 결정했습니다. 당에서 꾸린 원정대는 그야말로 막강한 전사들로 구성되었습니다. 당 태종이 직접 지휘하며 거센 공격으로 밀어붙였고, 결국 요동성(랴오둥 성)이 함락되고 말았습니

> '대막리지'는 고구려 후기, 최고위직인 막리지보다 더 높은 관직입니다. 막리지는 오늘날 총리격이라 할 수 있지요. 그런데 연개소문은 그보다 더 높은 관직을 스스로 만들어 그 자리에 올랐던 것입니다.

다. 요동성은 수나라와의 전쟁에서 끝까지 지켜낸 곳이었지요. 이어서 백암성도 점령되었습니다. 백암성의 성주가 두려움에 바로 항복하고 말았습니다.

하지만 안시성에서의 싸움은 달랐습니다. 안시성의 성주 양만춘은 안시성만큼은 반드시 지킨다는 다짐으로, 당나라군사의 총공세를 막아냈습니다. 당나라는 공격이 계속 무산되자 최후의 수단으로 성 옆에 거대한 토산을 쌓기도 했는데, 계절이 바뀌어 날씨가 추워지고 군량마저 떨어지면서 당나라군대는 철수하지 않을 수 없었습니다.

안시성 전투 기록화
안시성은 고구려의 전략적 요충지였습니다. 당 태종이 공격해 들어왔을 때 양만춘 장군이 잘 막아내었지요. 이 기록화는 서울 전쟁기념관에 전시되어 있습니다.

당나라 고종의 초상화

당 태종은 두 차례나 더 고구려를 공격하였지만, 다 무산되었습니다. 태종은 고구려의 방어력에 질려서 사망할 때 그의 아들 고종에게 고구려를 정벌하지 말라고 유언을 남겼습니다. 그러나 왕위를 이은 당나라의 고종은 아버지의 뜻에 따르지 않았습니다.

당나라는 신라와 손을 잡고 고구려를 공격하기로 결정합니다. 백제와 고구려를 함께 멸망시키면, 대동강 이남은 신라가 점령할 수 있도록 미리 약속해뒀습니다. 신라는 당나라의 약속을 찰떡같이 믿었습니다.

무열왕의 요청으로 파병된 당나라군과 신라군의 연합은 백제를 먼저 무너뜨렸습니다(660). 그다음 고구려 공격도 늦추지 않았지요. 연개소문이 살아 있을 당시에는 그들의 공격을 잘 막아냈습니다. 하지만 666년 연개소문이 죽은 후 고구려의 상황은 급격히 달라졌습니다.

연개소문에게는 세 명의 아들이 있었습니다. 아버지는 죽기 전 권력 다툼을 우려했는데, 그 우려가 현실이 되었습니다. 연개소문이 죽자 장남인 연남생이 모든 권력을 이어받았습니다. 연남생은 자신이 잠시 자리를 비운 사이 첩자를 통해 동생들의 동태를 살피도록 했습니다. 그러나 이는 곧 발각되었고, 동생들은 형의 행태에 분노를 느꼈습니다. 그리고 연남생을 도성으로 불러들여 죽이려고 하였습니다. 연남생은 동생들의 계획을 눈치 채고 성에 가지 않았으며, 오히려 당에 투항해버렸습니다. 동생들은 연남생의 아들이자 조카, 연헌충을 대신 죽였습니다.

> 연남생은 연개소문이 죽자, 그 뒤를 이어 제2대 대막리지에 올랐습니다.

당은 이러한 고구려의 내분을 이용하였습니다. 신라와 함께 투항한 연남생을 앞세워 고구려를 공격하였지요. 설상가상으로 연개소문의 동생인 연정토도 당나라에 투항했습니다. 결국, 고구려는 668년 신라와 당의 연합군에 의해 허무하게 무너졌습니다.

고구려 중장기병 벽화
이 그림은 중국 지안 현 퉁거우에 있는 고구려 12호고분 벽화에 그려진 고구려 중장기병의 모습입니다. 이 벽화를 토대로 당시 고구려 병사의 모습을 추측해볼 수 있게 되었습니다.

연개소문 유적비
연개소문에 관한 평가는 극과 극으로 갈립니다. 그는 왕을 죽인 역적일까요, 아니면 위대한 혁명가일까요? 하지만 최근에는 자주적인 혁명가로 인식되고 있습니다. 오른쪽 사진의 연개소문 유적비는 인천 강화 고인돌 공원에 있습니다.

신라 무열왕, 김춘추

7세기 전반기 신라의 상황은 좋지 않았습니다. 혼란기의 한반도에서 수차례 전쟁을 치르며, 피폐해져 갔지요. 게다가 진평왕 이후 왕위를 이을 성골 출신의 남자가 없어서 대신 여성이 왕의 자리에 오르게 됩니다. 선덕여왕이 632년 신라의 왕이 되었습니다. 그러자 성골 아래 진골이 왕권을 노리고 성장해 나갔지요.

> 신라에는 '골품제도'라는 신분 제도가 있었습니다. 그중 '성골'과 '진골'은 모두 왕족의 계급이었습니다.

이런 상황에서 왕실의 측근이었던 김춘추는 김유신의 동생을 아내로 맞아들임으로써 정치적인 기반을 만들어갔습니다. 그리고 그는 대야성의 성주인 김품석을 사위로 맞이하여 군사적인 기반도 단단하게 하였지요.

그런데 642년, 백제의 의자왕이 대야성을 공격했을 때 사위와 딸을 잃고 말았습니다. 이는 김춘추에게 씻어낼 수 없는 한이 되고 말았습니다.

김유신 장군상

의자왕의 공격으로 김춘추뿐만 아니라 신라의 내부 상황은 불안정하게 흘러갔습니다. 김춘추는 고구려와 손을 잡고 이 상황을 해결하려고 고구려를 방문했습니다. 하지만 고구려의 연개소문이 순순히 그 뜻에 따라줄리 없었지요. 연개소문은 죽령 이북의 한강 유역을 돌려주면 지원해 주겠다고 했습니다. 김춘추는 거부했고 옥에 갇혀 버렸습니다.

신라 안쪽에서는 여왕이 통치하는 것에 불만을 가지고 비담과 염종이 반란을 일으켰습니다. 고구려에서 겨우 풀려난 김춘추는 김유신의 도움을 받아 이 반란을 진압하였습니다. 그리고 진덕여왕을 왕의 자리에 앉히면서(647) 자신이 신라의 최고 권력자로 거듭났습니다.

김춘추는 당에 군사동맹을 맺자고 요청했습니다. 당은 고구려를 정복하려면, 신라의 군사력이 필요하다는 것을 잘 알았으므로 김춘추의 요구에 응했습니다. 당과의 군사동맹 체결에 성공하자 김춘추의 권력은 수직 상승했습니다. 654년, 진덕여왕이 죽은 후 김유신의 도움을 받아 마침내 왕의 자리에 오르게 되었지요. 그 왕이 바로 태종 무열왕(재위 654~661)입니다.

드디어 김춘추는 660년 당과 힘을 합쳐 백제를 공격하여 멸망시켰습니다. 하지만 그 후 661년에 그는 고구려의 멸망은 보지 못하고 죽었습니다. 그의 아들 문무왕이 뒤를 이어 왕위에 올랐고, 668년 김유신이 이끈 신라군과 당나라군은 마침내 고구려를 멸망시켰습니다.

태종무열왕릉비
이 비는 경북 경주에 있으며, 국보 제25호로 지정되었습니다.

삼국의 통일

당은 신라와 함께 백제, 고구려를 멸망시킨 후 대동강 이남의 땅을 신라에 주겠다고 약속했습니다. 그런데 그 약속을 어기고 한반도를 직접 지배하려고 하였습니다. 백제의 옛 땅에는 5개의 도독부를, 고구려의 옛 땅에는 안동도호부를 두어 직접 관리하려고 했습니다. 게다가 신라에도 계림도독부를 설치하여 간섭하려고 들었지요.

당이 약속을 어기자 이에 화가 난 신라는 당나라와 전쟁을 할 수밖에 없었습니다. 신라는 당나라에 비해 약한 나라였습니다. 혼자서는 당을 상대할 수가 없었지요. 그래서 무너진 백제와 고구려를 다시 일으키려는 이들을 지원하여 함께 한반도 땅을 지키고자 했습니다.

고구려 부흥운동의 지도자인 검모잠을 지원하고 고구려의 왕족인 안승을 왕으로 추대하였습니다. 그리고 서쪽 지방 금마저에 머물게 하였습니다. 마침내 당나라군사가 주둔하고 있던 백제의 수도 사비성(부여)을 빼앗고 웅진도독부를 제압하여 백제의 옛 땅을 완전히 차지하게 되었지요.

당나라는 문무왕을 무시하고 문무왕의 동생 김인문을 신라 왕으로 임명하는 등 신라의 내정에 직접적으로 간섭했습니다. 그리고 말갈, 거란과 힘을 합쳐 신라를 계속 공격했지요. 신라는 끊임없는 공격을 끝까지 잘 막아냈습니다. 가장 유명한 전투는 매소성 전투입니다. 당나라 20만 명의 군대가 매소성(경기도 양주)에 쳐들어왔으나 잘 방어해낸 전투이

> 당나라는 백제, 고구려를 멸망시킨 후 약속을 어기고 신라를 통치하며 한반도 지배권을 확보하려고 했습니다. 심지어 신라의 왕을 '계림주대도독'이라는 관직에 임명하여 완전히 자신들의 발밑에 두려고 하였지요.

지요. 당나라의 수군이 기벌포(금강 하류)로 쳐들어왔을 때도 완전히 격파했습니다.

마침내 문무왕 16년(676), 당나라가 평양에 설치해둔 안동도호부를 몰아내고 대동강 이남의 땅을 차지할 수 있게 되었습니다. 이렇게 신라는 한반도를 통합할 수 있었습니다.

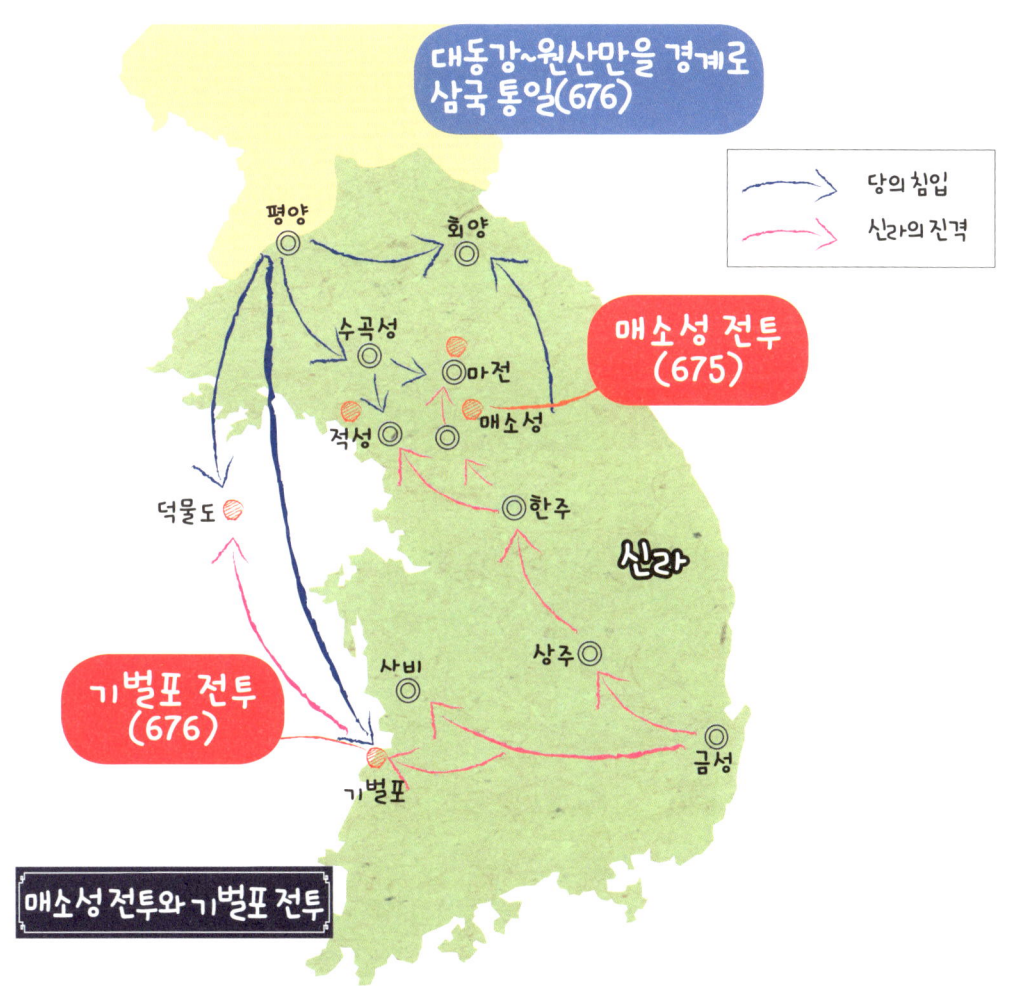

매소성 전투와 기벌포 전투

발해의 성립과 멸망

고구려 멸망 이후 대동강 이남은 신라가 차지했고 그 이북과 만주 일대는 당이 차지했습니다. 그런데 고구려 유민들의 반발이 심해서 평양에 설치한 안동도호부를 폐지하는 등 당나라의 지배력이 약화되었습니다. 고구려 유민들과 말갈족은 당의 힘이 더욱 적게 미치는 만주의 동쪽으로 이동하였습니다. 그곳에서 '대조영'과 말갈 추장 걸사비우는 당나라군대와 전투를 벌였는데, 걸사비우는 목숨을 잃었습니다. 걸사비우는 대조영의 아버지 걸걸중상과 함께 발해를 세우는 데 주요한 역할을 한 말갈족의 추장이었습니다. 대조영은 걸사비우가 죽은 후에 당나라군대를 물리치고 길림성 일대에 성을 쌓아 698년, 발해를 세웠습니다.

『발해태조건국지』
『발해태조건국지』는 1925년 대한민국임시정부의 대통령이기도 했던 박은식이 1911년 일제강점기에 지은 책입니다. 이 책에는 발해의 건국 과정과 사회, 문화 등이 담겨 있습니다.

발해는 신라와 계속해서 나쁜 관계를 유지했습니다. 대신 북쪽의 돌궐과 바다 건너 일본과는 좋은 관계를 맺었지요. 당은 발해의 건국을 인정하였고 발해도 평화적인 관계를 맺으려고 노력했습니다. 그러나 당과의 관계가 긴장 속으로 들어가기도 했습니다. 발해의 두 번째 왕인 무왕(재위 719~737)은 당의 산둥 지방을 먼저 공격하기도 했습니다. 그 뒤의 문왕은 주로 다른 나라와 평화적인 관계를 맺으려고 했습니다. 당, 신라와도 친선관계를 맺었지요. 당의 선진 문물을 받아들이며 국가 발전을 꾀할 수도 있었습니다.

선왕(재위 818~830)이 왕에 오르면서 발해는 전성기를 맞았습니다. 말갈의 여러 부족을 장악하고 요동 지역까지 진출하면서 고구려의 옛 땅을 대부분 다시 찾았고 거대 국가로 발돋움할 수 있었습니다. 전성기를 맞이하며, 발해는 '바다 동쪽의 번성한 국가'라는 뜻의 '해동성국(海東盛國)'으로 불리었습니다.

그러나 발해는 9세기 말에 접어들면서 급격히 약해졌습니다. 급기야 거란의 침략을 받으면서 926년 멸망하고 말았지요. 발해의 멸망에 관해서는 다양한 이야기들이 전해지지만, 내부 지배층의 분란으로 국력이 약화된 것이 주요 원인이라는 주장이 가장 신빙성 있습니다.

> 1992년에는 일부 학자들이 발해 멸망의 원인을 백두산 폭발이라고 주장하였습니다. 10세기에 백두산에서 큰 폭발이 있었다는 것은 학자들에 의해 밝혀진 사실입니다. 다만, 당시 폭발이 발해 멸망의 주원인이었다는 근거는 아직 명확하지 않습니다.

발해의 영토

통일신라의 발전과 멸망

통일신라의 발전

신라는 삼국을 통일하면서 영토도 넓어지고 인구도 늘어났으며, 생산력도 증대되었습니다. 정치 상황도 좋아지고 사회 전반적으로 안정화되어 갔지요. 통일 전 신라에는 성골 출신 남성이 없어 여성이 왕위를 이었습니다. 그리고 선덕여왕(재위 632~647)과 진덕여왕(재위 647~654)의 두 여왕을 마지막으로 성골 출신은 대가 끊겼습니다. 그런 상황에서 진골 출신이었던 김춘추가 왕위에 올랐습니다. 난을 진압하고 귀족세력을 눌러서 왕의 자리에 오를 수 있었던 것입니다. 그가 바로 무열왕(재위 654~661)입니다.

무열왕의 뒤를 이은 문무왕은 당나라군을 몰아낸 왕입니다. 큰 전쟁에서 승리하여 왕의 권위는 하늘을 찌를 듯했지요. 문무왕의 아들 신문왕(재위 681~692)은 반란을 수습하고 귀족세력을 제거하면서 막강한 왕권을 세울 수 있었습니다.

신문왕은 전국을 아홉 구역으로 나누어 9주를 설치하였으며, 특별 행정구역으로 5소경을 두었습니다(685). 그리고 왕권을 강화하기 위해 귀족들을 중심 지역에서 멀리 옮겨 살도록 하였습니다. 지방 귀족은 서울로, 서울 귀족은 지방으로 이사하도록 하였지요. 특히 지방 귀족들을 서울에 살도록 한 것을 '상수리 제도'라 합니다. 그리고 귀족들의 합의 기구인 '화백 회의' 대신에 왕명을 수행하는 '집사부'를 강화시킨 것도 귀

신라의 3대 여왕
선덕여왕(27대), 진덕여왕(28대), 진성여왕(51대)

만파식적(萬波息笛)의 전설
신문왕은 아버지 문무왕을 추모하려고 감은사라는 절을 지었습니다. 그런데 바다의 용이 된 문무왕과 하늘의 신이 된 김유신이 힘을 모아 동해한 섬에 대나무를 보냈습니다. 이 대나무로 피리를 만들어 부니, 나라가 평온해지고 모든 근심이 날아갔다고 합니다. 바로 그 대나무 피리를 만파식적이라고 합니다.

족 견제 정책의 하나입니다. 이러한 왕권 강화를 바탕으로 성덕왕(재위 702~737)과 경덕왕(재위 742~765) 집권기에 들어서며, 신라는 전성기를 맞았습니다.

  정치적으로 안정화되면서, 대외적으로도 교류가 활발해졌습니다. 특히 당나라와 교류하며, 선진문물을 들여왔고 문화 또한 발전하게 되었습니다. 그러면서 사신들의 왕래뿐만 아니라 유학생과 승려들의 왕래와 문물 교류가 빈번해졌습니다. 당나라의 산둥반도와 화이허 하류의 신라인 거주 지역인 '신라방'은 이러한 교류의 증거입니다. 당과 교류하며 이슬람과도 활발히 교류하게 되었습니다. 이슬람인이 12세기에 그린 세계 지도에 신라 지명이 등장하는 것이라든가 신라 유적지에서 발굴된 로마나 서양의 유물들은 이러한 교류의 흔적입니다.

> 아랍인 '알 이드리시'라는 인물이 1154년 그린 세계지도 속에 '신라'라는 이름을 찾을 수 있습니다.

삼국을 통일한 이후 신라의 새로운 제도

중앙 정치
▶ 집사부 중심으로 운영하며, 집사부 우두머리인 중시(시중)의 권한 강화

지방 행정
▶ 전국을 9주로 나누고 그 밑에 군과 현 설치, 특별 행정구역인 5소경 설치
▶ 상수리 제도: 지방 귀족을 일정 기간 수도에 머물게 하여 지방 세력 견제

군사 제도
▶ 9서당(중앙군) 10정(지방군)

통일 신라의 멸망

석굴암의 부처 석상
경주의 석굴암은 신라 시대 불교문화의 정수가 담긴 곳입니다. 특히 석굴암 부처 석상은 신라 불교 예술의 진가를 알 수 있도록 합니다.

실상사 석등
'실상사'는 신라 흥덕왕 때 지어진 선종 계열의 절로, 이 석등은 실상사 앞뜰에 세워졌습니다.

8세기 말에 접어들며, 신라는 조금씩 흔들리기 시작했습니다. 혜공왕(재위 765~780)이 어린 나이에 왕위에 오르면서 왕의 자리를 놓고 왕과 귀족 간에 다툼이 있거나 귀족들 내부에서도 싸움이 끊이지 않았습니다. 결국, 혜공왕은 그 와중에 살해되고 말았습니다. 다음 왕이 재위한 후에도 왕위 계승을 놓고 권력 다툼은 계속되었지요. 이 다툼은 국가가 통제할 수 없을 만큼 심각해졌습니다.

중앙 정치가 혼란에 빠지자 지방에서는 반란이 일어났습니다. 9세기 전반에 일어난 '김헌창의 난'이 대표적입니다. 그리고 신라 전통의 신분 제도인 골품제도 또한 흔들거렸습니다. 진골 세력에 밀려 관직에서 차별을 받는 6두품 세력이 특히 불만을 표출했습니다. 이런 상황에서 각 지방에서는 자신들이 지배하는 촌락을 기반으로 호족세력이 등장하였습니다. 이들은 사회에 불만을 가진 6두품을 영입하고 불교 중 '선종'을 받아들이면서 중앙에 반기를 들었지요. 그리고 자체적으로 군사를 갖추고 힘을 키워나갔습니다.

진성여왕(재위 887~897)이 왕위에 오르자 신라 사회의 붕괴는 더욱 심해졌습니다. 귀족은 사치와 향락에 젖어 농민에게 세금을 무분별하게 거둬들였고, 왕권은 지방에 미치지 못할 만큼 약해졌습니다. 최치원 등의 학자들이 개혁안을 내서 바로잡으려고 했으나 받아들여지지 않았습니다.

흉년이 들고 전염병이 돌면서 농민들의 생활은 더욱 비참해졌습니다. 농민은 논밭을 버리고 떠돌거나 도적이 되기도 했습니다. 9세기 말로 접어들며, 참지 못한 농민들은 전국에서 들고 일어났습니다. 그중 유명한 인물들은 '원종'과 '애노'입니다. 이들은 상주를 중심으로 반란을 일으켰지요. 이런 혼란 속에서 지방호족 중에는 농민들의 반란을 이용하여 세력을 확대하려는 자들도 있었습니다. 원주의 '양길', 죽산의 '기훤', 전주의 '견훤', 그리고 양길의 부하였던 '궁예' 등이 세력 확장에 성공한 자들이었습니다.

이들 중에서 견훤과 궁예는 세력을 더욱 강하게 키워 나라를 세우는 데까지 이르게 되었습니다. 견훤은 후백제를, 궁예는 후고구려를 세워 한반도는 다시 갈라지게 되었지요. 후삼국 시대는 이렇게 막을 열게 되었고, 신라는 이후에 건국된 고려에 항복하면서 935년, 마침내 멸망하게 되었습니다.

경순왕의 영정
경순왕은 신라의 마지막 왕으로서, 고려에 항복하면서 신라는 멸망하였습니다.

후삼국 시대

후백제의 등장

견훤은 신라의 장군 출신이었습니다. 그의 아버지 아자개는 농부였으나 가문을 일으켜 지방의 유력한 호족이 되었지요. 왕권이 약화되고 지방 곳곳에 독자적인 세력들이 생겨났을 때 견훤도 강한 군사력을 가지고 세력을 키워갔습니다. 다른 지방 세력가들을 넘어설 만큼 차츰 그 세력을 더욱더 키워나갔지요.

견훤이 세력의 기반을 다진 곳은 옛날 백제가 있던 지역이었습니다. 이미 이 지역에 사는 사람들은 신라에 큰 반감을 품고 있었지요. 견훤은 여러 성을 공격하여 세력을 더 확장하였으며, 900년에는 마침내 완산주(전주)에 도읍을 정하여 '후백제'를 세웠습니다.

견훤은 막강한 군사력으로 신라에 맞섰습니다. 그리고 당에 유학하며 실력을 갈고 닦은 최승우 등의 뛰어난 6두품 인재들을 영입하였습니다. 견훤은 자신을 정식으로 왕이라 칭하고 국호를 정하였으며, 정치체제를 구성하면서 국가로서의 조직을 갖춰갔습니다. 또, 중국과 왜에 사신을 파견하여 외교에도 큰 노력을 기울였습니다. 그렇게 후백제는 강력한 세력을 바탕으로 자리를 잡아갔습니다.

후고구려의 등장

궁예는 신라의 왕자 출신이었다고 전해집니다. 태어날 때 좋지 않은 징조가 있다고 하여 죽임을 당하려던 것을 유모가 구출했다고도 알려졌습니다. 그 사건으로 한쪽 눈을 잃었지요. 그는 나중에 출생의 비밀을 알게 되고 영월의 세달사에 들어가 승려가 되었습니다. 그러다가 진성여왕 시대에 신라가 큰 혼란기에 빠지기 시작할 때쯤 절을 떠났지요. 처음에는 죽주(안성)에서 세력을 키운 기훤의 밑으로 들어갔다가 뜻이 맞지 않음을 알고 북원(원주)에서 세력을 키운 양길에게 갔습니다.

궁예는 양길의 부하로서 여러 성을 정복하였습니다. 그런데 곧 견훤이 후백제를 세웠다는 것을 알고 그도 자신만의 세력을 키워야겠다고 마음먹었습니다. 그러고는 영서지방의 인제, 화천, 김화, 철원까지 차례로 차지하였으며, 황해도까지 진출하여 세력을 키웠습니다. 거기서 멈추지 않고 양길마저 해치운 궁예는 송악(개성)에 도읍을 정하면서 901년 후고구려를 건국하였습니다. 그 후에는 도읍을 철원으로 옮기고 국호를 마진(904)이라 하였으며, 다시 911년에는 국호를 태봉으로 고쳤습니다.

후고구려는 신라 북쪽을 계속 침범하였으며, 당시 부하였던 '왕건'을 통해 후백제도 공격하도록 하였습니다. 그렇게 해서 진도나 고이도성(나주)을 점령하기도 했지요. 국토가 넓어지면서 후고구려는 한반도의 강력한 국가로 떠올랐습니다.

후고구려의 멸망

궁예는 커다란 궁궐을 짓고 자신을 미륵보살이라 하며 불교사상을 바탕으로 국가를 통치하였습니다. 그는 백성의 편에서 어질게 통치하려고 하면서 많은 지지를 받았습니다. 그러나 나라가 점점 성장하자 왕권을 강화하려는 방책을 세우게 됩니다. 그러면서 커다란 반감을 일으켰습니다.

궁예는 과거 신라의 왕자였을 때 죽임을 당할 뻔한 기억으로, 신라라고 하면 경기를 일으킬 지경이었습니다. 신라를 '기필코 없애버려야 할 원수의 나라'라고 멸시하였으며, 신라인들은 보이는 즉시 죽였습니다. 궁예는 관심법으로 사람의 마음을 꿰뚫어 본다면서 조금이라도 자기 생각에 반대하는 신하를 몽둥이로 때려죽이기도 했습니다. 이처럼 지나치게 흉포한 왕권 강화 방법으로 오히려 민심은 그를 떠나 버렸습니다.

이를 지켜보던 왕건과 홍유, 배현경, 신숭겸, 복지겸 등이 마침내 반란을 일으켰습니다. 그리고 궁예를 몰아내 버린 후 왕건을 국왕으로 추대하였습니다(918). 약 18년간 커다란 국가를 독재자로서 통치했던 궁예는 그렇게 한순간에 몰락했습니다.

궁예 미륵
경기도 안성 국사암 내에는 궁예 미륵이 서 있습니다. 가운데가 궁예이고 그 옆은 각각 두 아들인 청광, 신광 보살입니다.

후백제의 멸망

후백제는 주변국과의 끊임없는 대립으로 세력이 점차 위축되었습니다. 고려와의 관계도 그다지 좋지 않았습니다. 후고구려의 왕건이 궁예를 몰아내고 고려의 왕이 된 초기에는 친화적으로 대했지만, 왕건에 반대하는 일부 세력이 견훤과 손잡으면서 다시 이들의 관계는 악화되었습니다. 몇 번의 충돌과 몇 번의 화친을 통해 이들의 관계는 오르락내리락을 반복했습니다.

견훤은 신라와의 관계도 좋지 않았습니다. 신라의 군인 출신이면서, 신라를 향한 공격을 늦추지 않았지요. 920년에는 진례군을 공격하여 신라 남부 지역을, 925년에는 약 20개의 성을 공격하여 빼앗았습니다. 그리고 927년에는 경주를 공격해 경애왕을 죽였습니다. 이런 상황에서 신라는 고려와 가까운 사이가 될 수밖에 없었습니다. 신라나 고려를 각각 상대할 때는 승리하고는 했지만, 신라와 고려가 손을 잡자 패배만이 그를 기다렸습니다. 특히 930년 안동 전투에서의 패배가 전세 역전의 기폭제가 되었지요.

포석정 전경

'포석정(鮑石亭)'은 신라 시대 때 궁안에서 연회나 의식을 행하던 곳입니다. 경애왕은 이와 같은 포석정에서 왕비, 궁녀들과 잔치를 벌이고 놀다가 최후를 맞았다고 전해집니다. 하지만 이러한 의견에는 모순이 있고, 이견도 있습니다.

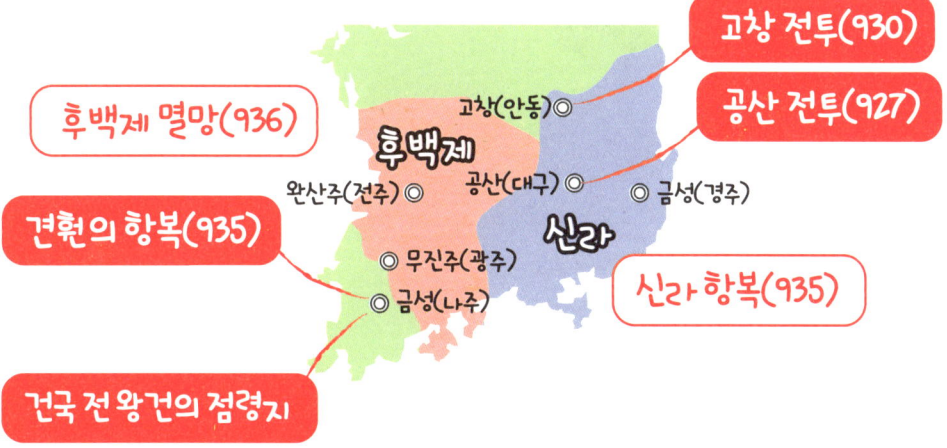

사실 후백제 멸망의 가장 큰 원인은 국내 정치의 실패에 있습니다. 견훤은 장남 신검에게 왕위를 물려주지 않고 넷째 금강에게 물려주려고 했습니다. 이를 알게 된 첫째 신검이 가만히 있었을 리 없지요. 신검은 견훤을 금산사에 가두고 자신이 왕위에 오르려 권력을 휘둘렀습니다. 견훤은 목숨을 잃을 위험에 고려로 도망가고 말았습니다. 그러자 후백제는 급격히 쇠락의 구렁텅이에 빠져버렸습니다.

결국, 936년 고려는 후백제를 공격하여 무릎 꿇렸습니다. 그 자리에 고려로 도망친 견훤이 있었습니다. 왕건에게 신검을 잡자고 건의한 이가 바로 견훤이었습니다. 신검은 지금의 충남 논산군인 황산군으로 도망하였다가 붙잡혔고, 그러면서 후백제는 무너져 내렸습니다.

> 견훤은 후백제의 탄생과 멸망을 모두 자신의 힘으로 이뤄낸 인물이었습니다.

견훤왕릉
충남 논산에는 견훤의 업적을 기리는 견훤왕릉이 있습니다. 그 옆에 세워진 비석에는 '후백제왕견훤릉'이라고 적혀 있지요.

발해의 문화

고구려의 연꽃무늬 와당
고구려의 연꽃무늬 막새기와(와당)는 고구려가 불교를 받아들이고 멸망할 때까지 볼 수 있는데, 이러한 양식을 발해도 영향받았지요.

백제의 연꽃무늬 와당
고구려의 연꽃무늬 와당과 백제의 연꽃무늬 와당을 비교하면, 고구려 쪽이 좀 더 섬세하게 조형된 것을 알 수 있습니다.

발해의 문화는 고구려의 문화와 닮은 점이 많았습니다. 발해가 고구려를 계승했으니 고구려의 문화를 닮은 것은 어쩌면 당연하지요. 그런데 발해는 고구려 외에도 다양한 문화의 영향을 받았습니다. 발해의 중심지가 말갈족의 거주지였으므로 말갈족의 영향을 받지 않을 수 없었고, 중국 당나라의 영향도 무시할 수 없습니다. 그리고 발해의 위치가 중앙아시아에 접해 있어서 외부 문화도 일부 받아들였지요. 발해는 다양한 문화를 받아들이면서 고유의 문화를 창조해 냈습니다.

발해가 고구려의 영향을 받았다는 것은 특히 불교문화에서 찾을 수 있습니다. 불상이나 와당(막새기와)이 고구려의 그것과 유사하기 때문이지요. 와당에는 연꽃잎이 새겨 있는데, 다른 나라의 와당에 새겨진 것에 비해서 뚜렷하고 힘 차 보이는 것이 고구려와 비슷합니다. 그리고 돌무덤의 형태도 고구려와 닮았습니다. 문왕(대흠무)의 둘째딸, 정혜공주의 묘가 대표적인 돌무덤입니다.

말갈족 문화의 영향은 무덤에서 찾을 수 있습니다. 발해도 말갈처럼 흙무덤으로 유해를 묻고는 했지요. 물론 흙무덤뿐만 아니라 돌무덤, 벽돌무덤 등 다양한 형태의 무덤이 발견되었습니다만, 그중 흙무덤은 말갈족만의 전통입니다.

무덤 양식 중 벽돌무덤은 당나라의 영향이라고 할 수 있습니다. 그 밖에 의복을 비롯한 격구, 타구 등의 놀이도 당나라를 통해 들어온 것으로 여겨집니다. 격구와 타구 등은 원래 페르시아의 놀이인데, 당나라를 통해 발해로 전파되어 일본으로까지 영향을 준 것으로 알려졌습니다. 정혜공주의 무덤에서는 돌 사자상이 발견되었는데, 이것도 당의 돌 사자상과 비슷한 모습입니다.

　이제 발해 고유의 문화에 관하여 알아보겠습니다. 무덤 위에 탑을 쌓는 양식은 발해만의 것입니다. 문왕(대흠무)의 넷째 딸, 정효공주의 무덤이 대표적인 예이지요. 정효공주의 무덤에는 발해의 미술 양식을 알 수 있는 벽화도 그려져 있습니다. 그리고 발해의 아름다운 음악은 일본에 영향을 주었을 만큼 훌륭했습니다. 정효공주 무덤의 벽화에도 악기를 들고 있는 사람이 보이지요.

　이처럼 발해의 발전된 문화는 다양한 분야에서 빛을 발했습니다.

정효공주 묘의 벽화

정효공주의 무덤에서는 다양한 발해의 유물들이 발굴되었습니다. 특히 무덤 벽에 그려 있는 벽화는 발해의 우수한 미술문화 수준을 확인할 수 있도록 합니다.

Part 4
고려의 건국과 발전

- ◈ 고려의 건국과 후삼국 통일
- ◈ 고려와 거란의 전쟁
- ◈ 고려와 여진의 전쟁
- ◈ 고려 문벌 귀족사회의 동요

[잡식로드 휴게소] 고려 시대의 숨결이 남아 있는 곳

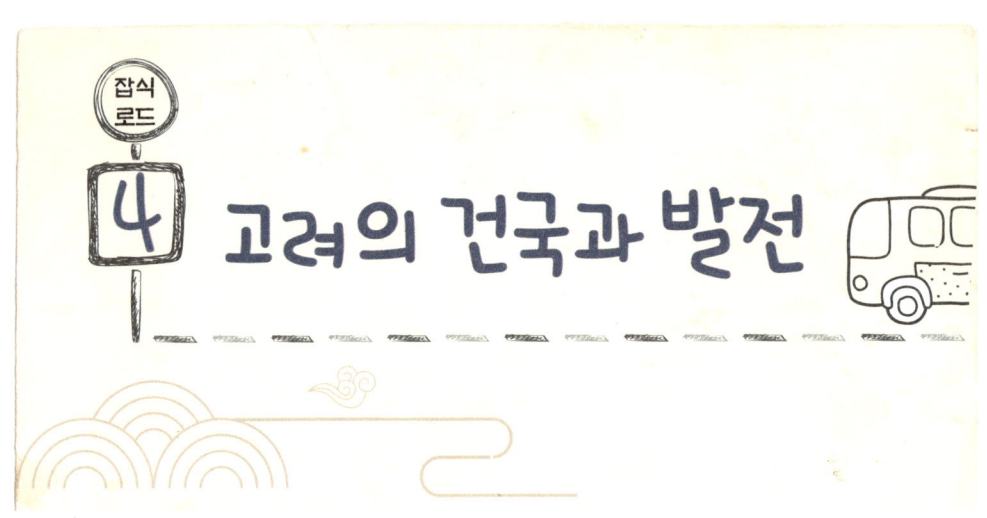

고려의 건국과 후삼국 통일

왕건의 고려 건국

왕건의 초상화

왕건의 집안은 송악(개성)에서 경제적, 군사적 기반을 마련해놓고 있었습니다. 궁예가 세력을 송악에까지 끼치게 되자 896년 그의 밑으로 들어가게 되었습니다. 왕건은 궁예의 부하가 되고 적지 않은 업적을 이루어냈습니다. 903년에 수군을 이끌고 전남 해안의 금성(나주)을 점령하였고, 909년에는 덕진포 전투에서 견훤의 후백제군을 물리쳤습니다. 왕건의 집안은 무역으로 세력을 키웠는데, 그 경험을 살려 해상 전투에서 특출했지요.

궁예는 그의 공을 인정하고 913년에 시중(수상)의 지위에까지 올렸습니다. 그러나 왕건은 누군가의 부하로서 자신의 능력을 펼치는 데 만족

할 인물이 아니었지요. 점차 호족들을 자신의 편으로 만들면서 나주를 중심으로 세력을 확장하여 갔습니다. 그렇게 권력을 향한 커다란 욕망도 키워갔습니다.

왕건은 특히 뛰어난 지휘 능력과 후덕한 인품으로 주변의 인정을 받았습니다. 흉포한 궁예보다 더 많은 이가 그를 따르게 되었지요. 주변인들은 점차 왕건이 궁예를 처단해주기를 기대했습니다. 새 나라를 세우고 이끌어 주기를 바랐습니다.

918년, 마침내 왕건은 반란을 일으켰습니다. 궁예를 몰아내고 자신이 왕의 자리에 올랐지요. 그리고 고구려를 계승한다는 의미로, 나라 이름을 '고려'라 지었습니다. 연호는 천수라 하였고, 불교 숭상이나 호족을 연합하는 등의 정책을 펼쳤습니다.

왕건릉 근처에서 출토한 태조 왕건 동상

이 왕건상을 보면, 실존한 인물을 조각한 동상이라기보다는 인자한 모습의 불상을 연상케 하지요. 이러한 모습을 통해서도 얼마나 고려 시대에 불교를 숭상했는지 알 수 있습니다.

그런데 왕건의 이러한 반란을 반대하는 사람들도 적지 않았습니다. 그래서 고려 건국 초기에는 국정 혼란을 수습하느라 진땀을 빼야 했습니다. 왕건은 이러한 상황을 벗어나려고 철원에서 송악으로 수도를 옮겼습니다. 건국한 지 불과 6개월 만이었지요.

왕건의 체제 정비

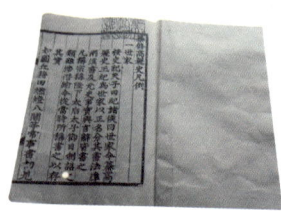

『고려사』
『고려사』는 세종 때 편찬하기 시작하여 문종 때까지 고쳐 쓴 고려 시대의 역사책입니다. 이 책을 통해 우리는 고려 시대 전반을 살펴볼 수 있습니다.

태조(재위 918~943) 왕건은 체제를 정비하는 과정에서 특히 까칠한 호족들을 잘 구슬리려고 큰 노력을 기울였습니다. 호족들에게 선물을 보내거나 권한을 내세우지 않았지요. 그리고 호족의 딸들을 아내로 맞이하기도 했습니다. 그렇게 해서 각 지역 출신의 아내들을 무려 29명이나 궁에 들였다고 합니다. 그 밖에 지방 호족들에게 관직을 내리거나 성씨를 하사하였으며, 다양한 지방 세력을 지배세력으로 받아들이면서 포용정책을 펼쳐나갔지요. 신라, 고구려, 백제의 세력뿐만 아니라 발해의 왕족까지 받아들여 고려의 지배세력에 함께하도록 하였습니다.

일반 백성들을 위한 정책도 펼쳐나갔습니다. 먼저 호족이 과도하게 세금을 거둬가지 않도록 하였으며, 가난 때문에 노비가 된 자를 풀어주었습니다. 불교를 장려하면서 연등회나 팔관회 등의 행사를 열어 백성도 즐길 수 있도록 하였습니다. 그리고 불교뿐만 아니라 유교, 도교, 전통신앙, 풍수지리설 등 어떤 사상도 배척하지 않고 모두 수용하며 존중하였습니다.

'도교(道敎)'는 원시 토착 신앙을 바탕으로, 도가사상(신선사상)의 내용이 섞이면서 발생하였습니다. 그 후 유교와 불교를 비롯해 여러 신앙의 요소들을 받아들이면서 성립된 고대 중국 종교 중 하나입니다.

태조 왕건은 민족을 하나로 통합하고자 하면서 옛 고구려가 차지했던 땅을 되찾는 데 열정을 쏟았습니다. 그래서 국가 이름도 '고려'라고 지은 것이지요. 고구려의 수도였던 평양에 주민을 이주시켰으며, '서경'이라 하여 중요하게 여겼습니다. 그리고 발해를 멸망시킨 거란을 배척하였습니다. 이러한 '북진정책'을 펼친 결과 태조는 말년에 청천강에서 영흥만까지 영토를 확장시킬 수 있었습니다.

　태조는 북진정책뿐만 아니라 다양한 정책을 후대의 왕들에게 계승하고자 하였습니다. 그래서 자손들에게 '훈요 10조'라는 자신의 당부를 남겨 후대로 전하도록 하였지요.

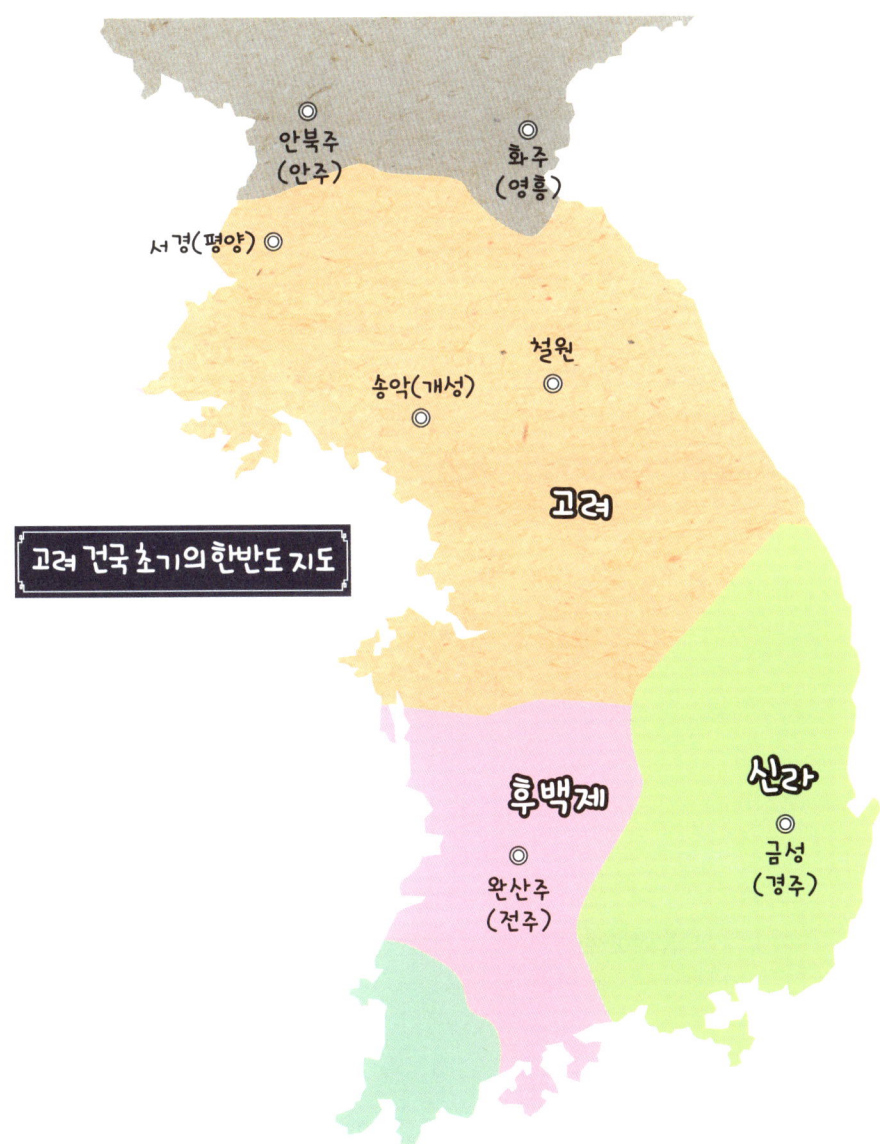

고려 건국 초기의 한반도 지도

훈요 10조

1. 국가의 대업이 불교의 호위와 지덕에 힘입었으니 불교를 숭상하라.
2. 절은 도선의 풍수지리설에 따라 세우고, 함부로 짓지 마라.
3. 왕위 계승은 맏아들이 잇는 것을 원칙으로 하되 맏아들이 어질지 못하면 인망 있는 자가 대통을 이으며, 어진 자가 없으면 여러 사람이 추대한 자가 잇도록 하라.
4. 우리와 중국은 지역이나 인성이 다르므로 중국 문화를 반드시 따를 필요 없으며, 거란과 같은 야만국의 풍속을 배격하라.
5. 서경에 왕이 100일 이상 머무르며 중시하라.
6. 연등회, 팔관회 등의 중요한 불교 행사를 소홀히 하지 마라.
7. 왕이 된 자는 공평하게 일을 처리하여 민심을 얻으라.
8. 차령산맥 이남과 공주강 바깥의 사람을 등용하지 마라.
9. 관리들의 녹봉을 함부로 가감하지 말고, 농민의 부담은 가볍게 하라.
10. 왕은 근심이 없을 때 경계하며, 옛일을 거울삼아 지금을 경계하라.

현재 전하는 훈요 10조의 내용은 위와 같으나, 그 진위에 관해서는 논란이 있습니다. 가령 전라도 사람을 차별하라고 해석할 수 있는 8조의 내용이 당시 고려의 통치 방향과 맞지 않는다는 의견입니다.

고려의 후삼국 통일

고려 건국 이후 얼마간은 후백제가 사신을 파견하는 등 두 나라는 큰 다툼 없이 지냈습니다. 그러나 서로 다른 방법으로 신라에 영향을 끼치려 하면서 두 나라 간에 차가운 기운이 일었습니다. 고려 태조는 신라와 좋은 관계를 유지하며 손을 잡으려고 했고 후백제의 견훤은 신라를 공격하여 정복하려고 했습니다. 후백제가 신라를 빼앗는 것은 고려에 큰 위협이 되므로 왕건은 후백제의 그러한 정책에 맞설 수밖에 없었습니다.

920년 견훤이 신라의 땅이었던 합천 지방을 점령하면서 고려와 후백제의 관계는 깨지고 말았습니다. 두 나라는 몇 번의 작은 전투를 겪었으나 승자 없이 화의하고는 했습니다. 하지만, 마침내 927년 후백제가 신라를 침략하면서부터 본격적인 통일 전쟁에 접어들게 되었지요. 왕건은 신라의 경애왕을 지원했지만 무참히 패배했고, 그때의 전쟁에서 경애왕은 죽임을 당했습니다. 이 전투로 왕건은 신숭겸과 김락 장군을 잃었습니다. 후백제는 경상도 서부까지 진출했으며, 견훤은 경순왕을 신라의 왕위에 올렸습니다.

견훤이 경주를 기습 공격하여 신라에 피해를 주긴 했지만, 실질적으로 득을 본 것은 고려였습니다. 그러잖아도 후백제에 반감을 품었던 경상도 일대의 신라 호족들이 모두 왕건에게로 넘어갔기 때

춘천 신숭겸 신도비
이것은 1805년 춘천시에 세운 '신숭겸 신도비'입니다.

문이지요. 왕건은 계속해서 신라와 좋은 관계를 유지하려고 했고, 이러한 우호 정책의 결과는 후에 큰 승리로 돌아옵니다. 이처럼 신라와 좋은 관계를 유지하면서 더 많은 호족이 왕건에게 항복했습니다. 강릉에서 울산까지 약 110개의 성주가 왕건의 손을 잡았지요.

반면, 후백제는 안과 밖에서 어려움을 겪고 있었습니다. 930년에 안동에서 전투를 치를 때 고려 유금필이 활약하여서 후백제는 군사 8천 명을 잃으며 대패했습니다. 안쪽으로는 견훤의 아들 사이에서 왕위를 놓고 다툼이 벌어졌습니다. 이 사건으로 견훤은 금산사에 갇히게 되었고 견훤의 총애를 받던 넷째 아들 금강은 죽임을 당했습니다. 그리고 장남 신검이 왕의 자리에 올랐지요. 견훤은 겨우 금산사를 탈출하여 고려로 넘어갔습니다.

'유금필'은 뛰어난 무공을 지닌 무장으로서, 고려를 건국하는 데 큰 공을 세운 개국공신 중 한 명입니다.

같은 해 935년, 신라의 경순왕도 고려에 항복하였습니다. 약해질 대로 약해진 신라를 유지할 만한 힘이 더는 없었습니다. 이렇게 다방면으로 힘을 얻은 왕건은 천안 일대를 주요 공격 기지로 삼았으며, 전군을 모아서 출전 준비를 서둘렀습니다.

경천묘
강원도 원주시에 있는 이곳은 경순왕의 초상화를 모시고 있는 곳입니다.

936년, 왕건은 견훤을 포함한 대군을 이끌고 후백제를 공격하였습니다. 고려군이 황산벌(논산)을 침범해 오자 제대로 싸워보지도 못하고 후백제 신검은 항복하고 말았습니다. 이렇게 통일신라 이후 40여 년간 분열되어 있던 한반도는 다시 통일의 시대를 맞이하였습니다.

한반도 북쪽을 차지하고 있던 발해가 926년에 멸망하였을 때, 고려는 유민들과 왕족을 받아들였지요. 7세기 중엽의 삼국 통일은 한반도 북쪽을 잃은 통일이었으나, 이 시대의 통일은 한반도 전역의 통일이라 할 수 있어서 진정한 우리 민족의 대통합이라 할 수 있습니다.

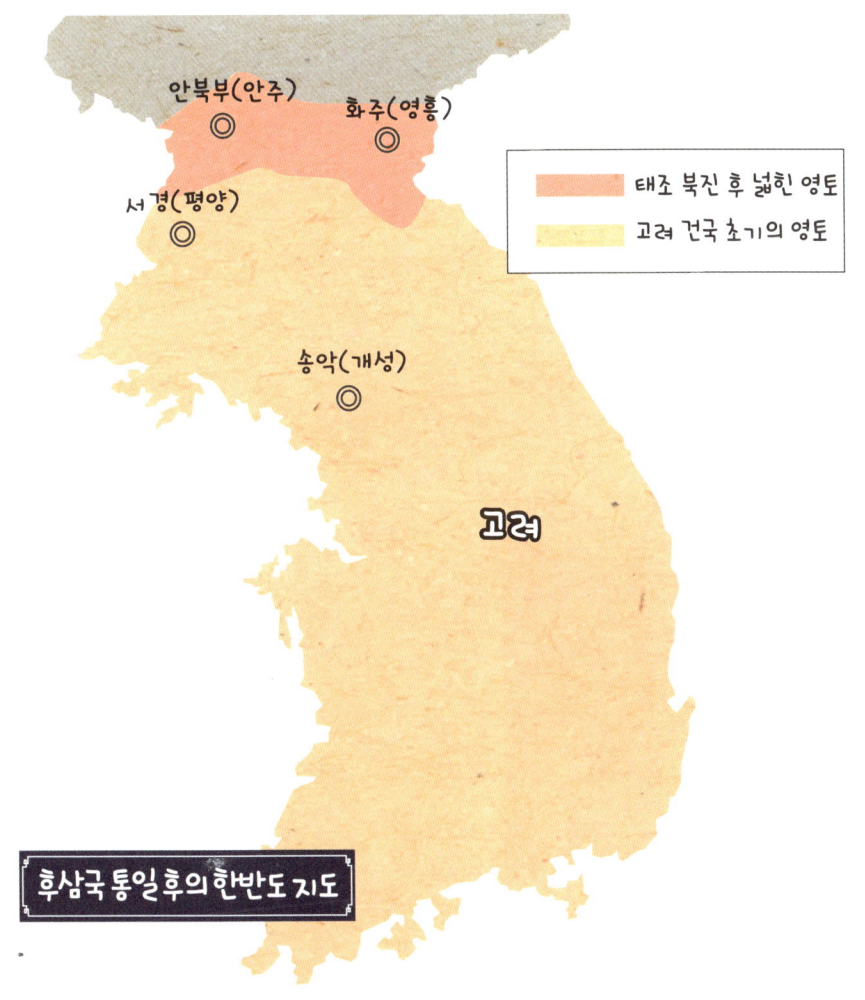

후삼국 통일 후의 한반도 지도

고려 초 왕권의 강화

고려 초부터 왕권의 강화를 위해 태조는 끊임없이 노력하였으나 후삼국을 통일한 이후까지도 왕권은 불안정하였습니다. 태조를 이어 혜종(재위 943~945)이 왕의 자리에 오르고서는 왕권은 더욱 약해졌습니다. 왕의 자리를 두고 외척들 간의 권력다툼이 일어났고, 끝내 고려 혜종 때 왕규가 임금의 자리를 빼앗기 위해 '왕규의 난'을 일으키면서 왕권은 불안한 상태에 빠졌습니다. 게다가 혜종은 3년 만에 병으로 죽고 말았지요.

혜종의 이복동생인 정종(재위 945~949)이 왕위를 이으면서 왕권을 강화하기 위해 노력했지만, 그도 27세의 젊은 나이에 죽었습니다. 그리고 태조의 넷째 아들 광종(재위 949~975)이 그다음 왕의 자리에 올랐습니다.

고려 제4대 왕, 광종은 마침내 왕권 안정의 기반을 일구었습니다. 재위 초기에는 온건한 방법으로 호족 세력을 다독였습니다. 여전히 강한 힘을 가진 호족들을 회유하며 부드럽게 관계를 유지했지요. 차츰 안정되었다고 판단했을 때 호족 세력을 억압하려는 제도를 시행하기 시작했습니다. 우선 양인이었다가 노비가 된 이들을 풀어주는 '노비안검법'을 시행했습니다(956). 그리고 인재 등용 방법으로 '과거제도'를 시행했습니다(958). 이러한 제도들은 모두 왕권을 강화하는 데 도움이 됐습니다. 광종은 자신의 정책에 반대하는 세력은 누구든 강하게 처리했습니다. 그리고 중국 후주와 좋은 외교 관계를 맺어 대외적인 위상도 자리 잡았습니다.

> '왕규'는 경기도 광주의 대호족 출신이었습니다. 고려 건국 후 두 딸을 태조의 왕비가 되도록 하여, 고려 왕실의 외척이 되었지요.

> 중국 '후주'는 당나라 멸망 이후 5대 10국 시대(907~960)의 한 나라입니다. 곽위라는 인물이 후한을 멸망시키고 건국하였지요.

광종의 뒤를 이은 경종은 경제 분야의 개혁에 집중했습니다. 그는 관료들에게 토지를 지급하는 '전시과 제도'를 세웠습니다(976). 그다음 6대 왕인 성종 때에 들어서며 고려의 정치 체제는 완성되었습니다. 당의 3성 6부를 본받아 '2성 6부'의 중앙 정치 제도를 마련하였고, 행정 구역을 재편하였지요. 그리고 성종은 유교를 정치이념으로 삼아 다양한 정책을 추진했습니다. 이러한 과정에서 6두품 계열의 유학자들이 국정을 주도하였는데, 특히 최승로는 '시무 28조'를 통해 초기에 국가 기틀을 잡는 데 큰 역할을 한 것으로 유명합니다.

> **2성 6부**
> 2성: 중서문하성, 상서성
> 6부: 이부, 병부, 호부, 형부, 예부, 공부

최승로의 시무 28조

제4조 군주는 상과 벌을 분명히 하여 선한 행동은 권하고 악한 행동은 벌해야 합니다.

제7조 임금이 집집이 다니며 매일 볼 수 없으니 지방에 수령을 파견해야 합니다.

제13조 봄에는 연등회를, 겨울에는 팔관회를 여는데, 이는 매우 힘든 일이니 줄여서 백성들이 힘을 펴게 하십시오.

제20조 불교를 믿는 것은 내세의 복을 구하는 일이고 유교를 행해 나라를 다스리는 것은 오늘의 급한 일이니, 현재 필요한 것을 버리고 지극히 먼 내세에 힘쓰는 것은 옳은 일이 아닙니다.

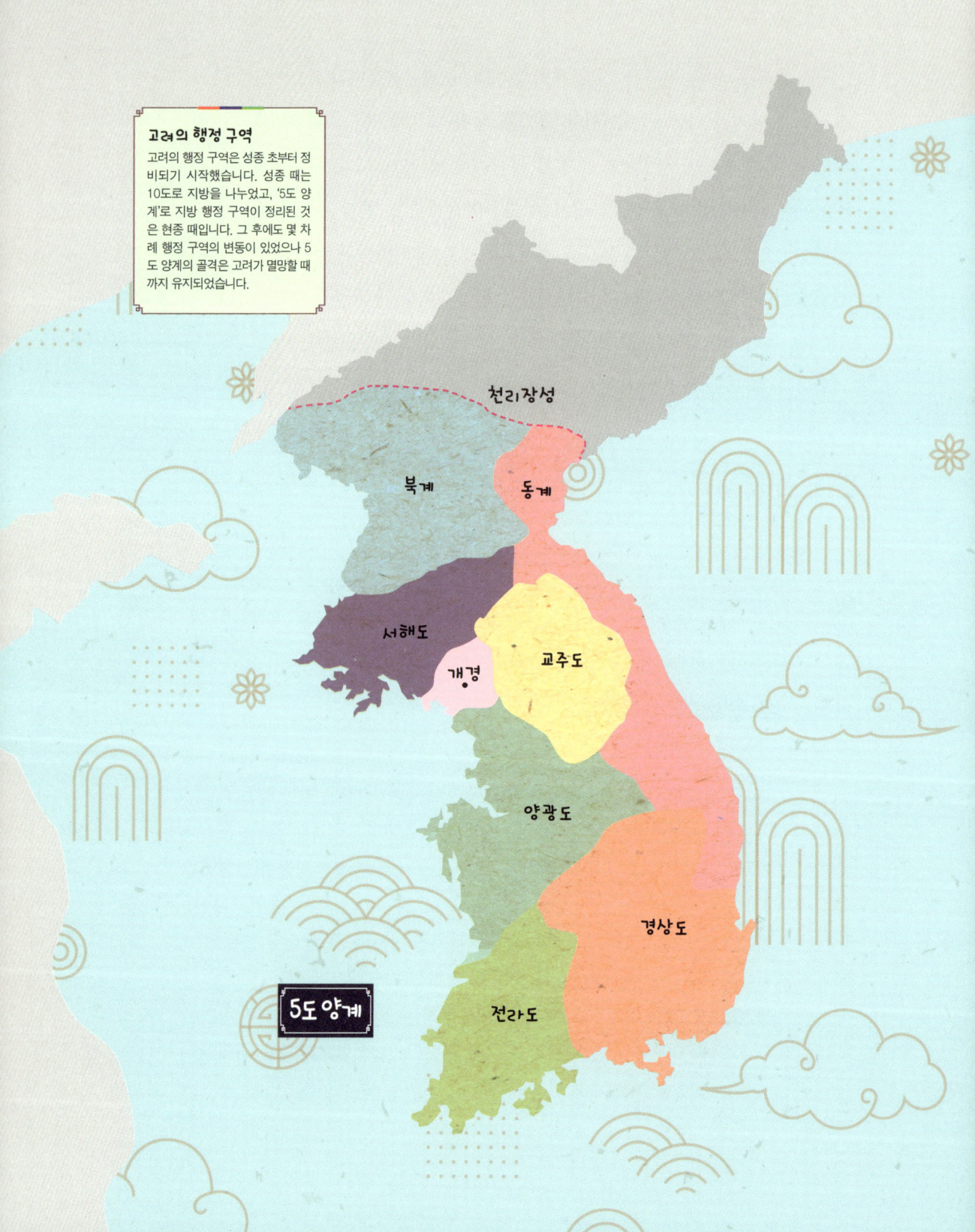

전시과와 이전의 토지 지급 제도

녹읍: 녹읍은 국가가 관리(귀족)에게 지급한 토지를 말합니다. 지급받은 지역에서 세금을 거둘 수 있었을 뿐만 아니라 그 지역에 사는 농민을 마음대로 부릴 수도 있었지요.

〈통일 이전 신라〉

관료전: 관료전은 귀족들의 세력을 약화하기 위해 시행한 토지 지급 제도입니다. 지급받은 토지에서 세금만 거둘 수 있도록 했고 녹읍과 달리 농민을 마음대로 부릴 수는 없도록 했지요.

〈통일 신라 신문왕 7년(687)〉

전시과: 전시과는 관료전처럼 지급받은 토지에서 세금만 거둘 수 있도록 한 제도입니다. 그리고 본인이 사망하거나 관직에서 물러나면 국가에 돌려줘야 했지요.

〈고려 시대 경종 원년(976)〉

고려와 거란의 전쟁

고려와 거란의 관계

거란족은 옛날부터 랴오허강 상류와 동몽골 지역에서 살고 있던 몽골계로 추정하는 유목민족입니다. 이들은 처음에 여러 부족으로 나누어져서 서로 다투면서도 동맹 관계를 맺었으나 화합하지는 못했습니다. 그러다가 이들 부족을 연합한 것은 '야율아보기'였습니다. 그렇게 등장한 것이 거란국이지요(916).

야율아보기의 거란은 점차 거대한 국가로 성장하였습니다. 한반도의 발해도 야율아보기가 멸망시켰지요(926). 사실 그가 노린 것은 중국이었습니다. 발해 지역을 차지하여 세력을 더욱 확장하면서 중국의 약점을 노리고 있었습니다. 곧 거란은 중국을 침략하여 연운 16주 영토를 빼앗았습니다. 그리고 마침내 '요나라'로 국호를 바꾸었습니다(947).

> '야율아보기'는 발해를 멸망시킨 후 거란으로 돌아갔을 때 사망하였습니다.

요나라는 처음에 고려와 좋은 관계를 맺으려고 했습니다. 고려 태조 25년(942)에는 고려에 사신을 보냈습니다. 당시 고려는 후삼국을 통일한 후였지요. 하지만 고려는 발해를 멸망시킨 거란과 손을 잡지 않았습니다. 거란이 사신과 함께 낙타 50필을 보냈지만, 왕건은 사신을 유배 보내고 낙타는 다리에 매어 놓아 굶어 죽게 했습니다. 태조 왕건이 후대 왕에게 남긴 조언인 '훈요 10조'를 보면, 거란을 짐승 같은 나라라고 하며 적대시한 부분이 있습니다. 그만큼 고려와 거란은 가까워질 수 없는 사이였지요.

고려의 북진정책과 발해 유민의 유입은 북쪽 지역 국가와의 관계를 **대립 관계**에 놓이도록 했습니다. 대신 송나라와는 좋은 관계를 맺으려고 했습니다. 중국을 통일하며 등장한 송나라(960)의 세력은 막강했습니다. 북쪽 지역 국가들과 효율적으로 맞서기 위해서 송과는 화친할 수밖에 없었지요. 요나라는 고려와 송이 화친을 맺는 것을 경계했습니다. 송나라는 고려와 손을 잡고 거란을 칠 계획을 세우기도 했습니다. 이에 위협을 느낀 요나라는 고려 공격 준비를 서둘렀습니다. 한반도 북쪽의 발해 유민이 세운 국가(정안국)의 영토를 차지하고 압록강 **변에 성을 쌓았던 것**입니다(991). 그렇게 한반도 역사에 큰 변화를 가져오는 전쟁의 기운이 서서히 다가오고 있었습니다.

> 여진족이 세운 금나라가 세력 확장하여 남쪽으로 밀린 이후의 송나라는 남송이라 하며, 그 이전의 송나라는 북송이라 부릅니다.

거란의 1차 침입-서희의 담판

993년(성종 12년), 요나라의 소손녕이 약 10만 대군(혹은 80만이라고 주장)을 이끌고 고려를 침략했습니다. 고려는 직접 성종이 지휘하여 전장에 나가 맞섰지만, 격파당하고 개경(개성)으로 돌아올 수밖에 없었습니다. 게다가 요나라는 80만 대군이 공격을 준비하고 있다며, 얼른 항복하라고 협박했습니다. 두려움을 느낀 고려 조정은 맞서 싸우기보다 항복할 것인지 영토를 일부 내어주고 화친을 맺자고 할 것인지 두 가지 의견으로 다투었습니다. 분위기는 서경(평양) 이북 땅을 내어 주고 화친하자는 의견으로 흘러갔습니다. 하지만 서희만은 결사 항전을 강력히 주장했습니다.

서희 장군 묘의 문인석

이때 고려의 저항도 만만치 않아서 전쟁은 장기화로 흘러가는 듯했습니다. 요나라는 고려와의 전쟁보다 송나라를 치는 것이 목적이었으므로 고려와의 긴 전쟁은 부담이었습니다. 그래서 줄기차게 고려에 회담을 요구했습니다. 이러한 흐름은 서희의 의견에 힘을 실어 주었습니다. 회담에 응하기로 하고 서희는 적진으로 들어가 요의 소손녕과 담판을 벌이게 되었습니다.

서희는 소손녕에게 당당하고 자주적으로 맞섰습니다. 그 회담의 결과는 놀라웠습니다. 서희는 고려가 여진족 때문에 거란(요나라)과 친교할 수 없다고 핑계를 댔습니다. 그러니 요와의 친교와 조공을 대가로 강동 6주를 달라고 했지요. 소손녕은 서희의 달변에 감복하여 그의 제안에 응하기로 했습니다. 서희는 실리를 중시하는 외교 담판으로 요나라를 물러나게 할 수 있었습니다.

  이 회담을 통해 고려는 요나라와 사대의 형식을 띤 친교의 관계를 맺게 되었습니다. 그러나 고려는 강동 6주 지역을 손에 쥘 수 있었지요. 결국, 서희의 입담으로 고려는 작은 명분을 주면서, 큰 실리를 챙긴 셈입니다. 요나라는 고려와 송나라의 관계를 끊음으로써 송을 칠 힘을 더 얻을 수 있었지요. 그리고 바로 송을 공격할 준비에 들어갔습니다. 요가 송을 공격하는 사이 고려는 압록강 유역에 성을 쌓고 군사 기구를 정비하면서 국방을 더 단단하게 만들었습니다. 그렇게 해서 거란의 2차 침략에 대비할 수 있었습니다.

> '강동 6주'는 압록강 동쪽 영토로, 고려가 북쪽으로 진출하는 데 길목 같은 곳이었습니다. 그러나 여진족이 줄곧 차지하고 있어서 고려의 북진 정책에 방해가 되었지요. 그러므로 강동 6주 지역을 고려가 손에 넣은 것은 큰 의미가 있었습니다.

서희 장군의 묘

거란의 2차 침입

1004년, 요나라의 송나라 공격은 성공적이었습니다. 송나라는 매년 비단 20만 필과 은 10만 냥을 요나라에 조공하게 되었습니다. 그러자 요나라는 기세등등해졌습니다.

1009년, 고려의 정세는 급변했습니다. '강조'가 정변을 일으켜 목종을 살해하고 어린 왕, 현종을 내세우며 실세가 되었지요. 요의 성종은 옛 군주를 생각하여 강조의 죄를 묻겠다며, 직접 40만 대군을 이끌고 압록강을 건너 고려를 침략했습니다(1010).

요나라군사가 강조가 있는 통주로 남하했을 때는 고려군의 신식 무기로 완전히 물리쳤습니다. 이에 강조는 요군을 얕잡아 보고 거들먹거리며, 부하의 경고도 무시했습니다. 거란군은 마침내 강조를 잡아다가 성종 앞에 데려갔습니다. 성종은 강조를 회유하려 했으나 강조는 완강히 버텼지요. 그렇게 그는 장렬히 전사했습니다.

고려의 현종은 개경을 버리고 나주까지 피난을 떠날 수밖에 없었습니다. 그러나 요군은 한반도 깊숙이 현종을 쫓아가기엔 무리라고 여겼고, 결국 후퇴할 수밖에 없었습니다. 이미 요나라에서 멀리 왔기 때문에 후퇴의 길은 쉽지 않았습니다. 평북 지방 양규의 군대가 요나라군사의 후퇴를 막아섰습니다. 양규는 요나라 성종의 주력 부대를 공격하여 큰 타격을 입혔습니다. 하지만 양규도 이 전투에서 끝내 전사하고 말았습니다. 이렇게 거란의 두 번째 침략은 끝이 났습니다(1011).

> '강조'는 '서북면도순검사'로 평안도 지방을 총괄하고 있었습니다. 목종은 김치양의 위협에 맞서 자신의 편을 세우려고 그를 궁궐로 불러들였습니다. 그러나 강조는 목종을 배신하는 결과에 이르게 되었습니다. 그는 김치양 일파와 목종을 처단하고 무력으로 정권을 차지했습니다.

거란의 3차 침입-강감찬의 귀주대첩

요나라가 고려에서 철수한 후에도 두 나라 사이에는 찬바람이 불었습니다. 고려는 서경에도 성을 쌓는 등 더욱더 단단히 거란의 침략을 대비하였습니다. 요의 성종은 현종에게 직접 요나라로 건너와 조공할 것을 요구했습니다. 그러나 현종은 질병에 걸렸다는 핑계로 이를 거절하였지요. 성종은 화가 나 강동 6주를 다시 빼앗겠노라고 통보했습니다. 더는 요나라와 관계를 친화적으로 유지할 수 없다고 판단한 고려는 다시 송나라와 친교를 맺으려고 했습니다. 요나라는 계속해서 소규모 전투를 벌이며, 고려를 공격했습니다.

요나라의 성종은 더는 참지 않고 고려를 다시 침략하여 대규모 전쟁을 치르기에 이릅니다(1018). 요나라의 세 번째 침략은 이렇게 시작되었습니다. 소배압은 요나라군사 10만을 이끌고 내려왔습니다. 고려의 현종은 '강감찬'을 앞세워 서경을 지키도록 했지요. 그리고 그 유명한 '귀주대첩'이 벌어집니다.

강감찬 장군 동상
서울 낙성대에는 '안국사'라는 강감찬 장군의 사당이 있으며, 그곳에 그의 동상이 세워졌습니다.

압록강 전선에 당도한 강감찬은 홍화진에서 요군을 크게 무찔렀습니다. 강감찬은 홍화진에 병사 만 2천 명을 배치하고 큰 밧줄로 쇠가죽을 연이어 묶어 홍화진 앞 큰 냇물을 막도록 했습니다. 요군이 냇물을 건너기만을 기다렸다가 한꺼번에 큰물을 흘려보내어 적군을 물에 휩쓸리도록 하였지요. 그리고 미리 배치해 둔 병사가 요군을 공격하도록 했습니다. 그런데 홍화진에서 대패한 소배압은 후퇴하지 않고 그대로 개경을 향해 진군하였습니다. 이때다 싶어 고려의 군사는 요군을 완전히 포위했습니다.

무모하게 개경으로 진격하는 요군은 약점에 그대로 노출될 수밖에 없었습니다. 게다가 성 밖에는 먹을 것이 없었습니다. 고려 백성들이 성안으로 들어가면서 각종 식량을 모두 거두어 갔기 때문이지요. 굶주린 요군은 힘을 잃었고, 고려군은 병사를 효율적으로 나누어 공격했습니다. 결국, 요군은 완전히 탈진하여 후퇴할 수밖에 없었지요. 이때를 기다렸다가 강감찬의 군대는 후퇴하는 요군을 공격하여 구이저우(귀주) 들판에서 대승을 거두었습니다.

세 번이나 요나라는 고려를 침략했으나 뜻을 이루지 못했습니다. 많은 고려인의 헌신과 고통을 담보로 요나라의 침략을 막아낸 것입니다. 요나라의 수차례 공격을 막아낸 고려는 요나라의 압박에서 완전히 벗어날 수 있었습니다. 서로 사신을 보내 화의하고 평화로운 관계를 유지하였습니다. 고려는 자주국방을 실현한 후에 자주적인 외교를 펼칠 수 있게 된 것입니다.

거란과의 전쟁 후 강감찬 장군은 고려의 국방 강화에 힘썼으며, 장성을 쌓을 것을 건의했습니다. 그리고 고려는 압록강에서 도련포까지 무려 천 리에 이르는 '천리장성'을 쌓았습니다.

강감찬함
이 배의 이름은 강감찬 장군의 업적을 기리기 위해 지어졌습니다.

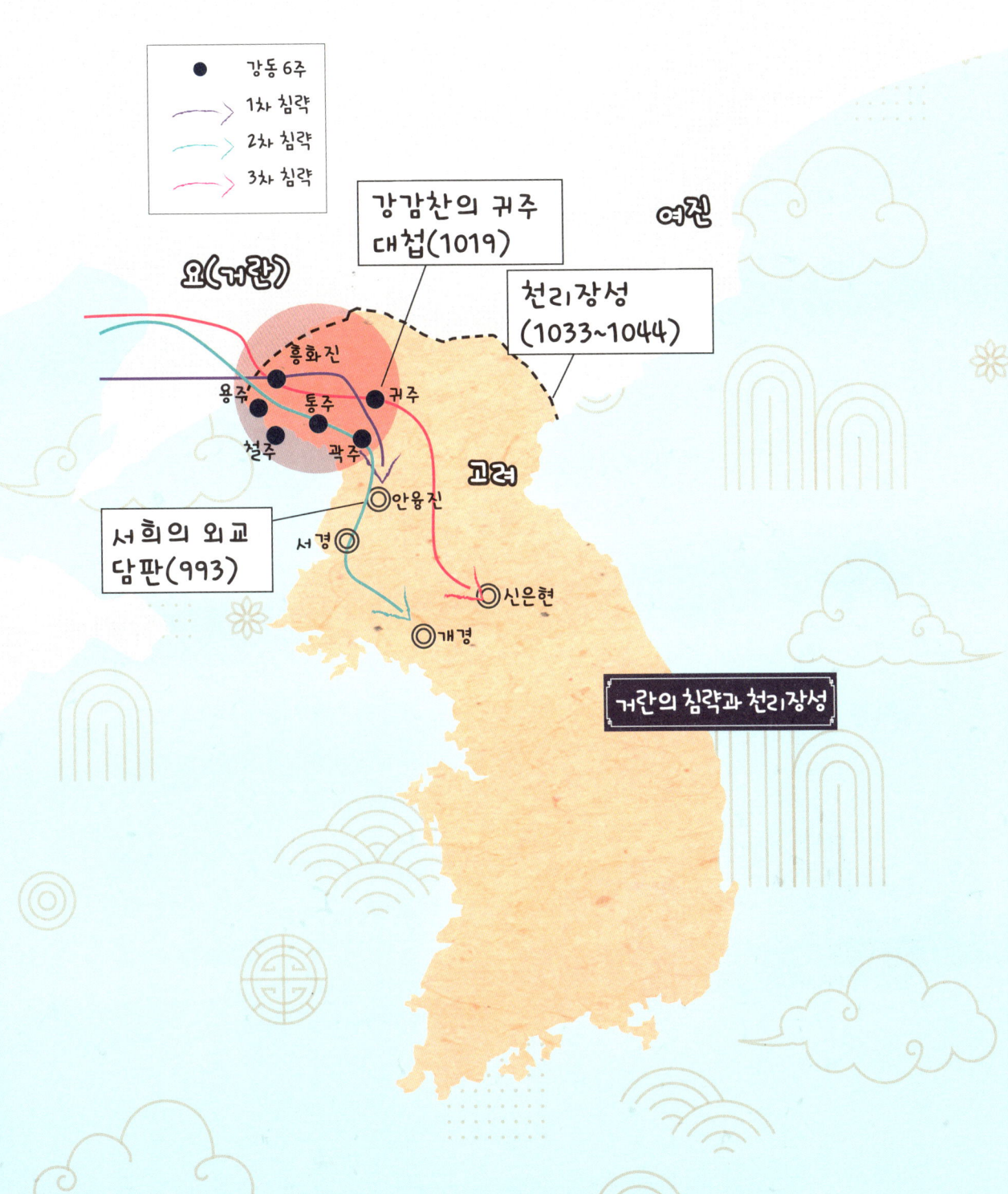

고려와 여진의 전쟁

고려는 주변 국가와의 전쟁에 시달렸습니다. 거란이 물러가니 이젠 여진이 고려를 괴롭히기 시작했지요. 막 거란과의 전쟁 후 안정을 찾아갈 무렵이었습니다.

말갈족이 여진족으로 불리게 된 것은 발해가 멸망한 이후입니다. 그 전에는 고구려와 발해의 지배를 받았지요. 그들은 고려를 부모의 나라라 하며 말과 가죽 등을 바쳤습니다. 여진족의 시조인 '애친각라'가 고려인으로 알려졌는데, 그렇기 때문에 그들은 고려를 부모의 나라라 여겼던 것입니다.

그런데 12세기에 들어서 점차 여진족이 세력을 확장해 나갔습니다. 그리고 여진족과 고려는 계속해서 전투를 벌였습니다. 말을 잘 타는 여진족을 고려가 이기기는 쉽지 않았습니다. 고려 숙종(재위 1095~1105)은 윤관의 건의로 여진족의 침략에 대비하여 특수부대인 '별무반'을 만들었습니다. 예종(재위 1105~1122) 때는 윤관이 이끄는 별무반을 시켜 여진족을 토벌하도록 했습니다. 성공적인 전투를 치르고 천리장성 너머에 아홉 개의 성, 즉 '동북 9성'을 쌓아서 더욱 튼튼하게 전쟁을 대비했습니다(1107).

고려가 여진족의 땅에 9성을 설치하자 여진족은 돌려줄 것을 요구했습니다. 고려를 달래기도 하고 또는 군대를 모아 저항하기도 하였지요. 고려는 여진족의 저항으로 적지 않은 피해를 보았고 거란의 침략을 막으려

윤관의 초상화

면, 여진족과 좋은 관계를 유지해야 해서, 결국 다시 돌려주었습니다. 여진족은 기뻐하며, 9성을 돌려받는 대신 다시는 고려를 침략하지 않을 것이고 조공도 바치겠다고 약속했습니다.

동북 9성

그런데 여진족은 더욱 성장을 거듭했습니다. 마침내 완옌부의 추장인 아구타가 여진족을 통일하여 '금나라'를 세웠습니다(1115). 그리고 곧 금은 거란족이 세운 요나라를 멸망시켰지요. 게다가 송나라까지 침략하여 황제를 포로로 잡는 등 압박하다가 급기야 송나라를 멸망시켰습니다. 당시 송나라의 황제였던 흠종의 동생인 조구가 양쯔강 남쪽에 다시 송나라를 세웠는데 이를 '남송'이라 합니다. 남송 이전의 송나라는 '북송'이라 이르지요.

여진족, 아니 금나라의 세력은 과거에 비할 바가 아니었습니다. 이제 금은 고려에도 사대관계를 요구했습니다. 당시 고려의 실세였던 이자겸은 "작은 나라가 큰 나라를 섬기는 것은 선왕의 법도이니 마땅히 예를 지키는 것이 좋다"라고 주장하며, 사실상 자신의 정권을 지키기 위해 금의 사대 요구를 굴욕적이게도 받아들였습니다.

윤관의 묘

고려 문벌 귀족사회의 동요

문벌 귀족 사회의 등장

진취적이고 자주적이며, 개방적인 호족 세력과 개혁적인 과거 신라의 6두품 출신 유학자들은 고려 건국 초기 새로운 지배 세력이 되어갔습니다. 특히 6두품 출신의 유학자들은 성종 이후에 유교 진흥 정책에 힘입어 정치의 주도 세력으로 성장하였지요. 이들은 고려 중기로 넘어가면서 점차 보수적으로 변하면서 '문벌 귀족'을 형성하였습니다.

> '문벌 귀족'은 개국공신 등 공을 세우며 세력을 형성한 가문의 귀족을 말합니다.

이들 문벌 귀족들은 몇 가지 특권을 가지고 있었습니다. 우선 고위 관리의 자손은 과거 시험을 통과하지 않아도 관직에 오를 수 있는 '음서제도'를 누렸습니다. 그리고 고위 관리는 '공음전'이라 하여 자손이 토지를 자연히 상속받을 수 있는 혜택을 받았습니다. 게다가 문벌 귀족은 농민들의 토지를 강제로 빼앗아 경제력을 키웠지요. 이들의 수탈로, 민중은 생계의 어려움에 부닥쳤습니다. 그리고 고향을 떠나 전국을 떠도는 신세가 되기도 하였습니다. 문벌 귀족 사회가 유지될 수 있었던 것은 이러한 특권들 덕분이었습니다. 이때의 대표적인 문벌로는 경원 이씨, 해주 최씨, 경주 김씨, 파평 윤씨 등이었습니다.

> 음서제도의 대상은 아들, 손자부터 외손자, 사위까지 해당되었습니다.

그런데 문벌 귀족이 계속 늘어나면서 국가가 지급해줄 토지가 부족해지게 되었습니다. 게다가 무신에 대한 차별로 군대는 약해지고, 중앙 정부도 힘을 쓸 여력이 없었습니다. 늘어나는 문벌 귀족 사회 내부에서는 다툼이 일어나지 않을 수 없었지요. 특히 기존의 중앙 문벌 귀족과 지방 출신의 새로운 관료 사이에서 대립이 일어났습니다. 이러한 문벌 귀족 사회의 대립과 분열은 12세기 전반에 '이자겸의 난'과 '묘청의 난'으로 드러났습니다.

이자겸의 난

문벌 귀족들은 다른 문벌 집안과 결혼하면서 세력을 키워나갔습니다. 특히 왕실 가문과 결합하는 것은 제일 좋은 세력 확장 방법이 되었지요. 문벌 귀족은 왕실과 합쳐서 신분 상승하고 정권을 장악하여 더 많은 권리를 누리려고 했습니다.

이자겸의 가문인 인주 이씨는 문종부터 인종까지 무려 7대에 걸쳐 왕비의 자리에 앉힌 최대 문벌 귀족 가문이었습니다. 이자겸은 자신의 큰딸을 예종(재위 1105~1122)에게 바쳤고 예종 후 인종에게도 셋째와 넷째 딸을 왕비로 바쳤습니다. 그러니 인종은 자신의 외손자이면서 사위였던 셈이지요. 인종의 나이가 14살이었으니 정권을 장악하기에 이만한 기회가 없었습니다. 곧 이자겸은 비선 실세가 되어 권력을 손에 쥐었습니다. 이자겸은 군사를 부릴 권한을 포함한 모든 정권을 장악하여 왕보다 더 큰 권력을 누렸습니다.

문벌 귀족의 침탈은 더욱 심해졌지만, 중앙 정부는 힘이 없어 이를 막을 수가 없었습니다. 그로 인해 민중의 삶은 날이 갈수록 더욱 피폐해져 갔습니다. 이자겸의 세력이 점차 커져가면서 인종은 두려움을 느꼈습니다. 그러자 이자겸을 제거하려고 측근과 계획을 세웠지요. 하지만 이자겸의 반격을 받아 궁궐은 불에 타버렸고 왕위를 넘기겠다고 조서를 내려보내는 등 수모를 당했습니다. 이자겸은 주위의 눈치를 보다가 조서는 되돌려주었는데, 대신 자신의 집에 인종을 지내도록 하고 감시했습니다.

그 후 이자겸은 당시 백성들 사이에서 유행한 '십팔자 도참설'을 들어, 자신이 왕위에 오르기 위해 인종을 독살하려고 했습니다. 십팔자 도참설은 '왕씨가 망하고 이씨가 새 임금이 된다'는 내용을 담고 있었지요. 자신의 딸인 왕비가 인종을 도와 독살은 실패했습니다. 이제 인종의 반격이 시작됩니다. 인종은 이자겸의 측근인 척준경과 이자겸의 사이가 벌어지자 척준경에게 이자겸을 제거해 줄 것을 부탁하는 교서를 보냈습니다. 척준경은 이를 받들어 무력으로 이자겸 일당을 체포하였고, 결국 그를 전라남도 영광으로 귀양 보냈습니다.

이자겸의 난(1126) 실패로, 약 80년에 달하는 경원(인주) 이씨 가문의 세력은 무너졌습니다. 그리고 고려는 이후 약 150년간 내부 분열로 시름시름 앓게 됩니다. 관료 사회는 흔들렸고, 민심은 더 피폐해져 갔습니다.

'십팔자(十八子)도참설(圖讖說)'은 십팔자, 즉 이(李) 씨가 왕이 된다는 설입니다.
열십 자(十)와 팔 자(八)를 합치면 나무목(木)이 되고, 그 아래에 아들자 자(子)를 붙이면 성이 자(李)가 되지요.
그리고 도참설이란, 미래의 길흉을 점쳐 예언하는 것을 말합니다.

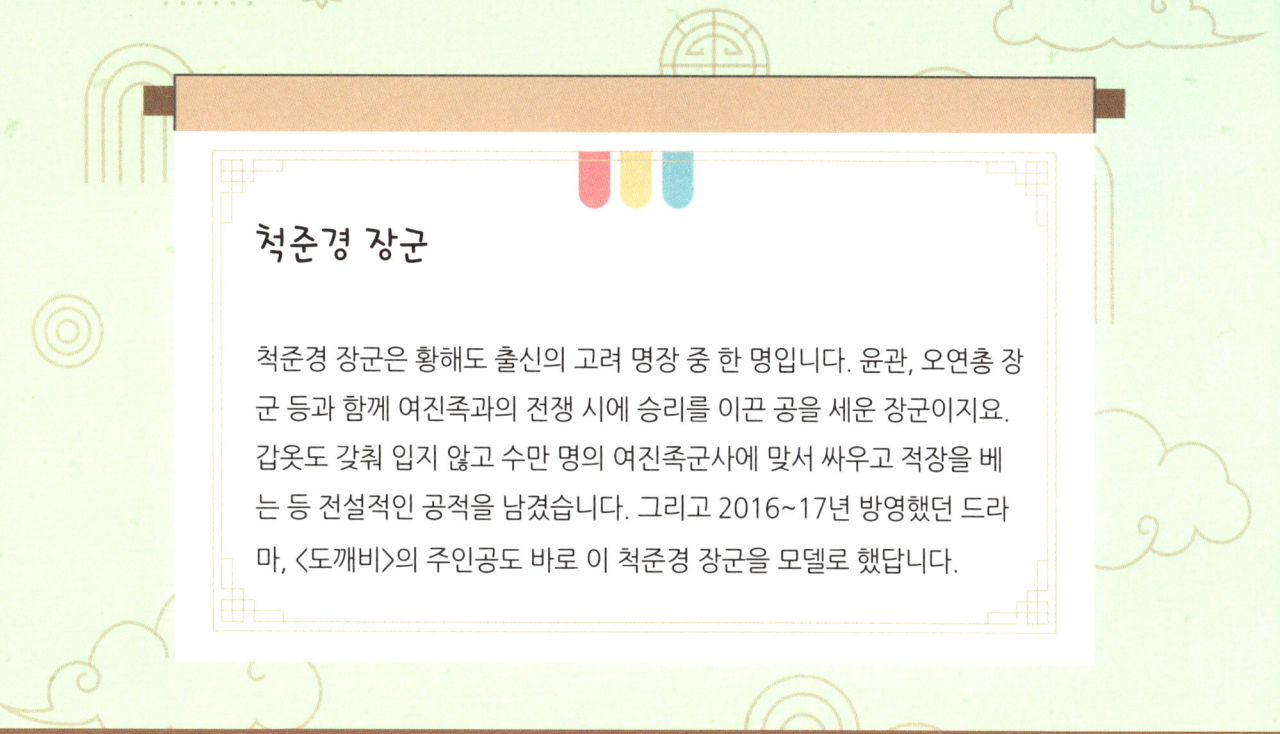

척준경 장군

척준경 장군은 황해도 출신의 고려 명장 중 한 명입니다. 윤관, 오연총 장군 등과 함께 여진족과의 전쟁 시에 승리를 이끈 공을 세운 장군이지요. 갑옷도 갖춰 입지 않고 수만 명의 여진족군사에 맞서 싸우고 적장을 베는 등 전설적인 공적을 남겼습니다. 그리고 2016~17년 방영했던 드라마, <도깨비>의 주인공도 바로 이 척준경 장군을 모델로 했답니다.

묘청의 난

이자겸의 난으로 궁전은 불에 탔고 중앙 정치는 극도로 약해졌으며, 밖에서는 여진족이 계속해서 압박을 가했습니다. 인종은 변화를 꾀해야 했습니다. 왕권을 강화하고 민생을 안정시키고자 했지요.

서경(평양) 출신의 승려 묘청은 이러한 고려의 상황이 수도인 개경의 운이 다했기 때문이라고 주장했습니다. 지덕이 넘치는 서경으로 수도를 풍수지리설이란, 땅의 지형이나 위치가 하고자 하는 일의 운을 좌지우지한다는 주장입니다. 집을 짓거나 죽은 사람을 묻을 때 이 풍수지리설에 따라 그 장소를 정하고는 하지요.

김부식 영정
김부식은 고려의 정치가이자 역사학자로서 다양한 분야에서 공적을 쌓았습니다. 특히 유명한 그의 공적은 정사로 전해지는 『삼국사기(三國史記)』를 지은 것이지요.

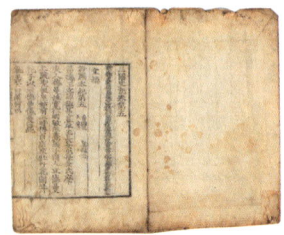

『삼국사기』

옮기면, 금나라가 항복하고 많은 나라가 조공할 것이라고 하였습니다. 또한, 왕을 황제라 칭하고 독자적인 연호를 사용해 고려 왕조를 드높이고자 했습니다. 당시 고려 사회에는 '풍수지리설'이 유행하고 있어서 이러한 주장에 인종도 혹할 수밖에 없었습니다.

인종은 그 주장을 받아들여 서경에 대화궁이라는 궁궐을 짓고 자주 드나들며 천도를 준비하였습니다. 하지만 김부식을 대표로 하는 개경파의 반대가 만만치 않았습니다. 게다가 서경에 지은 대화궁에서 좋지 않은 일이 줄지어 벌어지곤 하였지요. 그러니 개경 중심의 문벌 귀족은 아예 묘청의 처단을 요구하기에 이르렀습니다. 사실 묘청 등 서경파의 주장은, 결국 자신들 세력이 권력을 장악하려는 묘책일 뿐이었습니다. 자신들의 출신지로 수도를 이전해서 중앙 정치의 주도권을 잡으려는 것이었습니다.

서경으로 수도를 이전하려는 계획이 개경파의 반대로 틀어지자, 결국 묘청 등은 무력으로 뜻을 이루기 위해 서경에서 난을 일으켰습니다(1135). 그러고는 국호를 '대위', 연호를 '천개'라 하여 나라를 세웠습니다. 인종은 이들을 가만두지 않고 김부식을 총책임자로 하여 토벌하게 하였습니다. 서경파는 약 1년 동안 완강하게 저항했습니다. 하지만 김부식이 이끄는 군대에 항복할 수밖에 없었지요. 수도를 이전하여 정권을 잡으려던 서경파의 난은 이렇게 실패로 끝났습니다.

개경파와 서경파 비교

개경파	서경파
보수파	개혁파
한학파	국풍파
유교 이념	풍수지리설
민생 안정	서경 천도
금에 사대	금 정벌
김부식	묘청, 정지상

<'묘청의 난'에 관한 역사적인 시각의 차이>

묘청이 고려 왕을 황제라 칭하고 독자 연호를 세우고자 하였으며, 금을 정벌할 것을 주장했으니 자주적인 정신으로 높게 평가해야 해!

묘청과 서경파의 주장은 실현 불가능한 것이었고, 그저 자신들이 정권을 잡으려고 난을 일으킨 것일 뿐이야!

여러분은 어떤 의견에 더 공감하시나요? 한번 생각해보세요.

고려 시대의
숨결이 남아 있는 곳

강진 고려청자 요지

전라남도 강진군 대구면 일대에서 고려 시대의 빛나는 유물인 고려청자의 주요 생산지가 발견되었습니다. 청자를 굽는 가마터였던 이곳에서는 무려 약 5백 년간 청자를 생산했다고 합니다. 고려 초기부터 고려 전 시대에 걸쳐 만들어진 가마터여서 고려청자의 기원과 특징을 알아볼 수 있는 데 중요한 정보를 주는 지역이라 할 수 있습니다.

강진 고려청자 박물관

강진 고려청자 박물관의 청자 장인상

고려청자 디지털 박물관

고려청자 가마터

고려청자 조각 더미

용인 서리 고려백자 요지

경기도 용인시 처인구 이동면 일대에서도 고려 시대의 가마터가 발견되었습니다. 이 가마터는 함박산에서 뻗어 내려간 산줄기 끝자락에 위치해 있습니다. 약 10세기 후반에서 12세기 전반까지 만들어진 것으로 추측하고 있습니다. 주변에서 출토한 유물은 고려백자 그릇이나 대접, 백자 조각이 대부분입니다.

출토된 고려백자 그릇과 접시들

강릉 고려성

강원도 강릉시 강동면 일대에는 고려 시대 초기에 만들어진 것으로 보이는 산성이 발견되었습니다. 나라에서 쌓은 성이라기보다는 강릉지역의 주민들이 바다를 통해 침략해 들어오는 적이나 약탈자들을 막기 위해 쌓은 것으로 추정합니다.

고려성의 모습
이 성은 기록에 남아 있지 않아서 구체적인 시대와 쓰임을 잘 알 수 없지만, 성을 쌓은 방법이나 주변에서 발견한 유물로 고려 초기에 만들어진 성이라는 것을 알 수 있습니다.

Part 5
고려 무신 정권과 대몽 전쟁

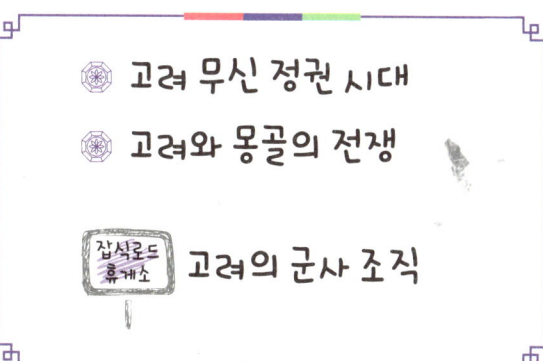

- 고려 무신 정권 시대
- 고려와 몽골의 전쟁
- 잠시라도 쉬게소 고려의 군사 조직

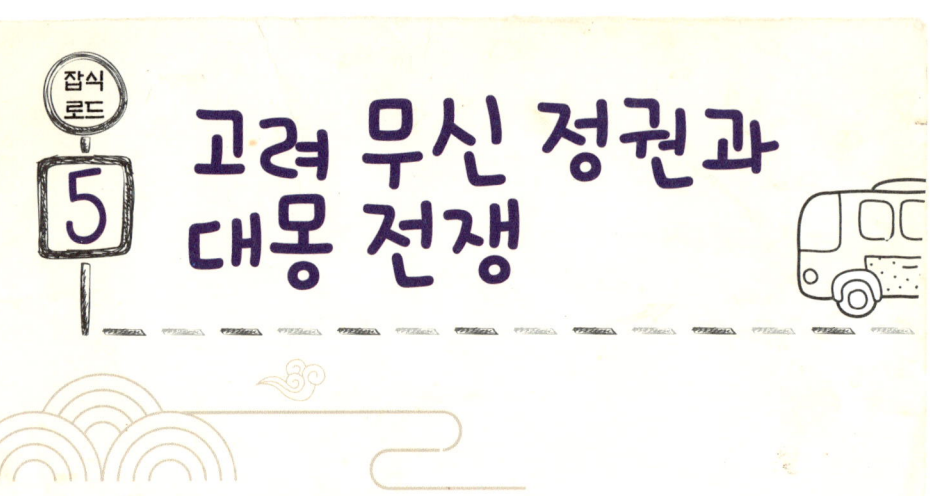

고려 무신 정권과 대몽 전쟁

고려 무신 정권 시대

문신? 무신?

고려 성종은 재위한 지 14년이 지난 995년에 벼슬을 문반계와 무반계로 나누었어요. 이들 중 글 잘 쓰는 문과 출신을 문신이라고 하고 칼을 잘 다루는 무과 출신을 무신이라고 했습니다. 문신과 무신은 진급할 수 있는 계급부터 차이가 있었습니다. 문신은 종1품 시중에 판사까지 오를 수 있었지만, 무신은 정3품 상장군까지만 올라갈 수 있었지요.

이자겸의 난과 묘청의 난은 문벌 귀족 사회의 문제점을 그대로 드러나도록 했습니다. 인종의 뒤를 이은 의종은 두 번의 난 이후, 땅에 떨어진 왕실의 권위 회복을 위해 왕권을 강화하려고 노력했습니다. 하지만 오히려 국왕과 문신은 더 자주 부딪히며 갈등이 빚어지게 되었습니다. 의종은 질려버려서 개혁하려는 의지를 잃고 정치에서 손을 놓아버렸지요. 술과 놀이에 빠졌고 별궁을 짓는 데 백성을 강제로 동원하는 등 올바로 나라를 통치하겠다는 의지를 잃었습니다.

이런 상황으로 나라가 엉망이 되자 무신들의 불만도 극에 달했습니다. 그리고 곧 무신들의 불만은 정변으로 폭발하기에 이르렀습니다.

무신의 불만

문반과 무반이 처음 나뉘었을 때는 그 대우가 동등한 듯했습니다. 하지만 실제로는 문신에 비해서 무신은 갖은 차별에 시달렸습니다. 무신은 승진에 제한을 받았습니다. 3품 이상의 관직에 오를 수 없었던 것이지요. 국가의 중요한 정책은 대부분 2품 이상의 관리들에 의해 결정되었으며, 전쟁을 치를 때도 강감찬이나 윤관처럼 문신들이 최고 책임자의 지위를 맡았습니다. 그러므로 상대적으로 무신의 대우는 약할 수밖에 없었습니다.

무신을 천대하는 정책으로 무신들의 불만은 커져갔습니다. 정책뿐만 아니라 일상에서도 그러한 차별이 드러났습니다. 예를 들면, 무신 정변의 수장격인 정중부는 김부식의 아들 김돈중에게 촛불로 수염을 그슬리는 모욕을 당했지요. 그 자리에는 당시 왕인 인종도 있었습니다. 화가 난 정중부는 김돈중에게 달려들었지만, 왕은 양쪽 모두에게 잘못이 있다면서 정중부를 말렸습니다. 심지어 정중부는 *태형을 선고받는 치욕까지 받아야 했지요. 당시 김부식은 묘청의 난을 진압하고 고려의 최고 권력을 쥐고 있었으므로, 정중부는 그냥 당하고만 있을 수밖에 없었습니다.

이처럼 차별 대우를 받으면서도 무신들은 거란과 여진의 침략을 막아내어 공을 세우는 등 차츰 힘을 키워갔습니다. 끊임없는 멸시와 천대를 마음속에 담아두며, 복수의 칼날을 갈았습니다.

> *태형
> 엎드리게 하고 나무 막대로 엉덩이를 때리는 형벌

무신 반란의 불꽃

나라를 올바로 세우겠다는 의지가 꺾인 의종(재위 1146~1170)은 문신들을 데리고 경치 좋은 곳에서 술판을 벌이며 놀아났습니다. 무신들은 왕과 문신들이 놀이를 즐길 때 주위에서 호위하는 역할만 했으니, 불만이 여간하지 않을 수 없었지요.

그날도 의종과 문신들이 보현원(지금의 청평사)이라는 곳에 놀러가는 중이었습니다. 때는 의종 24년, 1170년이었지요. 왕은 호위하던 다섯 명의 무신들에게 일종의 힘겨루기 놀이인 '수박희'를 하라고 시켰습니다. 무신 중에 '이소응'이라는 나이 많은 대장군이 있었습니다. 그도 명이니 어쩔 수 없이 수박희를 했는데, 기운이 없어 몇 번 하지도 못하고 그만 뒷걸음질 치고 말았습니다. 이를 보던 한 문신이 이소응의 뺨을 때리며, 놀리는 게 아닙니까? 나이도 어리고 벼슬도 한참 아래인 자가 말이지요. 그는 한뢰라는 인물로, 평소 언행이 방자한 자였습니다. 그 모습을 보고 문신들과 왕은 손뼉 치며 배꼽을 잡고 웃어댔습니다. 무신들은 적잖은 치욕으로 온몸을 부들부들 떨었지요. 이 일로 무신들은 이미 갈릴 대로 갈린 복수의 칼날을 날카롭게 세우게 되었지요.

〈정기환필무용총각저도〉
이 그림은 무용총 벽화에 그려져 있는 '수박희' 그림을 모사한 것입니다.

아직은 때가 아니라며 말렸던 정중부도 더는 무신들의 분노를 잠재울 수 없었습니다. 마침내 무신 정중부, 이의방, 이고 등은 보현원에 도착한 그날 밤 반란을 일으켰습니다. 왕을 지키고 있던 신하들을 모조리 죽였고 무신들을 피해 숨어 있던 한뢰는 이고가 베어 죽였습니다. 그리고 무신들은 말을 달려 개경에 도착하여 문신들이라면 보이는 족족 그대로 칼로 베었습니다.

정중부를 중심으로 한 무신 정변 세력들은 의종을 왕의 자리에서 강제로 내려 유배 보내고 대신 왕의 동생이었던 명종을 왕의 자리에 세웠습니다. 그러나 왕은 허수아비에 불과했습니다. 모든 권력을 무신들이 쥐고 나라를 흔들었지요.

> 무신정변은 정중부를 중심으로 일어난 난이라 하여, '정중부의 난'이라고도 부릅니다.

청평사의 모습
고려 광종 24년에 지어진 곳으로, 처음에는 백암 선원이라 불리다가 보현원, 문수원으로도 불렸습니다. 그 후 조선 명종 때 크게 고쳐 지으면서 '청평사'로 이름을 바꾸었고 지금도 그렇게 부르고 있습니다.

무신시대의 초기 혼란

1170년 벌어진 무신들의 정변은 그동안 문신 권력에 의해 멸시 당했던 무신들의 불만이 폭발하여 발생한 일종의 쿠데타였습니다. 그런데 무신들은 정치적인 경험도 부족하고 권력을 제대로 써본 적 없었기 때문에 무신들 간의 혼란을 넘어 고려의 혼란은 예정되어 있던 것이었지요.

> '쿠데타(Cou d'Xtat)'는 프랑스어로, 무력으로 정권을 빼앗는 것을 말합니다. 영어로는 Coup라고도 씁니다. 우리말로는 정변, 반정 등과 같은 말입니다.

무신들은 독자적인 권력 기구를 꾸릴 여유가 없어서 기존의 무신 합의 기구인 '중방'을 통해 정치권력을 행사했습니다. 무신 정변을 주도한 정중부를 중심으로 이의방과 이고가 정치를 주도하였지요. 계획도, 준비도 없이 정권을 잡은 무신들이 문신 보복과 재산 늘리는 데에만 집중하다 보니 여러 가지 부작용이 발생했습니다. 그리고 무신 정변을 함께 일으킨 정중부, 이의방, 이고 사이에 금세 분열이 생겼습니다. 이고는 자신이 정권을 독점하고 싶어서 반란을 계획하고 있었는데, 이를 미리 알게 된 이의방이 이고를 제거해버렸습니다. 무신 정변 후 불과 4개월 만의 일이지요.

> 정중부는 무신 정변을 성공하고, 자신을 고려 최고 관리인 문하시중에 올렸습니다. 문하시중은 현재 국무총리와 비슷한 위치입니다.

무신이 권력을 쥐고 흔들자 문신들도 보고만 있지는 않았습니다. 무신 정변 3년 후 문신인 동북면 병마사 김보당이 군사를 일으켜 무신 세력을 처단하려고 했습니다. 그리고 유배된 의종을 다시 왕위에 앉히려고 했습니다. 그러나 2개월도 버티지 못하고 김보당의 반란은 실패로 돌아갔습니다. 게다가 무신들은 이 일로 의종뿐만 아니라 더 많은 문신들을 잡아 살해했습니다. 무신 세력은 이제 중앙뿐만 아니라 지방에까지 권력을 미치며, 자신들의 정권을 더욱 단단하게 잡아갔습니다. 하지만 능력 있는 문신들마저 보복의 대상으로 몰아가면서 지지를 받지 못하였고, 권력이나 재산 불리는 데만 집중하다 보니 민심도 잃었습니다.

이고를 죽인 이의방은 딸을 태자의 비로 삼아 권세를 누렸습니다. 정중부의 아들인 정균이 살해하기 전까지 말이지요. 그 후 정중부가 권력을 누리게 되었는데, 1179년 경대승에게 정중부도 살해되었습니다. 경대승은 당시 26세의 젊은 장군이었습니다.

어린 나이에 권력을 잡은 경대승은 자신도 죽임을 당할까 노심초사했습니다. 특히 정중부를 따랐던 무신들이 그에게 발톱을 드러내곤 했지요. 불안한 경대승은 자신을 보호하기 위해 '도방'이라는 조직을 설치했습니다. 그런데 살해 위협으로 인해 마음의 병이 너무 컸던 것일까요, 경대승은 30세의 젊은 나이에 병으로 죽고 말았습니다. 경대승이 병사 후에 당시 왕이었던 명종은 '이의민'에게 정권을 맡겼습니다.

> 경대승이 조직한 '도방(都房)'은 약 100명의 사병으로 구성되었습니다. 이후에 최충헌이 다시 부활시켜 그 역할을 강화하였습니다.

경대승의 정권 획득

1179년, 26세가 된 경대승은 정중부를 중심으로 한 일파가 정권을 쥐고 흔드는 상황이 탐탁지 않았습니다. 그들을 제거하고 권력을 손에 쥐겠다는 뜻을 품었지요. 마침내 허승, 김광립과 뜻을 모아 반란을 일으켰고, 정중부와 그의 아들 정균 등을 제거하였습니다. 무신 정권을 탄생시킨 정중부는 이렇게 사라지고 말았습니다.

경대승은 함께 반란을 일으킨 허승과 김광립도 제거해버렸습니다. 이 두 사람이 나름대로의 세력을 이루어 권력을 장악하려 한다는 것을 알아차렸던 것이지요. 그렇게 경대승은 고려 최고 권력의 자리에 오르게 되었습니다.

민중의 봉기

무신 정변 이후 무신들의 폭정에 민중의 불만이 들끓었습니다. 민중은 무신들에게 수탈을 당하면서 심한 생활고에 시달렸습니다. 결국, 참지 못한 민중이 전국적으로 들고 일어났습니다.

1176년에는 충청남도 공주 명학소에서 망이, 망소이를 중심으로 한 천민들의 봉기가 일어났습니다. 이 천민들은 공주를 공격하여 점령하였습니다. 중앙에서는 이들을 설득하려고 했습니다만 듣지 않았고 이번에는 군대를 투입하여 잡아들이려 했으나 그것도 실패했습니다. 어쩔 수 없이 그들의 요구를 조금 받아들여 당시 천민 지역인 명학소를 충순현으로 승격시켜주어 천민에서 해방할 수 있도록 하였지요. 그러나 이러한 조처는 이들이 잠시 마음을 놓고 있었을 때 다시 잡아들이려는 수작이었습니다. 이들은 금세 눈치 챘습니다. 단순히 자신들을 기만하려는 술책이었음을 알고 다시 난을 일으켰습니다. 끝내, 다음 해 7월에 중앙군에 의해 망이와 망소이가 체포되면서 이 반란은 진압되었습니다.

그다음 대표적인 민중 봉기는 김사미와 효심이 중심이 되어 일으킨 반란을 들 수 있습니다. 이들은 처음에 흩어져서 저항운동을 벌이다가 차츰 연합하면서 세력을 만들어갔습니다. 이들 수만 명의 세력은 이의민과도 손을 잡고 신라의 부흥을 꿈꾸었던 터라 좀처럼 진압할 수가 없었습니다.

명학소 민중봉기 기념탑
망이·망소이의 난을 기리는 이 탑은 대전 탄방동 '남선공원'에 있습니다.

최씨 무신 정권

이의민이 고려의 정권을 잡았으나, 나라의 혼란은 더욱 심해졌습니다. 이의민은 원채 잔인한 성격으로 악명을 날렸던 인물입니다. 그는 온갖 방법으로 재산을 늘리는 데 온힘을 쏟았지요. 그러나 권력의 끝에는 언제나 불행이 따르기 마련입니다. 이를 참지 못한 최충헌과 최충수 형제가 1196년에 이의민을 살해했을 뿐만 아니라 아예 일가친척을 몰살해 버렸습니다.

최충헌의 권력 기반
- 정치 기반: 교정도감
- 경제 기반: 대농장
- 군사 기반: 도방

정권을 장악한 최충헌은 가장 먼저 자신에게 적대적이었던 세력부터 제거했습니다. 최충헌은 개혁 정책을 열 개의 항목으로 정리하여 왕에게 건의하였습니다. 하지만 명종은 그 건의를 무시했지요. 곧 최충헌은 명종을 왕위에서 내려버리고 신종을 왕위에 올렸습니다.

최충헌의 고민은 이제 민심 안정에 있었습니다. 여전히 이곳저곳에서 발생했던 민중 봉기를 진압하여야 했지요. 1198년에는 만적이라는 노예가 반란을 꾸미고 있다는 사실을 미리 알고 잡아서 죽였습니다. 하지만 민란에 강하게만 대응한 것은 아니었지요. 때로는 슬쩍 구슬리며 민심을 잡아갔습니다. 그리하여 마침내 1204년에는 전국이 평온을 되찾았습니다.

최충헌은 경대승이 조직했던 도방을 다시 세우고 이를 기반으로 정권을 강화하였습니다. 도방은 더욱 강력한 개인 경호 조직이 되었습니다. 그는 도방을 앞세워 반대파를 제거하고 사회 불안을 안정화했습니다. 후에 도방은 단순히 개인 호위를 넘어서 외적을 방어하는 데에도 역할을 하였습니다.

  1209년에는 개경 근처 사원의 승려들이 최충헌과 그 일가를 처단하려고 계획했습니다. 그러나 최충헌은 이를 미리 알고 '교정도감'이라는 기관을 세워 관련자들을 잡아들였습니다. 이 교정도감이라는 기관은 이 사건이 마무리된 후에도 폐지되지 않고 유지되며, 최충헌의 권력 유지에 뒷받침이 되었습니다. 교정도감은 이후 최씨 정권의 최고 권력기관이 되었으며, 교정도감의 장관인 '교정별감'은 최고의 실권자가 맡았습니다.

> **중방**: 무신 정권 초기 권력 기구
> **교정도감**: 최씨 정권 최고 권력 기구
> **정방**: 최우가 설치한 인사 행정 기구
> **도방**: 경대승이 설치한 사병 기구
> **삼별초**: 최우가 설치한 사병 기구

  최충헌은 정변 초기에 권력을 누린 무신들과 다르게 능력 있는 문신들을 잘 활용하였습니다. 문신들을 자기 세력화하여 무신 세력을 견제하고 정권을 강화하는 수단으로 이용한 것이지요. 대표적인 문신들로는 이인로와 이규보 등이 있는데, 이들은 고려 시대 한문학 발전에 큰 역할을 했습니다.

  최충헌이 죽고 최우가 뒤를 이어 정권을 잡았을 때는 더욱더 그 세력의 기반을 단단히 하였습니다. 그는 다양한 기구를 새로 설치하기도 했습니다. 1225년에는 '정방'을, 그 후에는 '서방'을 설치하여 권력을 사유화하였지요. 이들 기구를 자신의 집 안에 설치하여 문관과 무관 모두를 장악하였던 것입니다. 후에 몽골 침략 때 큰 활약을 펼친 전투부대인 '삼별초'도 최우가 처음 만들었습니다.

> 삼별초 = 좌별초 + 우별초 + 신의군

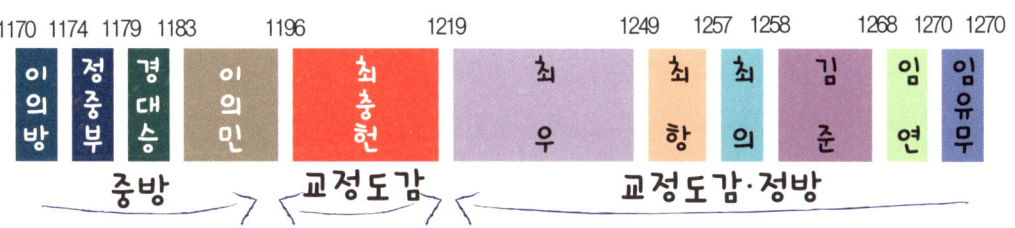

무신 정권의 종말

최씨 정권은 후에 최항, 최의에 이르기까지 약 60년 동안 이어졌습니다. 계속해서 독재 체제를 더욱 강화하여 나아갔지요. 하지만 독재의 마지막은 항상 비참한 법입니다. 김준, 임연 등이 최의를 제거하면서 최씨 정권은 무너지게 되었습니다. 그때가 1258년이었습니다.

임연의 초상화

최우는 개인 권력을 강화하는 데에만 힘썼지, 정작 나라가 망해 가는 것에는 적절히 대처하지 못했습니다. 흉년이 계속되면서 경제적으로 피폐해져갔고 동시에 민심도 멀어져갔습니다. 게다가 최우 집권 시 침입한 몽골과의 전쟁은 최씨 정권을 뒤흔들어 놓았지요. 4대에 걸친 최씨 정권도 이처럼 비참하게 무너졌습니다. 이후 무신 정권 자체가 붕괴의 길로 서서히 다가갔습니다.

최씨 정권을 무너뜨리고 김준이 새로운 집권자가 되었으나, 그도 1268년에 임연에게 살해당하며 정권을 빼앗겼습니다. 당시 국왕인 원왕은 자신을 폐위시키려는 김준에 위협을 느껴 임연으로 하여금 김준을 살해하도록 하였습니다. 그러나 임연도 왕의 자리를 위협했습니다. 임연은 끝내 원왕을 끌어내리고 영종을 새로이 왕의 자리에 세웠습니다. 물론 실권은 임연이 쥐고 있었습니다.

임연은 병으로 죽었습니다. 그리고 그의 아들 임유무에게 권력을 넘겨주었지요. 김준과 임연, 임유무도 무신 정권의 최고 직책인 교정별감이 되었습니다. 그러나 최씨 정권 때와는 상황이 많이 달랐습니다. 몽골에 간섭을 받고 있던 시기였지요. 몽골은 무신 정권을 무너뜨리려고 했습니다. 강제로 왕의 자리를 내준 원왕은 왕권을 회복하려고 몽골에 도움을 요청했습니다. 임연은 1270년, 몽골 세력의 도움을 받은 원종을 다시 왕위에 올릴 수밖에 없었습니다.

왕의 자리로 돌아온 원왕은 수도를 강화도에서 다시 개경으로 옮길 것을 명하였습니다. 하지만 이는 몽골에 복종한다는 의미여서 임연에 이어 실권을 잡은 임유무는 이 명령을 거부했습니다. 그러자 원왕은 삼별초와 몇몇 무신들을 회유하여 임유무를 살해하도록 했습니다. 실권을 잡은 지 고작 3개월 만이었지요. 이렇게 왕정이 복구되면서 100년간 계속된 무신 정권은 완전히 끝났습니다.

임연 장군 사적비
임연 장군의 출생지인 충청북도 진천에는 장군의 업적을 기리는 사적비가 세워졌습니다.

진천 농다리
임연 장군이 만들었다고 전해지는 충청북도 진천의 이 다리는 무려 천여 년의 세월을 버텨왔습니다.

고려와 몽골의 전쟁

고려와 몽골의 관계

최씨 일가가 고려의 정권을 잡고 있던 시기인 13세기에 몽골에서는 칭기즈칸이 갈라진 부족을 통합하여 황제가 되었습니다(1206). 유럽과 아시아에 이르는 강력한 세력을 형성해냈지요. 몽골은 중국 북부와 만주 일대를 차지하고 있었던 금나라를 공격하였는데, 금나라는 내분으로 점차 약화되고 있는 상황이라서 힘도 못 쓰고 몽골에 무릎을 꿇었습니다.

그런데 금나라의 지배를 받고 있던 거란족은 몽골의 공격에 반란을 일으켰습니다. 물론 거란족은 몽골군의 상대가 되지 못했지요. 그들은 몽골군에 쫓겨서 압록강을 넘어와 고려 영토를 침범하더니 노략질하기 시작했습니다. 고려는 이들을 내쫓으려고 했으나 쉽사리 꺾을 수 없었습니다. 이들을 공격하여 압록강 물가에 있는 강동성까지 겨우 내몰았습니다. 몽골이 만주 지역을 완전히 장악하려면, 거란족의 반란을 완전히 잠재울 필요가 있었습니다. 그래서 거란족을 공격하는 데 협력하겠다고 고려에 제안했지요. 이렇게 고려는 몽골과 처음 마주하게 되었습니다.

고대 몽골 궁수 그림

두 나라는 곧 힘을 합쳐 거란족이 자리 잡은 강동성을 공격하여 반란 세력을 완전히 소탕하였습니다(1219). 몽골은 거란족을 함께 소탕해준 것을 핑계로 고려에 많은 대가를 요구했습니다. 고려는 거대 세력으로 성장한 몽골의 요구를 무시할 수 없었습니다. 그러니 몽골에 대해 불만을 품지 않을 수 없었습니다. 몽골은 계속해서 외교적으로 압박해왔습니다. 그런데 1225년, 두 나라의 관계를 파탄으로 몰아넣은 사건이 발생합니다.

고려에 왔다가 몽골로 돌아가던 몽골 사신 '저고여'가 압록강 가에서 누군가에게 살해당하는 일이 벌어졌습니다. 몽골은 고려에서 살해한 것이 아닌지 의심했고 고려에 그 책임을 물었습니다. 그리고 고려와의 외교 관계를 아예 끊겠다고 선언했습니다. 이렇게 고려와 몽골과의 관계는 차갑게 식어버렸습니다.

> '저고여'는 몽골 제국의 장군으로, 고려에 몇 차례 파견 와서는 고려를 공격하겠다며 겁박하는 몽골 황제의 칙서를 전달한 인물입니다. 그러면서 부당한 보상금을 내놓으라고 협박하기도 했지요.

칭기즈칸

칭기즈칸(재위 1206~1227)은 몽골을 통일하고 몽골 제국을 세운 인물입니다. 역사적으로 세계에서 가장 뛰어난 정복 왕이라 일컫기도 합니다.

몽골 화폐 속 칭기즈칸

몽골 화폐에 그려 있는 칭기즈칸입니다. 그 밖에도 몽골에는 칭기즈칸 국제공항이 있을 만큼 그의 업적을 기리는 것들이 많습니다.

끈질긴 몽골의 침략

> '살리타(撒禮塔)'는 몽골 제국의 장군 중에서도 활을 특히 잘 쏴서 칭기즈칸의 신임을 받았습니다.

1231년 1월, 칭기즈칸은 살리타로 하여금 고려 공격을 명했습니다. 6년 전 발생한 몽골 사신 저고여의 살해사건이 그 핑계였지요. 고려는 최충헌에 이어 최우가 정권을 장악하고 있을 때였습니다. 막강한 군사력을 가진 몽골의 공격을 막는 것은 쉽지 않은 일이었으나 김경손, 박서 등은 완강히 맞서 싸웠습니다. 그러나 몽골군이 개경을 포위하였을 때는 고려 정부도 손을 들 수밖에 없었습니다. 몽골과 불리한 조건에 평화조약을 맺고 물러가도록 했지요.

몽골은 감시관을 두어 고려를 압박했습니다. 고려에서는 몽골을 향해 적개심이 더욱 커져갔지요. 최우는 1232년 몽골과의 기나긴 항전을 준비하며 수도를 강화도로 옮겼습니다. 몽골은 유목 출신이어서 땅에서의 전투에서는 강력하지만, 물에서의 전투에서는 그다지 힘을 쓰지 못한다는 것을 알고 있었습니다.

처인성 터
처인성은 몽골이 고려를 두 번째 공격해 들어왔을 때 승려 김윤후가 우두머리 살리타를 화살로 죽인 곳입니다. 경기 용인시 처인구에 있습니다.

고려의 수도 이전은 몽골에 대한 적대감 표시였으므로, 몽골은 다시 한 번 고려를 공격해 들어왔습니다. 몽골군은 역시 강화도를 침략하는 데는 실패했습니다. 다만, 개경과 남경을 공격한 후 한강 이남까지 공격해 들어갔습니다. 그러나 살리타가 이끄는 몽골 주력부대는 경기도 용인의 처인성에서 승려 김윤후가 지휘하는 고려 농민군의 공격에 흔들렸습니다. 살리타도 이때 화살에 맞아 사망하였지요. 몽골군은 고려군의 강력한 반격에 놀라 서둘러 철수할 수밖에 없었습니다. 몽골의 이번 침략으로 고려는 부인사에 소장된 『고려대장경』 초조판을 잃었습니다.

> 김윤후 승장(僧將)에 관해서는 기록이 거의 남아 있지 않습니다. 몽골군으로부터 나라를 지킨 영웅이었으나, 당시 몽골을 향한 항전은 반역으로 치부되었기 때문에 지워진 것으로 추측합니다.

강화산성

강화산성의 성벽
이 성은 고려 시대에 몽골의 침입에 강화로 피신 온 최씨 무신정권이 쌓은 산성입니다. 강화읍을 둘러싸고 있어 얼마나 몽골의 공격을 철통방어 했는지 알 수 있습니다.

고려에서 철수한 몽골은 1234년 금나라를 완전히 멸망시켰습니다. 그리고 중국의 남송을 공격하면서, 동시에 또 다시 고려를 침략하였습니다. 이 세 번째 침략은 1235년에 일어났습니다. 몽골의 침략은 더욱 거세졌습니다. 이번에는 무려 4~5년간이나 고려의 이곳저곳을 들쑤시고 다녔습니다. 그들은 곳곳에서 패배하면서도 물러서지를 않았습니다. 이 침략으로 신라 때 세워진 황룡사가 불에 탔으며, 황룡사 9층 목탑도 파괴되었습니다. 그러나 역시 강화도만큼은 몽골의 침략에서 벗어나 있었습니다. 고려 정부는 부처의 힘에 의지해 몽골군을 격퇴하고자 『팔만대장경』을 만들었습니다.

황룡사금동찰주본기

'황룡사금동찰주본기'는 황룡사에 9층 목탑을 세우면서 건립 과정 등을 금동사리함에 기록한 것입니다. 현재는 볼 수 없는 황룡사 9층 목탑을 이렇게나마 확인할 수 있는 데 큰 의의가 있습니다.

오랜 전쟁으로 백성이 겪는 피해가 적지 않았습니다. 결국, 사신 김보정을 몽골진영에 보내 전쟁을 멈추고자 하였지요. 몽골도 길어지는 전쟁에 지칠 만큼 지쳤으므로, 고려의 제안에 못 이기는 척 받아들였습니다. 그들은 국왕이 직접 와서 조공을 바칠 것을 요구하면서 군대를 철수하였습니다. 고려는 이를 받아들이지 않다가 어쩔 수 없이 왕족 몇 명을 왕의 친인척으로 가장하여 인질로 보냈습니다.

그 후 몽골은 왕의 자리를 두고 일어난 내분으로, 고려를 침략하지 않았습니다. 곧 안정을 되찾고 고려를 다시 공격해왔으나, 몽골 황제가 갑자기 죽자 급히 철수했습니다. 몽골에는 몽케 칸이 왕의 자리에 올랐습니다. 그리고 또다시 몽골은 고려에 국왕의 직접 조공을 요구했습니다.

그러나 고려가 거부하자 1253년에 재차 공격해 들어왔습니다.

  다섯 번째 전투는 더욱 막아내기가 쉽지 않았습니다. 철원, 춘천, 양주 등은 물론이고 고려의 전략적으로 중요한 방어선인 충주성까지 몽골의 공격을 막아내야 했지요. 결국, 고려 국왕은 몽골과의 전쟁 이후 처음 강화도를 나와 몽골의 사신을 맞이했습니다. 충주성에서의 전투는 굉장히 치열했습니다. 몽골군도 피해가 막심했지요. 두 나라는 고려가 왕자를 몽골에 보내는 것으로 전쟁을 멈추는 데 합의했습니다.

> 충주성이 전략적 요충지인 이유는 경상도 아래쪽으로 내려가는 길목에 있기 때문입니다. 충주성이 뚫리면 한반도 남쪽까지 모두 빼앗길 위험에 놓이게 되었습니다.

충주성(남산성)
'충주성'은 삼국 시대에 축조된 성입니다. 무엇보다 몽골이 침입했을 때 몽골군을 물리친 곳으로 유명합니다. 몽골의 침입으로 고려 전 국토가 엉망이 되었지만, 충주산성만큼은 끝까지 지켜냈습니다.

충주성 내의 연못지

충주성의 배수구

연설 중인 몽케 칸

몽골의 왕 몽케 칸은 왕자를 보내오는 것에 만족하지 않았습니다. 고려 정부가 완전히 개경으로 돌아올 것과 왕이 직접 조공할 것을 계속해서 요구했지요. 물론 고려 정부는 이런저런 핑계를 대며, 이를 받아들이지 않았습니다. 몽골은 곧 다시 고려에 쳐들어왔습니다. 여섯 번째 침략은 1254년부터 1259년까지 무려 6년간 벌어졌습니다. 고려가 입은 피해는 막심했습니다. 역사서에는 몽골군에게 포로로 20만 명 이상이 잡혀 갔고, 죽은 자는 셀 수가 없었다고 기록되어 있습니다.

그 후에도 몇 번 몽골의 고려 침략이 있었습니다. 계속해서 몽골의 침략을 받은 고려는 국력이 바닥을 드러냈습니다. 강화도에 자리 잡은 정부도 바닷길이 막히며 조세를 거둘 수 없게 되어 점점 버티기 힘든 상황이 되어 갔습니다. 곧 고려의 내부 상황이 달라졌습니다. 당시 권력을 쥐고 있던 최의가 유경, 김준 등에 의해 살해되었지요. 최씨 무신정권도 그렇게 막을 내렸습니다.

> 김준은 천민 출신으로, 입신양명(立身揚名)하여 고려 최고의 권력자가 되었습니다. 이전의 이의민도 천민 출신이었습니다.

최씨 정권은 몽골에 끝까지 항전할 것을 주장했는데, 최씨 정권이 무너지자 몽골과 평화 관계를 맺자는 의견이 더 커지게 되었지요. 이후 두 나라는 교섭을 서둘렀고, 1260년 마침내 고려 정부가 개경으로 돌아갈 것과 국왕이 직접 조공할 것을 약속하면서 기나긴 전쟁의 막이 내렸습니다.

민초들과 삼별초의 대몽 항전

고려 무신들은 정권을 잡은 후 개인의 권력 강화와 재산을 불리는 데에만 집중했습니다. 민중의 삶을 더 나아지게 하고 나라를 강하게 세우는 데에는 무관심했지요. 몽골이 침략했을 때 강화로 수도를 이전한 이유도 그래서 자신들의 정권을 유지하고 재산을 보호하려는 목적으로 볼 수밖에 없습니다. 몽골군이 침략했는데도 자신들이 가진 강력한 병사들을 전쟁에 참여시키지 않고 자신들을 지키는 데에만 부렸습니다. 게다가 무신들은 강화도로 이전하고도 사치스러운 생활을 놓지 않았습니다. 육지 백성에게 막대한 세금을 거둬들이고 호화롭게 살았지요.

결국, 몽골의 침략을 막는 것은 백성들의 몫이 될 수밖에 없었습니다. 삶은 피폐해져 갔지만, 민초들은 그저 살아남기 위해 몽골군에 맞서 싸울 수밖에 없었지요. 농민, 천민 할 것 없이 관악산과 귀주 등 전쟁터에 내던져졌습니다.

배중손 동상
이 동상은 진도군에 있는 배중손 사당에 세워진 배중손 동상입니다.

고려 조정이 개경으로 다시 돌아갈 것으로 결정하자 강화도에서 몽골 항쟁의 주축이었던 삼별초는 이에 극렬히 반대했습니다. 당시 삼별초의 수장이었던 배중손은 삼별초의 반정부, 반몽골 봉기를 이끌었습니다. 단순한 봉기를 넘어서 원종의 동생인 '승화후 온'을 새 왕으로 세우고 새로운 정권을 수립해버렸지요. 삼별초는 진도로 근거지를 옮기고 남부 지방 일대를 세력화하여 몽골에 맞서 싸웠습니다.

고려 정부와 몽골은 삼별초의 항전을 진압하려고 힘을 합쳤습니다. 그리고 곧 삼별초의 근거지인 진도를 점령했고 왕으로 추대된 승화후 온과 삼별초의 지도자 배중손의 목을 베었습니다. 그 후 김통정이 남은 이들을 이끌고 제주도로 옮겨 다시 항전을 펼쳤습니다. 제주도에서 3년을 버텼지만, 1273년 고려와 몽골 연합군의 공격을 이기지 못하고 끝내 완전히 진압되고 말았습니다.

제주도 항파두리 항몽 유적과 유물들
제주도 항파두리 항몽 유적은 몽골의 공격을 마지막까지 막아내며 희생한 삼별초의 최후 항전지입니다. 이곳에는 당시에 쌓았던 토성의 흔적이 남아 있으며, 돌쩌귀나 기와 등 수많은 유물이 발견되었습니다.

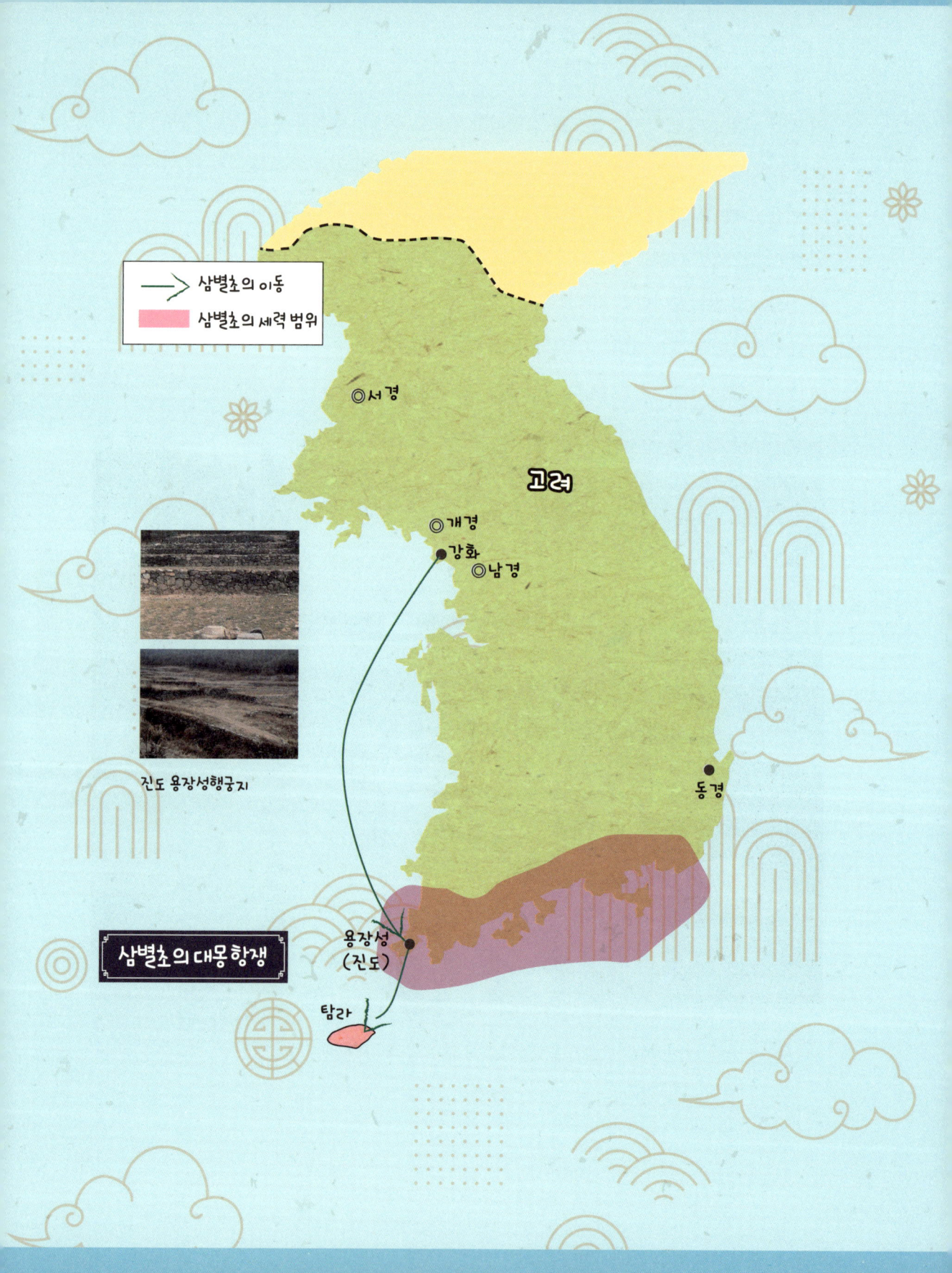

몽골 전쟁의 결과

고려는 몽골과의 전쟁으로 많은 것을 잃었습니다. 수많은 문화재가 불에 탔고 온 영토가 피폐해졌습니다. 몽골에 무릎 꿇은 고려는 몽골의 괴롭힘에서 벗어날 수 없었습니다. 일본을 치려고 할 때 전쟁 준비를 고려가 부담하도록 한 것도 한 예이며, 많은 공물을 몽골에 가져다 바쳐야 했습니다. 몽골은 '원나라'로 이름을 바꾸고 더욱 강력한 세력으로 성장하였습니다. 고려는 몽골의 끊임없는 간섭에 시달려야 했습니다.

원이 간섭을 시작하며, 고려의 왕은 자주 원의 수도인 대도(북경)에 직접 다녀와야 했습니다. 왕이 되려면, 원의 허락을 받아야 했고 왕의 자리에서 내려오거나 다시 오르거나를 그들이 결정하고는 했습니다. 그리고 원의 공주와 결혼한 후에나 왕의 자리에 오를 수 있게 되었습니다. 한마디로 고려는 원의 사위 나라가 되어버린 것이지요. 그러면서 원의 간섭은 더욱 심해졌지만, 그나마 원과 혼인 관계로 엮일 수 있었기 때문에 고려가 명맥을 유지할 수 있었다고 생각할 수 있습니다.

사실 몽골이 고려를 처음 공격한 것은 금나라와 송나라를 치기 위한 과정에 불과했습니다. 그러나 그들이 예상했던 것보다 저항과 반격이 거세자 점차 그 공격의 강도를 높여갔지요. 사실 몽골도 고려와의 전쟁이 장기화하는 것에 부담을 느꼈습니다.

고려의 군사력은 과거에 더 막강했습니다. 그러나 거란과의 전쟁으로 국방력이 약해져서 몽골의 공격을 막아내는 게 벅찼던 것이지요. 게다가

원나라 기황후
고려는 원나라의 간섭을 받으면서 매년 원나라에 여자를 바쳐야 했습니다. 기 씨 소녀도 그중 하나였습니다. 그런데 이 소녀는 좌절하지 않고 기회를 잘 살려 원나라 혜종의 선택을 받았으며, 황후에까지 올랐습니다.

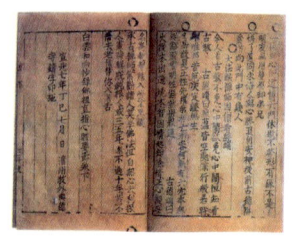

『직지심경』
『직지심경』은 고려 우왕 4년에 간행한 책으로, 현존하는 세계에서 가장 오래된 금속활자본이랍니다. 『직지심체요절』이라고도 하는데, 원래 이름은 『백운화상초록불조직지심체요절』입니다. 현재 프랑스 국립도서관에 보관되어 있으며, 우리나라에서 반환을 요구하고 있습니다.

권력과 재산에 눈이 먼 무신들은 강력한 군대를 개인을 지키는 데에만 사용하면서 몽골의 공격을 제대로 막아낼 수 없었던 것입니다. 무신들의 착취와 횡포에도 강력한 몽골군을 방어해낸 민초들의 항쟁은 그만큼 더 빛이 납니다. 가족과 나라를 지키려 온 힘을 다했던 고려 백성의 정신을 우리는 본받아야 합니다.

이 시기에 많은 문화재가 불에 타 없어졌지만, 새로운 문화유산이 만들어지기도 했습니다. 금속활자(1234)나 『팔만대장경』(1236~1251), 그리고 빛나는 고려청자도 이때 가장 번창했습니다. 하지만 이들 문화유산 발전의 흔적은 한편 씁쓸한 생각을 떠올리도록 합니다. 전쟁에 시름하는 백성의 이면에서 사치스러운 생활을 영위한 무신들의 허세가 그 유산 속에 담겼기 때문이지요.

다양한 형태의 고려청자

해인사

『팔만대장경』이 보관되어 있는 경상남도 합천군 가야면의 해인사입니다.

해인사에 보관되어 있는 『팔만대장경』

『팔만대장경』은 고려 시대에 만들어졌다고 하여 『고려대장경』이라고도 부릅니다. 현재 남아 있는 대장경 중에서 가장 오래된 것으로, 세계적으로도 소중한 우리의 문화재입니다.

고려의 군사 조직

고려는 강한 세력을 지닌 지방 호족이 연합하여 세워진 국가라고 할 수 있습니다. 그러므로 태조는 왕권 강화를 위해 강력한 군사력이 필요했습니다. 그는 점차 군사 조직을 안정화하면서 개편해 나갔습니다. 고려의 군사 제도는 중앙군과 지방군으로 편성되었습니다. 중앙군은 2군 6위로 이루어졌으며, 지방군은 5도의 군현을 지킨 주현군과 양계를 지킨 주진군으로 구성되었습니다.

중앙군

정지 장군의 갑옷
정지 장군(1347~1391)은 고려 시대에 왜구를 물리치는 데 큰 공을 세운 장군입니다. 이 갑옷은 당시 장군이 직접 입었던 것으로 전해집니다.

고려 중앙군의 2군은 응양군과 용호군을 말합니다. 6위는 좌우위, 신호위, 흥위위, 금오위, 천우위, 감문위를 말합니다. 6위가 형성된 때는 995년경 고려 제6대 왕 성종 때이며, 2군이 형성된 때는 제8대 왕 현종 때입니다. 2군이 6위보다 더 우위에 있으며, 주로 왕을 지키는 역할을 했습니다.

2군 6위는 각각 정 지휘관인 상장군과 그의 부하, 즉 부 지휘관인 대장군으로 구성됐습니다. 그리고 8개 군단의 정·부 지휘관으로 구성된 군사 최고 합좌 기관인 '중방'을 가지고 있었습니다. 6위에서 핵심을 이룬 조직은 좌우, 신호, 흥위로 수도인 개경의 수비를 맡았으며, 국경도 방어하였습니다. 나머지 금오위는 치안을, 천우위는 의장을, 감문위는 궁궐 안팎 여러 문의 수위를 맡아보았습니다.

중앙군은 신분과 군역의무가 세습되는 전문 군인이었습니다. 이들에게는 군역의 대가로 '군인전'이라는 토지가 지급되었습니다. 또한, 공을 세우면 무신이 될 수 있는 중류층이었습니다. 그러나 차츰 토목 공사 등에 동원되거나 군인전을 받지 못하게 되자 몰락하거나 도망가는 사람이 많아졌습니다.

지방군

고려 시대의 지방 행정 구역은 5도 양계라고 하였지요. 지방군은 5도의 군현을 지킨 주현군과 양계를 지킨 주진군으로 나뉘었습니다. 도의 주현군 중 보승군과 정용군은 주현군의 핵심으로, 치안과 방위를 담당했으며, 일품군은 노동에 동원되어 일한 군대를 말합니다.

국경 지대인 양계를 지킨 주진군은 초군, 좌군, 우군으로 나누었는데, 모두 유사시를 대비한 군대였습니다. 주현군은 947년에 거란의 침입에 대비하기 위하여 조직한 농민 예비군인 광군에서 비롯되었는데, 군인전은 지급되지 않았습니다.

이외에 특수 군으로, 정종 때에 만들어진 광군, 숙종 때 윤관이 여진 정벌을 위해 조직한 기병 중심의 별무반, 고종 때 만들어진 삼별초, 농민들로 구성된 연호군 등이 있었습니다.

한편, 군호라는 것도 있었습니다. 군호는 군 복무자와 이들을 경제적으로 뒷받침하는 사람을 아울러서 말합니다. 군인과 양호로 구성하며, 군인 한 명에 양호 두 명을 배정하였지요. 양호는 양곡을 보내어 군인을 부양하였습니다. 군인이 부족하면 백정이나 천민, 또는 농민 중에서 젊고 힘센 자를 선군이라 하여 군대에 보냈습니다. 그러나 이것은 군인의 사회적 신분을 낮추는 원인이 되었습니다.

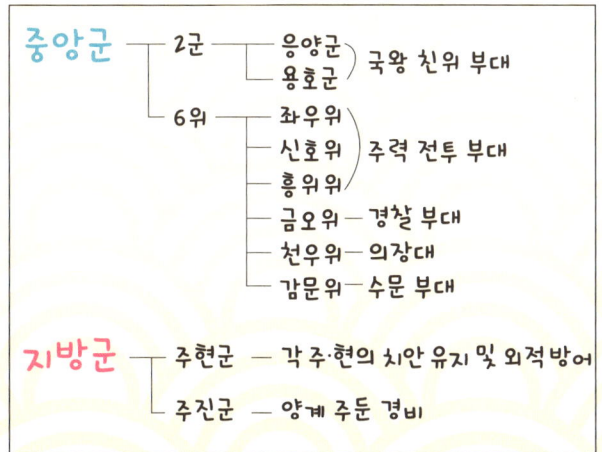

고려의 군사 조직

강민첨 장군 영정
강민첨 장군(963?~1021)은 강감찬 장군의 부하로 특히 거란족을 물리치는 데 큰 역할을 한 인물입니다.

Part 6

고려의 멸망과 조선의 건국

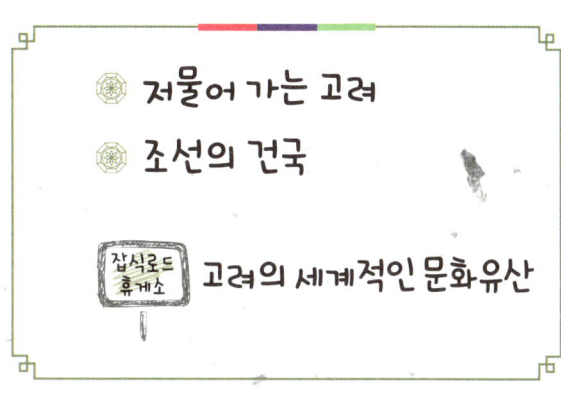

- 저물어 가는 고려
- 조선의 건국

잡사로드 휴게소 고려의 세계적인 문화유산

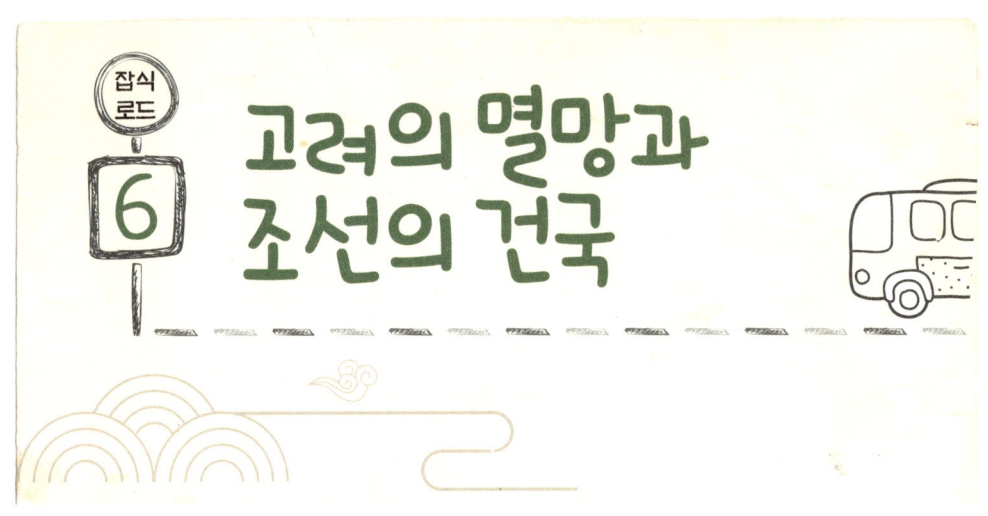

고려의 멸망과 조선의 건국

잡식로드 6

저물어가는 고려

고려 후기의 정세 변화

몽골과의 전쟁으로 고려는 시름시름 앓아 갔습니다. 몽골은 원나라를 세우면서 더욱 강성해졌고, 마치 고려는 속국처럼 원나라의 많은 간섭을 받았지요. 그렇게 원나라는 80여 년간 고려의 오만 가지를 간섭했습니다. 1900년대 초 일제 식민지 시대와 비견해도 맞먹는 몽골의 간접 지배는 고려를 늪에서 헤어나올 수 없게 했습니다. 예를 들어, 고려 국왕은 원나라의 공주와 결혼해야 했습니다. 그리고 둘 사이에 태어난 왕자는 원나라에 살면서 원의 교육을 받은 후에야 왕이 될 수 있었지요. 그러나 원나라는 고려의 정치는 간섭할 수 있었으나 저항 정신만은 잠재울 수 없었습니다. 고려 내에 원나라를 향한 반발이 날로 커져갔습니다.

그런데 영원할 것만 같았던 원나라의 강력한 세력도 점차 시들해져 갔

우리나라는 1910년, 일본에 의해 국권을 침탈당하면서 일본의 식민지가 되었지요.

습니다. 14세기 중엽부터 원나라 내부에서 권력을 소유하려는 다툼이 계속되었고, 북중국 일대에 큰 흉년도 국력을 약화하였지요. 원나라의 국력이 쇠락해가자 한민족의 반항도 거세졌고 홍건적도 기세등등해졌습니다. 그러면서 원나라는 걷잡을 수 없이 빠르게 몰락의 길로 접어들었습니다.

　홍건적의 우두머리인 '주원장'은 중국 남쪽에서 명나라를 세웠습니다. 그리고 원나라를 상대로 공격을 멈추지 않았습니다. 원나라에서 명나라로 세력이 넘어가는 이 시기에 고려에서는 원나라의 간섭에서 벗어나려는 움직임이 꿈틀댔습니다. 특히 당시 왕의 자리에 오른 공민왕(재위 1351~1374)이 이를 주도했습니다.

명나라의 문장

홍건적에서 명나라로

홍건적은 원나라 말기 한산동을 중심으로 뭉친 한족 백련교도의 농민 반란군입니다. 그 이름처럼 이들은 붉은색으로 염색한 수건을 머리에 두른 것이 특징입니다. 홍건적은 부패한 원나라 정권에 맞서 수차례 거센 봉기를 일으켰습니다.
주원장은 홍건적의 대장 중 한 명인 곽자흥의 밑에서 차츰 실력을 인정받으며 세력을 키워갔습니다. 그리고 곽자흥의 뒤를 이어 반군의 지도자가 되었으며, 난징을 중심으로 세력을 더욱 확장하였습니다. 그는 패권 싸움에 승리하며, 홍건적 세력을 통합하였습니다. 마침내 1366년에는 스스로 명왕(明王)이라 하며, 나라를 세웠습니다.

신진사대부의 등장

고려 후기에는 권문세족이 정치를 좌지우지했습니다. 이들은 문벌귀족과 무신 세력가들, 지방 출신으로 새롭게 등장한 관료, 원나라를 등에 업고 출세한 세력 등 다양한 세력들로 구성되었습니다.

권문세족은 백성들의 토지를 빼앗고 백성들을 마음대로 부렸으며, 그렇게 쌓은 부와 약해 빠진 중앙정부를 등에 업고 얻은 권력으로 갖은 악덕한 짓을 다 저질렀습니다. 그들로 인해 나라의 곳간은 텅 비어 갔고 백성들의 원성은 날로 늘어갔습니다.

신진사대부가 등장한 것은 무신이 고려를 쥐락펴락할 때였습니다. 무신들이 문신들을 밀어내고 살해하며 모든 권력을 손에 쥐었던 때 말입니다. 그러면서도 무신들은 자신들 권력의 한 기반으로서 문신들을 기용하기도 했지요. 이들 문신은 과거를 거쳐 중앙으로 진출할 수 있었지만, 대개 무신정권의 수하에 있었으므로 정권을 쥘 만큼 성장할 수는 없었습니다.

충선왕, 충목왕, 공민왕 등으로 이어지는 개혁 시도 때는 나라의 폐단인 권문세족과 대치하면서 세력을 키워갔습니다. 이들은 백성의 토지나 노동력을 착취하지 않고 자신의 토지를 직접 일구었으며, 덕분에 중국에서 새로운 농법을 들여와 농업기술 발달에도 큰 역할을 했습니다.

신진사대부는 원나라에서 들여온 성리학을 바탕으로 성장했습니다. 이 성리학이라는 것은 실천윤리를 중요시하는 사상으로, 내세를 중시하는 불교와 이론적으로 맞섰습니다. 그래서 더욱더 당시 불교를 기본 사상으로 한 권문세족과 명백한 대립으로 드러날 수밖에 없었지요. 이들 신진사대부는 사회적, 경제적, 사상적으로 완전한 개혁을 주장했습니다. 특히 정치, 토지 개혁만이 고려가 살길이라 하였습니다.

그러나 신진사대부의 개혁 노력은 권문세족들의 반발에 막혀 계속 실패했습니다. 너무 큰 권력을 쥔 이들의 탄압과 저지를 깨뜨리기엔 신진사대부의 힘이 아직은 약했습니다. 신진사대부는 무엇보다 힘을 키워야 함을 깨달았습니다. 개혁을 위해서는 권문세족을 꺾을 만한 강력한 힘이 필요하다는 것을 깨달은 것이지요. 바로 무인들만큼이나 강력한 실질적인 힘 말이지요.

권문세족	신진사대부
높은 관직의 중앙 집권층	낮은 관직의 지방 신흥 관료
보수적	개혁적
불교	성리학
친원파	친명파
대지주	중소 지주

공민왕의 개혁 정치

강력한 개혁 정신을 바탕으로, 왕위에 오른 공민왕(재위 1351~1374)은 무엇보다 원나라를 배격하는 정책을 중심으로 하였습니다. 그는 즉위하자마자 몽골식 변발을 풀어버리는 등 몽골식 풍속을 금하였습니다. 친원파 중에서도 대표 인물인 기황후의 오빠 기철 등을 제거하였고, 원나라가 고려 정치에 간섭하려고 세운 정동행성의 대표 기관, '이문소'를 폐지하였습니다. 그리고 쌍성총관부가 있는 요동 지방을 공격하여 원나라

> '이문소'는 원나라와 관련한 범죄를 다스리는 기구였습니다. 정동행성의 부속 기관 중 가장 강력한 기구였지요.

가 차지했던 땅을 되찾았습니다. 아울러 원나라의 제도를 흉내 낸 연호나 관제를 폐지하고 고려의 정통적인 제도를 되살렸습니다. 공민왕은 이처럼 적극적으로 고려에서 원나라의 흔적을 완전히 몰아내려고 노력했습니다.

공민왕은 동시에 고려의 폐단인 권문세족 세력도 꺾을 기회를 노렸습니다. 그리고 곧 권문세족의 중심 기구 중 하나인 '정방'을 폐지했습니다. 정방은 최씨 무신정권 때 최우가 국가의 관료를 직접 임명하는 인사권을 가진 기구였지요. 그것이 무신정권이 무너진 후에도 이어지고 있었던 것입니다. 공민왕은 원나라가 약화한 이 시점이 원나라에 기대어 세력을 성장했던 권문세족의 기를 꺾을 기회라고 생각했습니다. 그리고 차츰 개혁의 고삐를 더욱 당겼습니다.

> 원나라는 쿠빌라이 칸 사망 후 황제가 되려는 왕족 간의 큰 싸움이 잇따라 벌어졌고, 전국 각지에서는 농민들의 반란이 일어났습니다.

공민왕은 1364년, 본격적으로 '신돈'을 통해 개혁을 주도하도록 하였습니다. 신돈은 권문세족과 관련이 먼 인물이어서 그 일을 하는 데 적합했습니다. 그는 먼저 권문세족들이 빼앗은 토지와 노비를 본래의 주인에게 돌려주거나 해방시키려고 했습니다. 그리고 이때 마침 홍건적 출신 주원장이 원나라와의 전투에서 크게 승리하며, 명나라를 세웠습니다. 공민왕은 원나라를 견제하기 위해 명나라와 친선관계를 두텁게 했습니다. 공민왕의 개혁정치는 차츰 성공해 가는 것으로 보였습니다. 하지만 개혁은 그렇게 쉬운 일이 아니었습니다.

명나라 주원장 초상화

공민왕

공민왕 내외의 영정

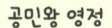
공민왕 영정

'염제신'의 초상화

천산대렵도(天山大獵圖)

이 초상화는 공민왕이 그린 그림으로 추정합니다. 공민왕은 고려의 대표 화가 중 한 명이라 일컬을 만큼 훌륭한 그림 솜씨를 지녔습니다. 이 초상화의 주인공인 '염제신'은 고려 후기의 문신으로, 주로 원나라에 파견되어 많은 업적을 세웠습니다.

새롭게 등장한 무인세력

고려 말에는 원나라가 무너지기 시작하며, 홍건적이 세력을 넓혀나갔습니다. 이들은 원나라에 반항하면서도 고려와 좋은 관계일 수 없었습니다. 고려에도 쳐들어와 온갖 곳을 들쑤셔 놓았지요. 홍건적은 1359년과 1360년, 두 번 고려를 침략해 노략질을 했습니다. 특히 1360년에는 고려가 입은 피해가 적지 않았습니다. 심지어 수도인 개경까지 빼앗겼다가 되찾았지요.

게다가 해안 지방에서는 왜구들이 쳐들어와 노략질을 해댔습니다. 이들의 침략으로 입은 피해도 적지 않았습니다. 개경까지 올라와서는 분탕질을 쳤습니다. 그러나 이러한 외세의 침략을 유능한 무장들이 막아냈습니다. 홍건적의 침략에서는 정세운·이방실 등의 무장이, 왜구의 침략에서는 최영·이성계 등의 무장이 활약했습니다.

특히 왜구의 침략을 막아낸 공을 세운 '이성계'는 신진사대부와 손을 잡으며, 세력의 기반을 다졌습니다. 이성계는 함경도 함흥 출신으로 중앙 진출로의 배경이 약했습니다. 그러나 홍건적과 왜구를 격퇴하면서 새롭게 이름을 날리며, 중앙에 진출할 수 있게 되었습니다. 이처럼 새롭게 세력을 갈고 닦은 무인 세력을 '신흥 무인 세력'이라 일컫습니다.

앞서 말한 것처럼 신진사대부는 강력한 실질적인 힘이 필요했습니다. 그때 등장한 이성계 등의 신흥 무인 세력은 그 조건에 부합한 세력이었지요. 중앙 진출의 꿈을 키워온 이성계에게는 신진사대부가 내민 손이

> 홍건적은 원나라군대에 패배하며 북벌이 좌절되면서 랴오둥(요동) 지역으로 후퇴하게 되었습니다. 이들은 세력의 기반을 다지고 물자를 확보하기 위해 고려를 침공한 것입니다.

달콤한 기회로 보였을 것입니다. 그들은 그렇게 손을 잡고 혁명의 단꿈을 마음속에 품었습니다.

황산대첩에서 이성계의 활약상

"'내가 투구의 꼭지를 쏠 테니, 투구가 떨어지거든 네가 곧 쏘아라.' 하고 드디어 말을 달려 나가며 쏘니 투구 꼭지를 맞추었다. 투구 끈이 끊어져서 기울어지자, 그자가 급히 바로 썼다. 태조가 곧 쏘아서 또 꼭지를 맞히니, 투구가 마침내 떨어졌다. 두란이 곧 쏘아서 죽이니, 그제야 적의 기운이 꺾였다. 태조가 앞장서서 쳐들어가니, 적의 정예부대가 거의 다 죽었다. 적의 통곡하는 소리가 마치 수만 마리의 소가 우는 것 같았으며, 말을 버리고 산으로 오르니, 여러 군사가 승승하여 달려 오르고 북 치고 고함치는 소리가 땅을 진동하였다. 사면으로 공격하여 드디어 크게 깨뜨리니, 냇물이 온통 붉어져 7일간이나 빛이 변하지 않아서, 사람들이 마시지 못하고 모두 그릇에 담아 오래 가라앉힌 뒤에야 마실 수 있었다."

-『태조실록』중에서

황산대첩비의 탁본

'황산대첩비'는 이성계가 왜구를 물리치며 황산대첩에서 승리한 것을 기념하려고 세운 승전비입니다. 전라북도 남원시에 세워졌으나 일제강점기 때 파괴되었습니다. 그 후 1977년, 복원하여 다시 세웠습니다.

공민왕의 개혁 실패

공민왕이 개혁을 이루기 위해서는 권문세족뿐만 아니라 원나라, 홍건적, 왜구 등의 침략에 맞서야 했습니다. 그러나 어느 것 하나 만만치 않았습니다. 게다가 왜구와의 전투에서 승리하며 공을 세운 무신 세력은 새로운 위협이 되었습니다.

공민왕은 큰 공을 여러 차례 세우며 실권을 장악하게 된 최영을 몰아내고 신돈을 내세워 개혁을 실현하도록 했습니다. 신돈은 처음에는 강한 개혁을 추진하였습니다. 하지만 지지세력을 모으지 못하며 실패하고 말았지요. 게다가 1371년, 반역을 꾸미다가 발각되어 유배된 후 공민왕에 의해 처형되었습니다. 공민왕의 개혁은 이러한 순간에 이르며, 실패의 늪으로 점차 빠져들게 되었습니다.

이처럼 체제를 유지하려는 구세력에 비해 공민왕은 개혁을 뒷받침할 새로운 정치 세력을 키우지 못했습니다. 공민왕은 좌절했습니다. 그리고 타락한 궁중 생활을 하며, 나라를 바로잡고자 하는 의지를 다시 펴지 않았습니다. 끝내는 공민왕마저 궁중 환관에 의해 살해되면서(1374) 개혁 정치는, 결국 완전히 중단되었습니다. 게다가 이 일을 계기로 명나라와의 관계도 틀어졌습니다. 명나라는 자신들을 배척하는 세력이 공민왕을 살해한 것으로 여겼기 때문이지요.

공민왕이 죽은 후 구세력은 새롭게 우왕을 왕의 자리에 올렸습니다. 그리고 다시 원나라와 돈독한 관계를 맺으려고 했습니다. 모든 것이 원

> 신돈은 어린 나이에 출가한 승려였습니다. 그의 행색은 누추했으나 백성에게 성인으로 추앙받았습니다. 공민왕은 그 소문을 듣고 그를 직접 만났으며, 곧 신돈의 달변에 빠져들었습니다. 공민왕은 그를 절대적으로 신임하게 되었고, 모든 권력을 그의 손에 쥐여 주었습니다.

점으로 돌아가게 된 것이지요. 그러나 공민왕이 개혁을 추진하면서 등용했던 새로운 세력, 즉 신진사대부 세력은 구세력, 즉 권문세족의 횡포와 잘못된 정치를 두고만 보지 않았습니다. 혁명의 불씨를 키우며, 새로운 세력으로 성장해 나갔습니다.

공민왕 사당
서울 마포구 창전동에 있는 공민왕을 기리는 사당입니다. 이성계는 이 사당을 탐탁지 않아 하여 그냥 신당이라 불렀는데, 후에 '공민왕 사당'이라는 이름을 되찾았습니다.

조선의 건국

이성계의 등장

공민왕의 개혁 실패 후 고려는 다시 구세력인 권문세족이 권력을 쥐었습니다. 그즈음 중국에서는 명나라가 원나라를 누르고 새로운 지배세력으로 등장하면서 고려를 압박해왔습니다. 공민왕의 죽음으로 명나라와의 관계는 원활하지 않게 흘러갔습니다. 호시탐탐 고려의 침략을 엿보곤 하였지요. 게다가 왜구의 노략질도 극심해지면서 외부에서의 공격을 막아내는 데 힘을 쏟아야 했습니다. 덕분에 무신 세력이 점차 성장해갔습니다. 외세의 침략을 훌륭하게 막아낸 장군들은 영웅으로 칭송되었지요.

그중에서 이성계는 특출한 군사적 재능을 지닌 무장 중 하나였습니다. 이성계의 아버지는 공민왕이 쌍성총관부를 공격할 때까지 원나라의 관직을 맡고 있었습니다. 그러다 **쌍성총관부 공격**에 성공하면서 고려의 관직을 받게 되었지요. 그의 아들도 아버지를 이어받아 공민왕 때부터 눈에 띄는 재능을 펼쳤습니다. 그는 1360년 홍건적이 침입해 수도인 개경을 빼앗겼을 때도 되찾는 데 큰 공을 세웠습니다. 원나라, 여진족이 침략해올 때마다 계속해서 전투에 참여하여 승리를 거두면서 고려의 영웅이 되었습니다.

> 쌍성총관부는 1258년 원나라가 고려를 침략하고는 철령 이북 지역을 다스리기 위해 세운 기구입니다. 그 밖에 원나라가 고려에 세운 기구로는 동녕부, 탐라총관부가 있습니다.

그는 공민왕이 죽은 후 왜구가 쳐들어온 '황산대첩'에서도 최영 장군과 함께 왜구를 물리쳤습니다. 그런데 이성계의 등장과 활약은 이처럼 화려

했으나 당시에는 정치적인 한계가 있었습니다. 영웅 대접을 받았으나 권력은 아직 그의 손에 있지 않았습니다.

이성계의 군사 쿠데타

명나라의 압박은 점차 강해졌습니다. 고려는 명과의 관계를 좋게 바꾸려고 했으나 소용없었습니다. 명은 마침내 무리한 요구를 해왔습니다. 철령 이북의 영토를 차지하겠다는 것이었습니다. 이곳은 본래 고려의 땅이었습니다. 원나라가 빼앗아갔었고 공민왕 때 되찾은 곳이지요. 그런데 강제로 고려의 땅을 빼앗겠다고 하니 그냥 받아들일 수는 없었지요. 최영을 중심으로 요동 정벌 계획을 세우면서 이성계도 이에 합류하게 되었습니다.

> 공민왕 사후 우왕(재위 1374~1388)은 10세의 어린 나이에 왕위에 올랐습니다. 그는 7세가 되어서야 궁궐에 들어올 수 있었는데, 그 이유로 출생에 관해 끊임없이 의심을 받았습니다.

이성계는 처음부터 요동 정벌에 반대했습니다. 그가 내세운 이유는 네 가지였는데, 이를 흔히 '4불가론'이라고 부릅니다.

"첫째, 작은 나라로서 큰 나라를 치는 것은 옳지 않다. 둘째, 여름철 농번기에 군사를 모집하는 것은 옳지 않다. 셋째, 원정하는 사이 남쪽에서 왜구가 침범할 것이니 옳지 않다. 넷째, 무더우면서 비가 많이 오는 장마철이므로 활의 아교가 녹아 무기로 쓸 수 없으며, 질병이 잦아 병사들의 사기가 떨어질 것이니 옳지 않다."

그러나 우왕은 그의 주장을 받아들이지 않았습니다.

최영은 유명한 문벌 출신으로 외적을 격퇴하면서 권력을 키워갔습니다. 게다가 우왕의 장인으로서 당시 최고 권력자라고 할 수 있었지요. 최영도 이성계의 주장을 거부했습니다. 어쩔 수 없이 이성계는 군사를 이끌고 원정길을 나설 수밖에 없었습니다. 이성계와 원정군은 압록강 하류의 위화도에 다다르자 진을 치고 더 나아가지 않았습니다. 고민 끝에 이성계는 다시 한번 불가론을 주장했습니다. 그러나 또 묵살되었습니다.

이성계는 자신의 주장이 받아들여지지 않은 데에 화가 났습니다. 함께 출정한 조민수를 설득하였고 마침내 이성계는 군대를 개경으로 돌렸습니다(1388). 그때 개경에는 그들을 막을 군사가 거의 없었습니다. 너무나 쉽게 이성계는 개경을 손에 넣었습니다. 그리고 우왕과 최영을 유배 보내고 정권을 장악했습니다. 그는 정부를 개편하였으며, 명과 친선정책을 추구하였습니다. 그러자 명나라는 철령 이북을 빼앗겠다는 계획을 철회하였습니다.

이성계의 초상화
태조 이성계의 이 초상화는 전라북도 전주 경기전에 보관되어 있습니다.

반대 세력의 제거

이성계의 뜻에 함께한 신진사대부 세력은 온건파와 혁명파로 분열하였습니다. 온건파는 고려 왕조를 유지하며 개혁하자는 세력이었고, 혁명파는 아예 완전히 새로운 왕조를 수립하자는 세력이었습니다. 그런데 구세력에 가까운 온건파의 세력이 혁명파보다 강했습니다. 이성계도 그들을 완전히 무시할 수 없었지요. 그들의 주장에 따라 우왕의 아들인 창왕을 왕위에 올렸습니다(1388).

그런데 이들 온건파 세력은 유배되었던 우왕과 함께 이성계를 암살하려고 계획했습니다. 물론 이성계가 이를 알아채지 못할 리 없었지요. 오히려 이 사건은 이성계와 그를 따르는 세력에게 좋은 기회가 되었습니다. 반대 세력과 우왕, 그것뿐만 아니라 아들인 창왕까지 처단의 칼을 휘둘렀습니다.

> 이성계와 정도전은 창왕이 가짜 왕이라고 주장하였습니다. 우왕 또한 공민왕의 아들이 아니라 신돈의 아들이라며, 그들의 정통성을 부정하였습니다. 결국, 창왕은 약 1년 반 만에 왕좌에서 쫓겨났습니다. 그리고 우왕과 창왕은 같은 해 다른 지역에서 참수되었습니다.

이성계는 자신이 의도한 대로 정권을 손에 쥐었습니다. 그리고 이번엔 허수아비 임금으로, 공양왕을 왕위에 올렸습니다(1389). 반대파에 대한 숙청도 본격화되었습니다. 함께 위화도에서 군대를 돌렸던 조민수마저 유배 보냈고 개혁에 반대하거나 적극적이지 않은 이들은 누구도 곁에 두지 않았습니다. 이렇게 이성계와 혁명파 사대부는 정치 권력을 완전히 장악하게 되었습니다.

혁명파 사대부는 구세력을 맹렬히 공격하기 시작했습니다. 특히 그들이 목표로 두었던 것은 토지제도였습니다. 여전히 권문세족들은 경제적인 기반을 탄탄히 가지고 있었던 반면, 고려의 재정은 마비될 지경에 이른 상황이었습니다. 혁명세력 중 토지개혁에 앞장선 인물은 '조준'이었습니다. 그는 불교 배척에 앞장선 '정도전'과 함께 개혁의 선봉에 선 인물이 되었습니다.

정도전 사당
경기도 평택에 있는 이곳은 정도전의 뜻을 기리는 사당입니다.

신진사대부의 토지 개혁은 강력하게 진행되었습니다. 우선 그들은 종래의 토지문서를 거리에 모아놓고 전부 불태워버렸습니다. 그리고 권문세족이 가지고 있던 토지를 전부 국가의 것으로 하고, 1391년 '과전법'이라는 토지제도를 통해 새롭게 토지를 분배하였습니다. 과전법의 목적은 고려 시대 때 문제가 많았던 토지제도를 개혁하여 백성의 고통을 줄여주고 새로운 왕조의 경제적인 기반을 다지는 데 있었습니다.

『삼봉집』과 목판
『삼봉집』은 조선을 건국하는 데 가장 큰 공을 세운 인물인 '삼봉 정도전'의 시문과 글이 담겨 있는 책입니다. 정도전 사당에 『삼봉집』 목판이 보관되어 있습니다.

이렇게 구세력의 경제력마저 무력화하자 신세력, 개혁파 신진사대부는 완전히 권력을 손에 쥘 수 있게 되었습니다. 경제력을 잃은 권문세족은 이제 완전히 백기를 들고 혁명세력이 일으키는 바람에 무너질 듯했습니다. 그러나 혁명을 반대하는 세력은 죽을 각오로 마지막 반격의 칼을 휘둘렀습니다. 온건파 사대부인 정몽주를 중심으로 고려왕조를 지키려는 반대세력이 결집했지요. 물론 그 힘은 너무나 약했으며, 너무나 무모했습니다. 결국, 정몽주가 선죽교에서 죽임을 당하며, 반대세력은 이성계의 새 왕조 건설을 지켜볼 수밖에 없게 되었습니다.

선죽교
선죽교는 정몽주가 살해당한 곳으로 잘 알려졌습니다. 정몽주는 그날 이성계를 문병 갔다가 돌아올 때 이성계의 아들인 이방원이 보낸 자객에 의해 죽었습니다.

과전법

권력을 손에 쥔 이성계와 개혁파 사대부들은 과전법을 통해 토지제도를 개혁하고자 하였습니다. 무엇보다 많은 토지를 차지한 권문세족의 경제적인 기반을 약화하려는 것이 목적이었지요. 과전법은 농사를 짓는 농민에게 일종의 세금을 걷을 수 있는 권리, 즉 수조권을 가졌더라도 농민이 경작하는 토지를 빼앗지는 못하도록 하는 제도입니다. 그리하여 농민의 경작권을 보호하려고 하였지요. 농민은 토지를 소유할 수는 없었으나, 이처럼 마음 놓고 농사를 지을 수 있는 권리는 보장받았습니다.

새로운 왕조의 탄생

이성계는 마침내 새 왕조를 건설하고 왕위를 물려받는 방식으로 왕이 되었습니다(1392). 475년간의 고려 시대는 이렇게 역사 속으로 사라지고 새로운 시대가 찾아왔습니다. 34대로 이어져 오던 고려 왕조는 무너지고 이제 1대 태조로부터 새로운 출발을 시작하게 되었습니다.

처음에는 새 왕조도 고려 왕조의 체제를 그대로 유지하였습니다. 급격히 체제를 개편하면, 민심이 혼란하리라 판단한 것이지요. 그러나 이성계는 곧 새롭게 출발할 것을 서둘렀습니다. 새 왕조의 분위기를 새롭게 하고 권위를 높이기 위해 새로운 국호와 수도를 정하기로 한 것입니다.

대신들과 의논하여 새 왕조의 이름을 '조선'이라 지었습니다. '조선'은 고조선으로부터 시작한 한반도 역사의 맥을 잇는다는 의미를 지녔지요. 그리고 새로 정한 이름을 명나라에 승인받았습니다(1393). 이처럼 조선의 이성계는 새 왕조의 당위성을 인정받고 권위를 보장받기 위해서 명나라와 가까운 관계를 유지하려고 했습니다.

수도는 '한양'으로 옮겼습니다(1394). 한양은 수도로서 많은 이점을 가진 곳이었습니다. 한양은 한반도의 가운데에 있어서 전국을 통치하기에 좋고, 한강이 아래에 흐르고 있어 물을 이용한 교통에도 유리했습니다. 또, 주변을 높은 산이 감싸고 있어 적을 막아내는 데 효율적이었지요.

조선의 건국이 과연 역사적인 정당성에 부합한지에 관한 의견이 많습니다. 무력을 이용한 정권찬탈로 세운 나라라는 것을 부정하는 이는 없

> 이성계는 명나라에 나라 이름을 선택해달라고 하면서 조선 외에 '화령'이라는 이름을 적어 보냈습니다. 화령은 이성계의 고향과 같은 이름이자 원나라의 수도와도 발음이 비슷했습니다. 당연히 명나라는 조선으로 결정하여 통보했습니다.

을 것입니다. 우리 현대 역사에서 군사력을 이용한 독재 시대는 그야말로 냉혹한 세월이었습니다. 그러한 이유로 조선의 건국을 대하는 의견도 차갑지 않을 수 없습니다.

다만 현대 독재 시대와 다른 점이 있습니다. 고려 후기, 권력을 쥔 세력의 욕심에 고통받던 민의는 혁명을 원했습니다. 그 혁명의 형태가 민의에 맞았는지는 알 수 없으나, 조선은 구세력의 폐단을 꺾으며 시작되었다는 데에는 중요한 의미를 둘 수 있습니다.

조선은 불교를 배척하고 성리학을 중시하는 사회로 자리 잡아 갔습니다. 성리학은 덕치주의를 내세웠고 인간의 심성을 중시하는 정치를 펼치는 데 바탕이 되었지요. 조선은 양반 관료제 사회가 되면서 인간의 능력을 중시하는 사회로 접어들었습니다. 여성과 신분의 평등도 사회가 차츰 받아들이는 계기가 되었지요. 그렇기 때문에 조선 건국의 수단이 무력이었음을 부정할 수는 없지만, 시대의 개혁 요구에 어느 정도 부합한 출발이었음도 부정할 수 없습니다.

> 덕치주의(德治主義)란 도덕성을 근본으로 하여 정치를 펼치고자 하는 사상을 말합니다. 이것은 유교의 이상적인 정치라 할 수 있습니다.

경복궁 근정전

경복궁 근정전 현판

경복궁 근정전 천장의 쌍용

경복궁 근정전

'경복궁'은 태조 4년, 조선이 한양으로 도읍을 정한 후 세운 왕조 제일의 궁궐입니다. '근정전'은 국가의 주요한 일을 치르는 경복궁의 중심 건물이었습니다.

고려의 세계적인 문화유산

『고려대장경』

대장경이란 불교 경전 가운데 가장 중요한 세 요소인 경(經)·율(律)·론(論)을 모아놓은 것입니다. '경'이란 부처의 말씀을 기록한 것이고 '율'은 승려들이 지켜야 할 계율을, 그리고 '론'은 학덕이 높은 승려가 경전에 주석을 단 것을 말합니다.

고려는 불교에 바탕을 두고 각 호족과 사병 집단이 느슨하게 연합한 구조로 유지되고 있었습니다. 그런 가운데, 몽골에서 시작된 북방의 유목 부족 국가 간의 통일 전쟁으로, 외세의 침입을 받게 되었지요. 고려 왕실은 부처를 향한 믿음으로 똘똘 뭉쳐 나라의 안전을 꾀하려 하였습니다.

『고려대장경』은 두 번에 걸쳐 간행되었습니다. 제1차로 『초조대장경』과 『속대장경』을, 제2차로 『팔만대장경』을 간행하였습니다. 대장경의 제작은 고려의 재정을 위기에 몰아넣을 정도로 국가적인 대사업이었으므로 국민들의 부담이 막심하였습니다. 그러나 인쇄술의 발달과 출판 기술의 발전을 이룩하는 데 기여했다는 큰 공도 있습니다.

현재까지 남아 그 가치를 드높이고 있는 『팔만대장경』은 국보 제32호로 지정되었고 2007년 유네스코 세계기록유산으로 선정되었습니다.

『팔만대장경』
판수 8만여 개에 8만 4천 번뇌를 의미하는 8만 4천 법문을 실어 『팔만대장경』이라고 부릅니다. 이 『팔만대장경』은 해인사에 있는 『고려대장경』 경판으로 찍은 것입니다.

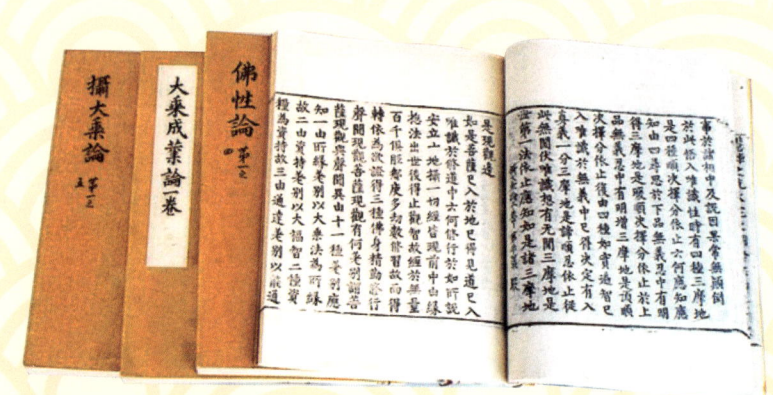

고려청자

한국의 도자기는 고려 건국 초인 10세기에 비로소 자리가 잡혔습니다. 푸른빛, 흰빛, 회색빛 등 여러 종류가 있지만, 그중에서도 청자는 무늬와 빛깔이 아름답고 예술적 가치가 높아 세계적으로 유명합니다. 고려 시대 귀족들의 기호에 맞아 많이 만들어졌기 때문에 오늘날까지도 많이 전해지고 있습니다.

초기의 청자는 매우 소박한 데서 출발하였으나 점차 기술이 숙련됨에 따라 예종·인종 때에 이르러서는 이른바 순청자 시대를 이룹니다. 이때 고려청자의 참모습이라 할 수 있는 상감청자가 생겨났는데 이는 순전히 고려인의 창의력에 의한 것입니다.

청자의 종류는 대체로 순청자, 상감청자, 화청자의 세 가지로 나뉩니다. '순청자'는 다른 재료로 장식하지 않은 청자를 가리키며 '상감청자'는 그릇이 마르기 전에 무늬를 새기고 백토나 흑토로 메워 초벌구이한 다음, 유약을 바르고 구운 것을 말합니다. 그리고 여러 그림을 그려 넣은 것을 '화청자'라고 합니다. 고려가 날로 쇠망해가면서 청자 또한 쇠퇴하였는데, 이는 조선 시대의 '분청사기'로 이어졌습니다.

고려청자 찻잔, 그릇과 청자 베개

아름다운 무늬로 장식된 이 청자 잔과 베개 등 고려청자 유물들은 고려 시대의 훌륭한 청자 문화를 그대로 보여줍니다.

Part 7
조선 초기의 정치와 문화 발달

- 조선초기의 혼란
- 우리 민족 문화를 꽃피운 세종대왕
- 조선초기의 정치 체제 정비
- 훈구파와 사림파, 그리고 사화
- 붕당정치

 유교의 기본 덕목, 삼강오륜

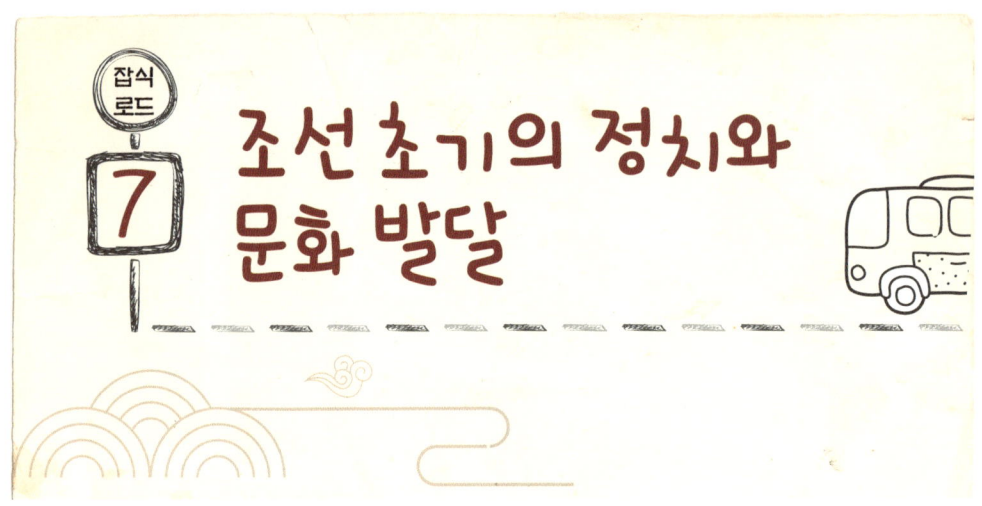

7 조선 초기의 정치와 문화 발달

조선 초기의 혼란

조선 초기의 정세

새로운 왕조의 왕이 된 이성계는 나라를 안정화하는 데 중점을 두었습니다. 국호도 그대로 '고려'라 하였고 국가의 제도도 고려의 것을 잇는다고 선언하였지요. 그는 급격히 변화를 꾀하려 할 때 발생할 혼란을 우려했습니다.

1394년, 이성계는 마침내 큰 변화를 시도했습니다. 국호를 '조선'이라 정하였고 그 후 같은 해 10월에는 수도를 개성에서 '한양'으로 옮겼습니다. 그리고 명나라에 새로운 나라를 인정받기 위해 친명정책을 세웠습니다. 또한, 불교는 억제하고 유교를 정치, 교육의 근본으로 삼았습니다. 새 나라를 세우면서도 안정적으로 진행이 되도록 큰 노력을 기울였지요.

이처럼 유교를 숭상하고 불교를 억제하는 것을 숭유억불(崇儒抑佛)정책이라고 합니다.

새로운 나라를 세우기는 쉽지 않은 일입니다. 그 나라를 안정적으로 발전하도록 기틀을 마련하기도 쉽지 않지요. 앞서 알아본 고려뿐만 아니라 역사 속의 수많은 국가가 튼튼한 기틀을 마련하려고 얼마나 많은, 그리고 치열한 권력 투쟁과 살육을 이겨냈는지 우리는 앞서 살펴보았으므로 이미 알고 있습니다. 조선 역시 피할 수 없는 역사의 흐름에 빠져들게 됩니다. 출발은 생기발랄했으나 태조의 시대가 저물어가며, 권력을 이어서 손에 쥐려는 이들의 피 튀기는 싸움이 벌어집니다.

구리 태조 건원릉 신도비
신도비란 왕이나 관료의 업적을 기록하며 기리는 비석을 말합니다. 이 비석은 태종 9년에 세운 것으로, 조선의 문을 연 태조 이성계의 건국 과정과 생애, 업적 등을 기리기 위해 세운 것입니다.

태조의 건원릉

제1차 왕자의 난

태조에게는 여덟 명의 왕자가 있었습니다. 신의왕후 한 씨와의 사이에 여섯 왕자, 계비 신덕왕후 강 씨와의 사이에 두 왕자가 있었지요. 태조는 나이가 들어 자신의 후계자를 정해야 할 때가 왔습니다. 세자(왕위를 이을 왕자)를 정하고 그의 뒤를 이어 조선을 이끌 인물을 정해야 했습니다. 태조는 신덕왕후와의 사이에서 낳은 '이방번'을 세자로 삼으려고 했습니다. 그러나 나라를 세우는 데 큰 역할을 한 공신들이 반대하여 마음대로 정할 수 없었습니다. 대신 '정도전' 세력의 뜻을 따라서 여덟 형제 중 막내인 '이방석'을 세자로 정하게 되었습니다.

그러잖아도 개국에 가장 큰 역할을 했는데 공적에 맞는 충분한 보상을 받지 못하여 불만이 컸던 다섯 번째 왕자, '이방원'은 차츰 권력에서 밀려나면서 더욱 난처한 지경에 이르렀습니다. 물론 다른 신의왕후 왕자들의 불만도 작지 않았지요. 정도전은 군사권을 손에 쥐고 권력 구조 자체를 바꾸려고 했습니다. 사병을 없애는 등 왕실의 권한을 약화하려는 그 변화로, 이방원은 큰 위기를 느끼지 않을 수 없었습니다.

이방원은 정도전 세력을 내치려고 마음먹고 자신을 따르는 인물들을 총동원하여 정도전 일당을 습격하였습니다. 결국, 이방원은 자신과 대립 관계였던 세력을 대부분 제거하였습니다. 세자 이방석은 귀양 보내는 도중에 죽였으며, 왕비 강 씨의 아들인 이방번도 살려두지 않았습니다. 첫 번째 왕자의 난(1398)은 이렇게 끝이 났습니다.

이방원은 세자의 자리에 오를 수도 있었으나 여론과 정치적인 입장에 따라 '방과'에게 그 자리를 양보하였습니다. 태조 이성계는 아끼던 아들과 공신을 모두 잃어 큰 상심에 빠졌습니다. 자식 간의 피 튀기는 혼란을 그저 지켜볼 수밖에 없었던 그 상황에 큰 상처를 받았지요. 마침내 1398년 9월, 세자인 방과(정종, 재위 1398~1400)에게 왕위를 물려주고 자신은 권력의 끝자락에서 완전히 내려오고 말았습니다.

> 이방과는 이성계와 신의왕후 한 씨 사이에서 낳은 둘째아들입니다. 그는 용맹하여 태조 이성계와 함께 고려 시대 때 왜구를 격퇴한 공적을 세웠습니다.

도담삼봉
충청북도 단양에 있는 이곳은 제1차 왕자의 난 때 죽임을 당한 정도전이 젊을 때부터 사랑했던 장소입니다. 이곳에는 정도전 탄생의 설화가 전해 내려오는데, 정도전의 호인 '삼봉'도 이곳을 따서 정한 것으로 알려졌습니다.

제2차 왕자의 난

정종이 왕위에 오르면서, 이방원과 그 추종자들은 공신의 자리에 올랐습니다. 왕은 정종이었으나 실질적인 권력은 이방원이 부렸지요. 이방원은 중앙 집권 체제를 강화하려고 제도 개혁을 추진하면서 자신의 권력 기반도 강화하였습니다.

한편, 정종은 왕비와의 사이에 아들이 없었습니다. 후궁과의 사이에서 낳은 서자들만 있었습니다. 그런 이유로 후계자를 세우는 데 문제가 발생하게 되었습니다. 왕의 동생들인 방간과 방원은 또다시 세자 자리에 욕심을 부렸습니다. 그들은 세자 자리를 차지하려고 싸움을 벌였습니다. 그때가 1400년 1월이었지요. 이 싸움도 수적으로 우세한 이방원의 승리로 끝났습니다. 제2차 왕자의 난이라 일컫는 이 왕위계승을 둘러싼 사건도 피로 얼룩지며 마무리되었습니다.

이방원은 그야말로 더욱 기세등등해졌습니다. 이제 반대 세력은 완전히 사라졌다고 해도 과언이 아니었지요. 그의 정치적 세력은 더욱더 확장, 강화되었습니다. 그리고 정종으로부터 물려받는 방식이라고 하지만, 사실상 강제로 왕위를 빼앗아 조선의 3대 왕인 태종(재위 1400~1418)이 되었습니다.

태종은 왕위에 오른 후 왕권을 강화하기 위해 과감히 정책을 밀어붙였습니다. 먼저, 고려 때부터 이어온 권력 구조를 뒤집었고, 왕자나 공신이 병사를 개별적으로 부릴 권한을 빼앗아 중앙이 군사권을 쥐도록 하였습

태종 무덤 앞 문무석

니다. 강력한 왕권을 휘두르며, 국가 기반을 다지는 데에도 노력을 기울였습니다.

그는 고려 때부터 중요한 권력 기관이었던 도평의사사를 '의정부'로 고쳤습니다. 그러면서 의정부의 기능은 약화하고 '육조'에서 직접 모든 정무를 왕에게 고하도록 하여 왕권을 강화하였습니다. 그는 '신문고'를 설치하였으며, '호패법'도 실시하였습니다. 호패법은 조선의 인구를 파악할 수 있도록 하여서 조세를 효율적으로 걷을 수 있는 바탕이 되었습니다. 그 외에도 토지제도, 조세제도를 정비하고 과거제도를 개혁하는 등 국가를 안정시키고 왕권을 강화하는 데 다양한 노력을 기울였습니다.

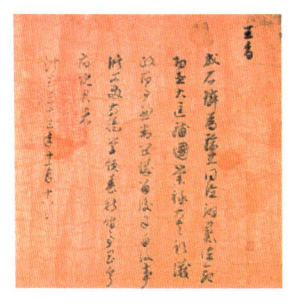
태종이 직접 적은 글

<하여가(何如歌)>와 <단심가(丹心歌)>

이성계가 낙마하여 병에 걸리자 정몽주 등은 정권을 빼앗을 계획을 세웠습니다. 이성계는 이방원으로 하여금 정몽주를 설득하라고 당부했습니다. 그때 이방원과 정몽주는 <하여가>와 <단심가>라는 시조를 주고받으며, 자신들의 의사를 나누었습니다.

<하여가>
此亦何如彼亦何如 / 이런들 어떠하리 저런들 어떠하리
城隍堂後垣頹落亦何如 / 만수산 드렁칡이 얽혀진들 어떠하리
我輩若此爲不死亦何如 / 우리도 이같이 얽혀 백 년까지 누리리라

우리 민족 문화를 꽃피운 세종대왕

세종의 왕위 계승

조선은 그야말로 우리 민족문화의 기틀을 확립하였다는 데에 가장 큰 공이 있는 시대였다고 할 수 있습니다. 현재 이어져 온 전통은 대개 조선 시대에 자리 잡았다고 할 수 있지요. 특히 조선 시대에 가장 큰 업적을 남긴 인물로, 우리는 '세종대왕'을 들고는 합니다. 그만큼 세종대왕이 우리에게 물려준 보물은 작지도, 적지도 않습니다.

어떻게 보면, 세종대왕의 탄생은 우리 민족의 큰 복이라고 할 수 있습니다. 세종대왕은 위대한 업적을 남긴 그 인물이 아닌, 다른 인물로 탄생했을 수도 있었답니다. 그랬을 때 우리의 역사는 어떻게 바뀌었을지 상상도 할 수 없습니다.

양녕대군은 생전에 글씨를 참 잘 썼습니다. 아직 정확히 밝혀지지 않았지만, 국보 1호인 숭례문(남대문)의 현판 글씨도 양녕대군이 썼다는 일설이 있습니다.

숭례문 현판

태종은 처음에 왕위를 이을 인물로 '양녕대군'을 정했습니다. 세종대왕이 될 '충녕대군'은 원경왕후 사이에서 태어난 셋째 아들이었지요. 그런데 양녕대군은 태종이 기대한 자세와 태도, 능력에 한참 모자랐습니다. 공부도 게을리하고 노는 것만 좋아했지요. 세자가 지녀야 할 품위라고는 눈곱만큼도 찾아볼 수 없었습니다.

태종은 근엄하게 양녕대군이 태도를 바꾸도록 타일렀으나, 그는 끝내 왕으로서의 자세를 갖추지 못했습니다. 태종은 계획을 뒤집었습니다. 양녕대군을 세자의 자리에서 몰아내고 동생인 충녕대군을 세자로 삼았습니다. 그리고 불과 두 달 후 태종은 충녕대군을 왕위에 올렸습니다.

충녕은 어려서부터 책 읽는 것을 좋아했습니다. 얼마나 책을 많이 읽었던지 태종이 그의 건강을 걱정하여 아예 책을 곁에 두지 못하도록 하였습니다. 그런데 병풍 사이에 숨겨 놓은 『구소수간』이라는 책을 무려 천백 번이나 읽었다고 전해집니다. 그만큼 세종의 독서 사랑은 상상 이상이었답니다.

양녕대군의 비뚤어진 행동에 대해서는 여러 이야기가 있습니다. 자신보다 아우 충녕에 더 애정을 가졌던 태종의 뜻을 알고 일부러 그렇게 했다는 견해도 있습니다. 그리고 보면, '절대적 권력의 왕이나 힘없는 평민이나 다 마음에 상처받는 것은 똑같았구나.' 하고 생각이 듭니다.

조선의 네 번째 임금이 된 세종(재위 1418~1450)은 태종을 상왕으로 모시며, 왕으로서의 기반을 차근히 쌓아갔습니다. 태종은 상왕으로서 세종이 왕권을 안정적으로 확립할 수 있도록 간도 쓸개도 다 내어줄 만큼 아낌없이 지원해주었습니다. 세종은 아버지가 일궈놓은 강력한 왕권과 안정된 통치체제를 바탕으로 커다란 업적을 우리 역사에 아로새겨 나아갔습니다.

세종 영릉 신도비
조선 제4대 임금, 세종대왕의 생애와 업적을 기리기 위해 문종 2년(1452)에 세운 비석입니다.

문화와 과학의 발달

태종이 죽고 세종은 태종이 다져놓은 기반을 바탕으로 자신만의 정치를 펼칠 수 있었습니다. 세종은 먼저 '집현전'을 설치하여 젊고 유능한 유학자들이 중국 고전이나 제도 등을 연구하도록 하였습니다. 집현전은 고려 때 만들어진 기관이었으나 세종 대에 들어와서 제 역할을 찾을 수 있게 되었지요. 세종 2년(1420), 집현전은 새 단장을 하게 되었습니다. 그리고 집현전에서 연구한 성과는 곧 조선의 제도에 영향을 주었습니다.

세종은 무엇보다 민족의 자주성을 드높이고자 노력했습니다. 『농사직설』(1429)을 짓도록 하여 우리만의 농사법을 마련하도록 하였으며, 『향약집성방』(1433)을 편찬하도록 하여 우리에게 맞는 질병 치료법을 정리하도록 하였습니다. 측우기, 혼천의, 앙부일영(해시계), 자격루(물시계) 등 특히 농사에 이로운 과학 기구들도 세종 대에 다수 발명되었습니다. 세종은 천문학, 역학 등 다방면으로 우리 과학 기술 발달에도 큰 관심을 두었습니다. 이 시대의 위대한 과학자로는 '장영실'을 들 수 있습니다.

이제, 세종대왕의 가장 위대한 업적으로 일컫는 한글 창제에 관하여 이야기하겠습니다. 얼마 전까지 우리는 한글 창제에 집현전 학자들이 참여한 것으로 배워 왔습니다. 그런데 최근에는 세종대왕이 혼자 이 위대한 업적을 이루어냈다는 의견이 정설로 받아들여지고 있습니다. 그도 그럴 것이 당시 집현전 등의 유학자들은 한글 창제를 반대했다고 전해집니다. 당시에는 한자 이외의 문명권을 오랑캐라고 여겼기 때문이며, 중국 명나라의 간섭도 신경 쓰였기 때문입니다. 세종은 이러한 이유로 한글 창제

측우기
측우기는 빗물을 받아 강우량을 재는 기구로, 세종 때 처음 만들었으나 현재 남아 있는 것은 헌종 때 만들어진 것이 유일합니다.

자격루
자격루는 물시계로, 세종 때 처음 만들어졌습니다. 그러나 현재는 중종 때 만들어진 것의 일부만 남아 있습니다.

작업을 직접 몰래 했다고도 합니다.『세종실록』1443년 12월 30일에 '이달에 임금이 친히 언문 28자를 만들었다'라고 기록되어 있습니다. 이 문장은 그 의미 그대로인 것입니다.

세종은 1446년, 세종 28년에 '훈민정음(訓民正音)'을 반포하였고 이를 널리 쓰도록 하려고『용비어천가』와『월인천강지곡』등을 편찬하였습니다. 또『동국정운』을 편찬하여 우리나라 한자음에 새로운 체계를 세우기도 하였지요. 이 외에도 다양한 한글로 된 책을 편찬하였습니다. 그러면서 새로운 금속활자를 만들어내어 인쇄술의 발달도 꾀하였습니다.

『훈민정음』서문에는 이처럼 적혀 있습니다.

"사람마다 쉽게 배워서 일상생활에 편하게 하고자 할 따름이니라."

세종대왕이 이루고자 한 그 큰 뜻을 이 한 문장으로 잘 알 수 있습니다.

『훈민정음』
이 책은 글자 이름인 '훈민정음'과 같은『훈민정음』이라는 책입니다. 이 책에는 세종대왕이 만든 훈민정음에 관한 해설이 담겨 있습니다.

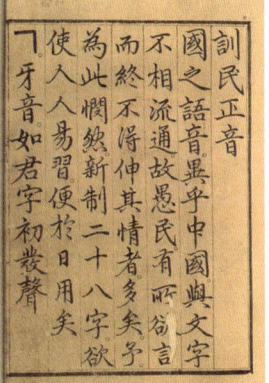

『훈민정음』, 세종대왕의 서문

『월인천강지곡』
『월인천강지곡』은 수양대군의 어머니 소헌왕후 심 씨의 명복을 빌기 위해 세종이 지은 찬불가입니다. 한글 창제 이후 가장 처음 짓고 활자로 간행한 책입니다.

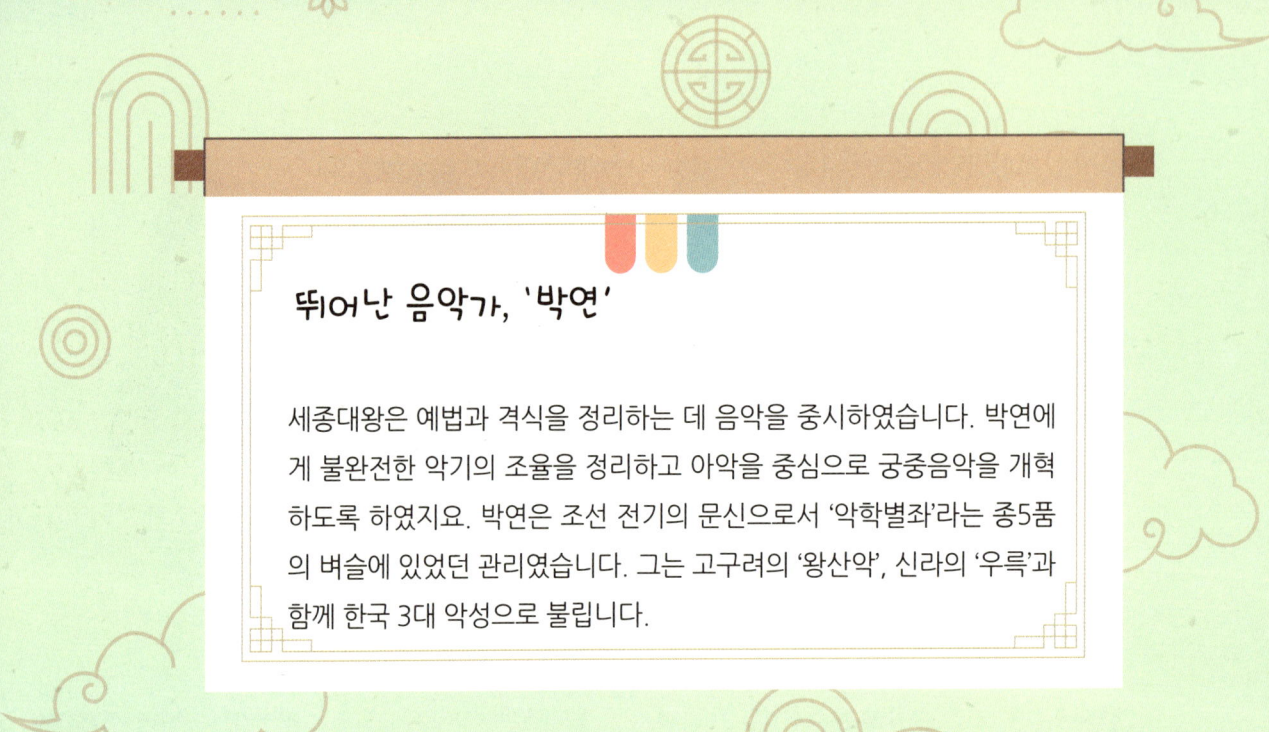

뛰어난 음악가, '박연'

세종대왕은 예법과 격식을 정리하는 데 음악을 중시하였습니다. 박연에게 불완전한 악기의 조율을 정리하고 아악을 중심으로 궁중음악을 개혁하도록 하였지요. 박연은 조선 전기의 문신으로서 '악학별좌'라는 종5품의 벼슬에 있었던 관리였습니다. 그는 고구려의 '왕산악', 신라의 '우륵'과 함께 한국 3대 악성으로 불립니다.

우리 민족 영토의 확립

세종대왕은 앞서 알아본 것처럼 우리 민족문화와 과학 기술 발전에 큰 업적을 세웠습니다. 그런데 그의 업적은 그것뿐만이 아닙니다. 대외적으로 우리 국토의 개척과 영토 확장에도 큰 업적을 남겼습니다.

먼저, 고려 말 이후 노략질을 일삼는 등 큰 골칫거리였던 여진족 세력을 꺾고 평안도에 4군을, 함경도에 6진을 설치하였습니다. 압록강 안쪽의 여진족을 몰아내는 데에는 최윤덕 장군이 활약하였습니다. 두만강 유역을 장악했던 여진족은 김종서 장군의 활약으로 쫓아낼 수 있었지요. 그리고 이 지역에 조선의 백성들이 옮겨가 살게 하였습니다. 이렇게 우리 민족의 국토가 완성되었으며, 압록강과 두만강에 이르는 경계 또한 확립되었습니다.

세종은 우리 바다를 넘어와 약탈을 일삼았던 왜구도 완전히 퇴치했습니다. 우선 태종이 상왕으로 있을 때 이종무를 사령관으로 삼아 왜구의 소굴인 쓰시마 섬(대마도)을 정벌하였습니다(1419). 이후 세종은 회유 정책도 적절히 펼쳤지요. 항구 세 군데를 개항하며 무역을 허락하면서 왜구의 무분별한 약탈 문제를 해결하였습니다.

이처럼 세종대왕의 업적은 문화와 과학에만 국한된 것이 아닙니다. 외세의 침략을 저지하고 영토를 확립하면서 우리 민족의 기틀을 더욱 단단히 하였습니다. 그러면서 국민의 생활도 훨씬 안정화되었고, 이를 바탕으로 민족문화는 활짝 꽃을 피울 수 있었던 것입니다. 그가 꽃 피운 민족문화는 이후에도 계승되면서 계속해서 발전해 나아갔습니다.

<북관유적도첩-야연사준도>
〈야연사준도(夜宴射樽圖)〉는 김종서 장군이 4군 6진을 개척하는 모습을 담은 그림입니다.

전분6등법과 연분9등법

조선 초기의 조세제도인 과전법은 토지의 비옥한 정도가 반영되지 않는 등의 문제가 있었습니다. 그것을 고치기 위해 집현전 학자들의 연구와 지방관, 농민 등의 여론을 참조하여 만든 조세제도가 전분6등법, 연분9등법입니다.

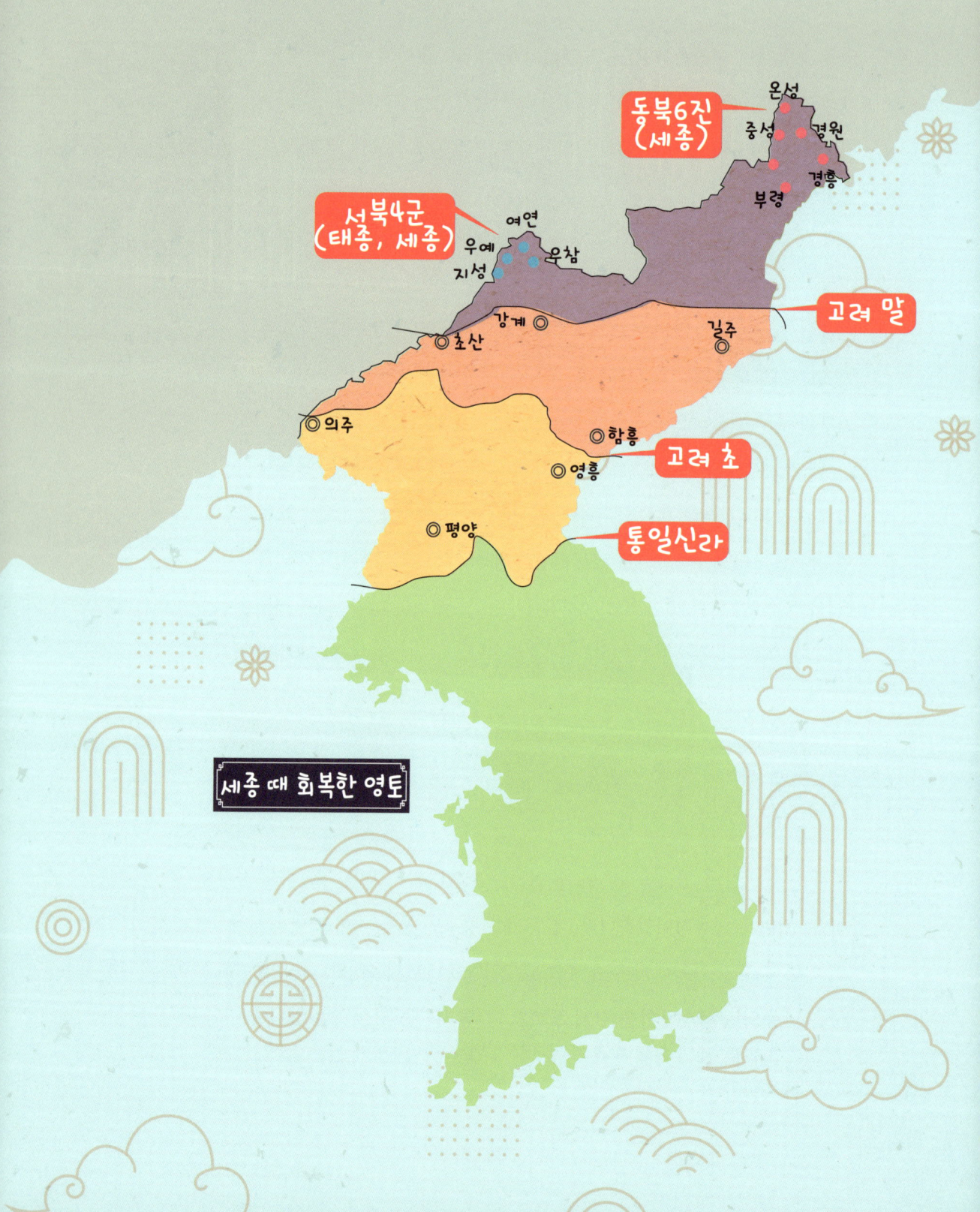

조선 초기의 정치 체제 정비

　세종은 평소 건강이 좋지 않았습니다. 글을 읽는 것은 좋아하지만, 운동은 좋아하지 않았고 게다가 고기만 즐겨 먹다 보니 각종 성인병에 걸렸다고 합니다. 또, 쉬지 않고 일을 하다 보니 피로까지 쌓여서 차츰 건강은 악화하였답니다. 세종 24년에는 건강이 최악의 상황으로 치달아 세자인 문종에게 정사를 넘기고 자신은 한글 창제에만 열중했다고도 합니다. 그렇게, 결국 그는 54세의 나이에 온갖 병에 시달리다가 저세상으로 떠나게 되었습니다.

　세종이 죽은 뒤 그를 이어 문종(재위 1450~1452)이 왕위에 올랐습니다. 그러나 그는 아버지를 닮아 몸이 약했습니다. 재위한 지 불과 3년 만에 저세상으로 갔습니다. 그 덕분에 단종(재위 1452~1455)은 고작 12세에 왕의 자리에 올라야 했습니다. 문종은 죽기 전에 김종서 장군과 영의정 황보인에게 단종을 잘 보살펴 달라고 당부하였습니다. 그러나 이들은 성심껏 보필하면서도 단종을 앞에 세우고 뒤에서 정권을 장악하였습니다.

　단종의 숙부인 '수양대군'은 김종서 등이 실권을 장악하자 위기를 느끼고 무인들을 끌어들여 세력을 이루었습니다. 그의 뒤에는 날카로운 전략가 '한명회'가 있었습니다. 그리고 곧 수양대군은 정변을 일으켰습니다. 정변은 성공적이었습니다. 김종서와 황보인 등을 죽이고 단종의 또 다른 숙부인 안평대군은 유배 보냈습니다(1453, 계유정난). 수양대군은 단종으로부터 왕위를 강제로 빼앗아, 물려받는 방식으로 왕위에

사육신 묘지공원
서울 노량진에 있는 이 공원은 단종의 복위를 꾀하다가 처형된 '사육신'인 성삼문, 박팽년, 하위지, 이개, 유성원, 유응부 등을 추모하는 곳입니다.

사육신묘 사당

사육신묘 신도비

올라 세조(재위 1455~1468)가 되었습니다.

세조가 왕위에 오르자 반발하는 이들이 뜻을 뭉쳤습니다. 집현전 학자와 무신으로 구성된 여섯 명의 신하(사육신)가 단종의 복위를 꾀하였지요. 그러나 이러한 계획은 곧 발각되었고 그들은 처형되었습니다. 이 사건을 빌미로 단종마저 비참하게 죽임을 당했습니다.

세조의 이러한 왕권 찬탈의 과정은 많은 비난을 받았으나, 그는 조선 왕조의 기반을 튼튼하게 다지는 데 큰 업적을 남겼습니다. 군사제도와 토지제도를 고쳤고, 특히 『경국대전』 편찬을 시작하면서 조선 체제의 근간을 세우고자 하였습니다(1457). 『경국대전』은 나라를 다스리는 데 기본이 되는 법전으로, 우리나라 법치주의 실현의 첫발이라고 할 만큼 위대한 유산 중 하나입니다.

『경국대전』은 세조 13년에 편찬이 끝났으나 수정과 보완을 반복했습니다. 결국, 세조는 반포를 보지 못하고 죽었습니다. 세조의 뒤를 이어 예종(재위 1468~1469)이 왕위에 올랐는데, 그도 반포하려고 했으나 갑자기 사망하며 시행하지 못했습니다. 그의 뒤를 이어 성종(재위 1469~1494)이 재위하면서 여러 차례 수정을 거쳐 마침내 완성되고 반포되었습니다(1485).

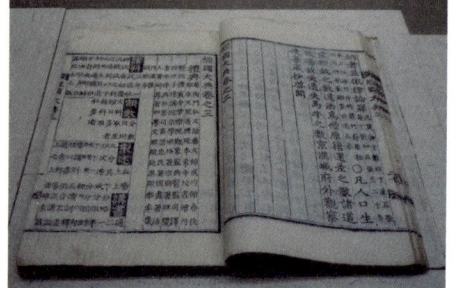

『경국대전』
조선 왕조의 근본을 이루는 법전인 『경국대전(經國大典)』은 현재 국립중앙박물관에 소장되어 있습니다.

훈구파와 사림파, 그리고 사화

사림파 세력의 등장

세조는 조카인 단종을 죽이고 왕에 오른 인물입니다. 물려받는 방식으로 왕이 되었으나 사실상 강제로 왕의 자리를 빼앗은 것이지요. 이는 성리학의 의리나 명분의 가치를 어기는 일이라서 세조에 반발하는 이가 많았습니다. 세조는 자신의 즉위에 반대하는 인물들을 사정없이 해치웠습니다. 그러면서 세조를 따르고 왕의 자리에 오르는 데 도움을 준 공신들이 정치의 실질적인 권한을 손에 쥐었습니다. 이들을 우리는 '훈구파'라고 부릅니다.

고려 말 위화도 회군을 통해 쿠데타를 일으킨 이성계에게 반기를 든 세력은 지방에 내려가 성리학 공부에 열중했습니다. 그러면서 차츰 지방 지주 세력으로 기반을 다져갔습니다. 그러다가 15세기 말, 이들에게도 기회가 왔습니다. 지나치게 성장한 훈구파 세력을 견제하기 위해 당시 왕이었던 성종(재위 1469~1494)은 지방을 중심으로 한 이들 세력의 성장을 도왔습니다. 이들은 훈구파와 맞서는 관계를 형성하며 중앙 정치 무대에 등장하게 되었습니다. 바로 이 세력을 '사림파'라고 부릅니다.

성종대왕 태실비

성종은 직접 정사를 맡으면서 정치를 안정화할 필요를 느꼈습니다. 왕권을 강화하려면, 우선 당시 집권 세력인 훈구파를 견제해야 했지요. 성종은 사림파를 대거 등용했습니다. 특히 길재의 학통을 이어받은 김

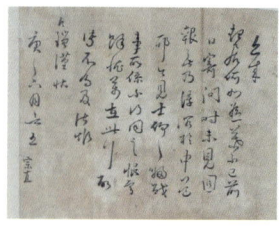

김종직이 쓴 편지

종직 일파를 중앙에 들였지요. 김종직은 '언관직', 요즘으로 말하면 방송통신위원장직을 맡았습니다. 언론을 통해 왕과 고급 관리의 잘잘못을 따지는 기구의 장이었으며, 기존 정치세력인 훈구세력의 비리와 문제점을 비판하곤 했습니다. 훈구파를 견제하려는 목적이 분명했지요.

사림파의 등장은 훈구파 세력에 적지 않은 위협이 되었습니다. 훈구파는 이 새로운 세력의 성장을 저지할 필요가 있었습니다. 그러나 이들 사림파는 성종의 지지와 동조를 받았기 때문에 쉽지 않은 일이었습니다.

추원재

이곳은 성리학적인 정치 질서를 확립한 김종직이 평생을 보낸 집터입니다.

훈구파와 사림파의 충돌

성종이 죽은 후 '연산군'(재위 1494~1506)이 왕위에 올랐습니다. 그런데 연산군은 사림을 싫어했습니다. 주로 언관직에 진출한 사림파들이 거리낄 것 없이 왕의 행적을 비판하곤 했기 때문입니다.

이때를 기다렸다는 듯 훈구파는 사림파를 먼저 공격했습니다. 사림파는 공개적으로 세조의 행적을 비판할 기회를 엿보고 있었습니다. 어느 정도 세력을 이루었다고 여긴 사림파는 그 계획을 시도했습니다. 그리고 김종직이 단종을 위해 지은 「조의제문」을 그의 제자인 김일손이 사초에 실었습니다. 그러나 때가 좋지 않았습니다. 연산군이 사림파를 못마땅해하고 있는 데다가 훈구파는 '한 번만 걸려봐라.' 하며 이를 갈고 있던 때였으니까요.

원래 사초는 비공개를 원칙으로 했습니다. 그런데 어찌 된 일인지 「조의제문」이 사초에 실린 것을 훈구파가 알아버렸습니다. 그리고 연산군에게까지 이 사실이 알려졌답니다. 「조의제문」은 세조의 정통성을 부인하는 내용이 담겨 있습니다. 그러니 훈구파가 이 글을 문제 삼는 것은 당연한 일이었지요. 특히 이극돈, 유자광 등이 강하게 사림파를 몰아붙였습니다.

훈구파와 사림파의 첫 번째 싸움은 무오사화(1498)로 번졌습니다. 여기서 '사화'란 조선 시대 사림파가 훈구파에게 탄압을 받았던 사건을 말합니다. 무오사화로 인해 김일손을 비롯한 수십 명의 사림파가 처형되

> 사초란, 조선 시대 사관들이 역사적 사실을 매일 그때그때 기록해둔 최초의 자료를 말합니다. 춘추관에 속한 사관의 기록을 말하며, 왕이나 왕족을 포함해 시정의 옳고 그른 일 모두 가리지 않고 기록해 두었습니다.

> 이처럼 죽은 시신을 무덤에서 꺼내 다시 죽이는 것을 '부관참시(剖棺斬屍)'라고 합니다.

거나 유배 보내졌으며, 이미 죽은 김종직은 무덤이 파헤쳐지고 시신은 꺼내어져 참수당했습니다. 이렇게 김종직을 중심으로 형성된 영남 사림파 세력이 몰락하게 되었습니다.

몇 년 후 다시 일어난 사화는 첫 번째 사화보다 훨씬 더 많은 피를 뿌렸습니다. 사실 사림파만을 대상으로 한 것은 아니었으나 역사는 사화로 기록하고 있습니다. 연산군의 어머니인 폐비 윤 씨는 왕비의 자리에서 쫓겨나 사약을 먹고 죽임을 당했습니다. 그 이유로, 폐비 윤 씨가 질투가 심하였기 때문이라고 전해집니다. 일반적으로는 성종의 얼굴에 손톱자국을 낸 것이 가장 큰 원인이라고 알려졌습니다. 이 사실을, 어머니 폐비 윤 씨의 처참한 죽음을 연산군이 우연히 알게 되었습니다.

> 연산군은 폐비 윤 씨를 왕비로 그 칭호를 주어, '제헌왕후(齊獻王后)'라 하였습니다.

연산군은 어머니의 원한을 갚기 위해 그녀의 죽음에 관여한 누구든 가리지 않고 제거했습니다. 그 속에는 훈구파, 사림파 차별이 없었습니다. 그리고 성종의 후궁인 귀인 정 씨와 귀인 엄 씨, 계모 자순대비와 할머니 인수대비에게까지도 어머니가 죽은 책임을 물었지요. 이 두 번째 사건을 갑자사화(1504)라고 합니다. 이로 인해 성종 때 중앙에 진출한 사림파들은 대부분 몰락했고 훈구파도 큰 피해를 보았습니다.

자신의 마음에 들지 않는 세력은 누구든 제거한 연산군은 이전에 없었던 절대적인 권력을 휘둘렀습니다. 그 권력으로 나라를 이롭게 바꾼 것이 아니라 사치와 향락에 빠져 마음껏 즐겼습니다. 또한, 자신을 비방하는 한글 문서가 발견되었다고 하여 한글 사용을 금지하기도 했습니다. 정치, 문화 어느 것 하나 말할 것 없이 연산군의 폭정에 시들해져 갔습니다. 조선은 쇠락하고 민생은 어두운 수렁에 빠져 갔습니다.

연산군의 횡포는 점점 더 심해졌습니다. 매일 주색과 오락에 빠져 살았고 조금이라도 자신의 마음에 들지 않는 사람은 모조리 죽였습니다. 그러나 폭정과 독재의 끝에는 항상 처참한 죽음이 기다리고 있을 뿐입니다. 연산군의 이 같은 폭정에 견디지 못한 '박원종'은 마음이 맞는 이들을 모아 반정을 계획했습니다. 그리하여 박원종, 성희안 등은 군대를 동원해 창덕궁에 쳐들어가 연산군을 사로잡았고 그를 따르는 일당을 잡아서 목을 베었습니다. 그 후 19세의 어린 '진성대군'을 왕위에 앉혔습니다. 그가 바로 중종(재위 1506~1544)입니다. 반란군에 사로잡힌 연산군은 강화도에 유배되었고 얼마 후 사망했습니다.

조선 시대에 쿠데타로 왕을 바꾼 이 최초의 사건을 '중종반정'(1506)이라 합니다. 이후 반정에 가담한 사람들은 모두 공신의 지위를 얻었으며, 중앙 정치의 핵심 인물이 되었습니다. 이들 반정 세력은 처음에는 어지럽혀진 조선을 바로잡는 데 중요한 역할을 했습니다. 그러나 차츰 권력을 이용해 부당한 일을 저지르는 등 갑작스레 손에 들어온 권력을 남용하기도 했습니다.

연산군의 묘
서울시 도봉구에 있는 이곳은 왕위에서 쫓겨난 후 강화도 교동에 유배되었다가 31세에 죽은 연산군의 묘입니다.

조광조의 개혁정치

　중종반정으로 중종을 왕위에 앉힌 반정 공신들의 횡포는 날이 갈수록 심해졌습니다. 백성들의 눈물은 마를 날이 없었고 사림파의 불만은 점점 커졌습니다. 중종은 사림파의 불만을 잠재우기 위해 젊은 사림파 인재들을 특별히 등용했습니다. 그중에 '조광조'도 있었습니다. 조광조는 학문으로 추앙받던 사림파의 중심인물로, 중종의 신임을 받았습니다.

　조광조도 갑자사화 때 스승인 김굉필이 연산군의 어머니 윤 씨의 폐위에 찬성했다고 하여 유배 보내졌습니다. 연산군의 피바람에 단지 제자라는 이유로 피해를 봐야 했지요. 그는 유배를 가서도 학업에 전념하며 기회를 기다렸습니다.

조광조의 영정

　곧 기회는 찾아왔습니다. 관직에 오르게 되었고, 그 후로 승승장구하였으며 중종의 신임도 얻게 되었습니다. 그는 유교를 정치의 근본으로 삼아야 하고 '왕도정치'를 실현해야 한다고 했습니다. 왕이 솔선수범하고 바른 마음가짐을 가져야 함을 강조했습니다. 올바르게 뜻을 높이 세우고 현실에 맞지 않는 법은 바꿔야 한다고 주장했습니다.

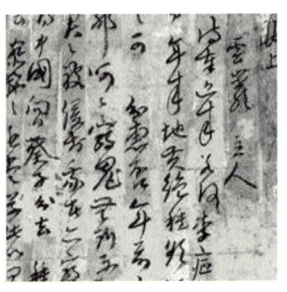

조광조의 친필 편지

　조광조의 개혁정치는 백성의 환영을 받았으나 급진적인 것이어서 권력을 쥔 훈구파 세력의 반발을 샀습니다. 특히 부당하게 공신에 책봉된 사람이 있다며, 일부 공신 책봉을 취소해야 한다고 주장하면서 더욱더 훈구파 공신들의 반발은 극에 달았습니다. 조광조를 신임했던 중종도 점차 지나치게 자신을 압박하는 상황에 직면하자 짜증이 밀려왔습니다. 훈구세력은 이때다 싶었습니다. 남곤 등은 조광조 일파가 반역을 꿈꾸고 있다고 누명을 씌워 잡아 들이도록 했습니다. 중종은 훈구파 세력의 계략에 속아 조광조를 멀리 귀양 보냈습니다. 이 사건을 '기묘사화'(1519)라고 합니다.

조광조는 능주(전라남도 화순군)로 귀양을 갔다가 사약을 받아 죽었고 그를 따랐던 인물들은 사형당하거나 자결했으며, 일부는 유배되거나 관직을 잃었습니다. 이렇게 다시 사림파 세력은 큰 피해를 보았습니다.

조광조 적려유허비

동죽서원
이 서원은 조광조와 조광조의 제자 최희정을 기리는 서원으로, 전라북도 정읍시에 있습니다.

끊임없는 사림파의 수난

기묘사화 이후 훈구파 공신 세력이 주요한 관직을 차지하고 다시 권력을 손에 쥐게 되었습니다. 중종은 이제 훈구파 세력을 견제해야 했습니다. 사화 이후 약 10년이 지났는데 다시 사림파들을 등용할 수밖에 없었지요. 중종이 사망한 후 인종(재위 1544~1545)이 왕위에 올랐으나 불과 8개월 만에 죽었습니다. 그리고 그 뒤를 이어 명종(재위 1545~1567)이 왕의 자리에 오르면서 또다시 피 튀기는 권력 쟁탈 싸움이 벌어졌습니다.

명종은 어린 나이에 왕위에 올랐습니다. 그러자 어머니인 '문정왕후'가 정치에 온갖 참견을 다 하였습니다. 문정왕후의 동생 윤원형은 권력을 잡을 때는 이때다 싶어 정순붕, 이기 등을 끌어들여 일을 꾸몄습니다. 당시 주요 관직에 있던 윤임 등의 신하들을 죄다 반역죄로 몰아 죽이거나 귀양 보냈습니다. 이를 '을사사화'(1545)라고 합니다.

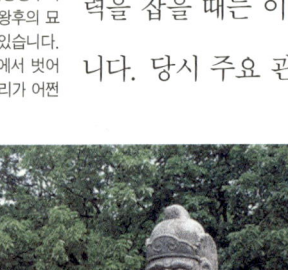

태릉, 강릉의 석인과 석수
태릉은 명종의 어머니 문정왕후의 무덤입니다. 명종과 인순왕후의 묘인 강릉은 태릉 근처에 있습니다. 죽어서도 어머니의 그늘에서 벗어나지 못하는 아들과 며느리가 어쩐지 불쌍하게 느껴집니다.

이 사건은 외척 간의 권력 다툼에서 빚어진 것이었습니다. 인종의 외척이었던 윤임 세력과 명종의 외척이었던 윤원형 세력의 갈등에서 윤원형 세력이 윤임 세력을 몰아낸 사건이었지요. 그러면서 양편에 연관된 사림파들이, 결국 피해를 봤습니다.

을사사화 이후 윤원형 일파는 문정왕후가 죽기 전까지 마음껏 권력을 누렸습니다. 사림파는 지방으로 내려가 학문을 열심히 닦으면서 기회가 다시 오기를 기다렸습니다. 잠시 기세가 꺾이기는 했으나 곧 사림파의 정계 진출은 더욱 활발해지게 됩니다. 사림들은 향촌 사회에 서원을 짓는 등 학문적 기반을 마련하고 향촌의 자치 규약인 '향약'을 발전시키면서 영향력을 확대해 나아간 것입니다.

문정왕후의 어보(도장)

붕당정치

사림파의 분열

문정왕후 사망 후 명종의 뒤를 이어 선조(재위 1567~1608)가 즉위하였습니다. 윤원형은 권력을 빼앗겨 귀양 보내졌고 훈구파의 세력도 크게 약해졌습니다. 선조는 다시 사림파를 등용하기 시작했습니다. 그러면서 사림파가 완전히 정치를 주도하게 되었습니다. 갖은 보복과 짓밟힘에도 불구하고 사림파는 들불처럼 일어났습니다. 그리고 무오사화 이후 70여 년간 지속되었던 훈구파와 사림파의 대립은 완전히 사라지게 되었습니다.

> '붕당(朋黨)'은 '친구', 또는 '무리를 이루다'라는 의미가 있는 한자 朋과 역시 '무리를 이루다'라는 의미가 있는 한자 黨으로 구성된 말입니다. 여기서 朋은 이해관계를 함께한 무리를 이르기도 합니다.

그러나 정치권의 평화는 오래 가지 않았습니다. 이젠 정권을 주도하게 된 사림파의 내부에서 갈등과 분열이 일어났습니다. 정치적인 입장이나 의견을 같이하는 이들이 힘을 모으고 서로 대립하며, 정권을 차지하기 위해 다툼을 벌였습니다. 이처럼 '붕당'은 학문적, 정치적 입장을 같이하는 이들이 뭉친 것을 말합니다.

이러한 당쟁이 처음 발생한 것은 선조 때 '이조전랑'이라는 자리를 두고 심의겸과 김효원이 다툼을 벌인 것에서부터입니다(1575). 전랑이라는 자리는 문관을 등용하는 권한을 가진 중요한 자리였지요. 이때부터 조정의 관료들은 서인과 동인으로 나뉘었습니다. 심의겸은 서울의 서쪽에 살아서 '서인'이라 하였으며, 김효원은 동쪽에 살아서 '동인'이라 하였답니다. 동인은 16세기 중엽 사림파 중에서도 신진 세력이었으며, 훈구파를 척결하는 데 강한 태도를 보였습니다. 서인은 처음에 세력이 크지 않았으나 이이가 합류하면서 세력을 단단히 하였습니다. 이후 당대 유생들, 지식인들까지 지지하는 어느 한쪽에 합세하면서 서인과 동인의 대립은 더욱 깊어졌습니다.

선조대왕어필병풍
선조는 생전에 여러 사람에게 글을 써 하사하였다고 합니다. 이 병풍의 글도 선조가 직접 쓴 글입니다.

계속되는 분열, 또 분열

선조가 왕에 오른 초기에는 동인 세력이 더 강했습니다. 그래도 어느 정도 서로 견제하며, 경쟁 관계가 유지되었지요. 그러나 '정여립 모반사건'(1589)으로 세력의 균형은 완전히 기울었습니다.

이이의 제자였던 정여립은 동인 출신으로, 당시 왜구를 소탕하면서 세력을 확장하였습니다. 이에 위협을 느낀 세력이 정여립의 역모를 임금에게 고발하였습니다. 정여립은 쫓기다 자결하였고 서인인 정철 등이 이를 수습하였습니다. 이때 역모에 관여하였다고 하여 수많은 동인이 처형되었습니다.

정여립 모반사건이 일어난 이후 이제 서인이 정권을 장악했습니다. 이 사건을 처리한 정철은 높은 관직에 오르게 되었지요. 그러나 이후 그는 정여립의 난을 조작했다는 의혹을 받으며 동인들의 공격을 받았습니다. 게다가 신성군을 이미 마음속에 세자로 정해둔 선조에게 광해군을 세자로 책봉하자고 주장하였다가 왕의 노여움을 샀습니다. 곧 그는 파면된 후 귀양 보내졌습니다.

정철 처벌 문제로 또 양반 간에 시끌벅적해졌습니다. 동인은 더 강하게 처벌해야 한다는 강경파와 그 외의 온건파로 갈라섰습니다. 강경파는 북인, 온건파는 남인이라 하여 다시 다툼이 일어났지요. 아무래도 동인 중 정여립 사건 때

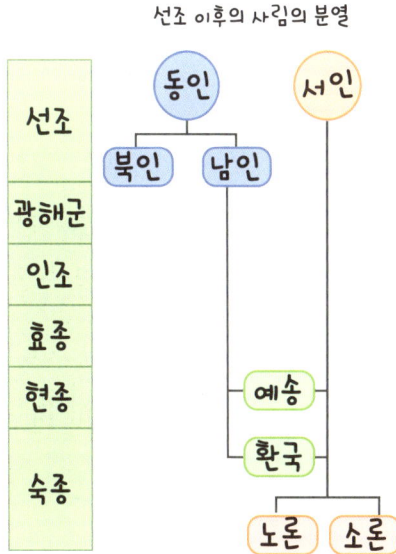

선조 이후의 사림의 분열

피해가 컸던 세력이 강경파(북인)가 되었고 비교적 피해가 적었던 세력이 온건파(남인)가 되었습니다. 처음에는 동인 중 북인이 우세하였으며, 그러한 가운데 조선 시대의 가장 큰 전쟁인 임진왜란의 폭풍 속으로 들어가게 되었습니다.

송강 정철

송강 정철의 신도비
정철의 업적을 기리는 이 신도비는 충청북도 진천군에 있습니다.

정철의 영정

정철의 송강가사

정철의 송강문집

정철의 「관동별곡」

정철은 가사 문학의 대가로도 불리며, 「관동별곡」 뿐만 아니라 「성산별곡」, 「사미인곡」, 「속미인곡」, 「훈민가」 등 조선 시대를 대표하는 가사, 한시 등을 다수 남겼습니다. 문집으로는 『송강집』, 『송강가사』, 『송강별추록유사』 등이 있습니다.

> 江강湖호애 病병이 깁퍼 竹듁林님의 누엇더니,
> 關관東동 八팔百빅 里니에 方방面면을 맛디시니,
> 어와 聖셩恩은이야 가디록 罔망極극ᄒ다.
> 延연秋츄門문 드리ᄃᆞ라 慶경會회南남門문 ᄇᆞ라보며,
> 下하直직고 믈너나니 玉옥節졀이 알픠 셧다.
> 平평丘구驛역 ᄆᆞᆯ을 ᄀᆞ라 黑흑水슈로 도라드니,
> 蟾셤江강은 어듸메오, 雉티岳악이 여긔로다.
> ...

해석:
자연을 사랑하는 마음이 깊은 병이 되어 창평에서 한가로이 지내고 있었는데, (임금께서) 관동 800리의 방면(강원도 관찰사)을 맡기시니, 아! 임금님의 은혜가 갈수록 끝이 없다. 연추문으로 달려 들어가 경회루 남문을 바라보며, (임금님께) 인사하고 물러나니 옥절이 앞에 섰다. 평구역에서 말을 갈아 (타고) 흑수로 돌아드니, 섬강은 어디인가. 여기가 치악산이로다.
...

- 「관동별곡」 중에서

유교의 기본 덕목, 삼강오륜

'삼강오륜'은 유교의 기본이 되는 세 가지 강령과 다섯 가지 도리를 뜻합니다. 조선 초기에는 민심을 안정시키려고 중국의 공자와 맹자의 충효를 근본으로 하는 삼강오륜 사상을 적극적으로 장려했습니다.

세종대왕은 집현전 설순에게 명하여 '삼강'에 맞는 충신, 효자, 열녀를 각 110명씩 뽑아 그들의 행적을 칭송하며, 『삼강행실도』라는 책에 담았습니다. 온 백성이 삼강에 따라 올바르게 살아가기를 바랐던 세종의 마음을 잘 알 수 있지요.

'오륜'은 공자의 사상을 이으며 발전시킨 맹자의 저서, 『맹자』에 처음 등장합니다. 조선 시대에는 「오륜가」가 『악장가사』에 실려 있는 것이 전해지며, 각종 서적에 오륜의 덕목이 수록된 것을 발견할 수 있습니다. 그만큼 조선 시대 기본 윤리로서 널리 받아들여졌음을 알 수 있지요.

인종과 선조 때 절정에 달한 유교 성리학파의 교육사상은 조선 시대의 주류를 이루게 되었습니다.

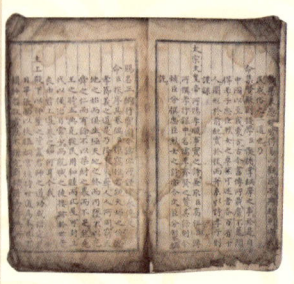

『삼강행실효자도』 표지, 본문
『삼강행실도』는 『삼강행실효자도』, 『삼강행실충신도』, 『삼강행실열녀도』의 3부로 구성되어 있습니다. 『삼강행실효자도』는 효심이 깊은 이들의 행적을 담아 칭송한 책입니다.

삼강오륜(三綱五倫)

삼강(三綱)

1. 군위신강(君爲臣綱): 신하는 임금을 섬기는 것이 근본이다.
2. 부위자강(父爲子綱): 자식은 아버지를 섬기는 것이 근본이다.
3. 부위부강(夫爲婦綱): 아내는 남편을 섬기는 것이 근본이다.

오륜(五倫)

1. 父子有親(부자유친): 어버이와 자식 사이에는 친함이 있어야 한다.
2. 君臣有義(군신유의): 임금과 신하 사이에는 의로움이 있어야 한다.
3. 夫婦有別(부부유별): 부부 사이에는 구별이 있어야 한다.
4. 長幼有序(장유유서): 어른과 아이 사이에는 차례와 질서가 있어야 한다.
5. 朋友有信(붕우유신): 친구 사이에는 믿음이 있어야 한다.

「오륜가」

사람 사람마다 이 말씀 들으려무나
이 말씀 아니면 사람이라도 사람 아니니
이 말씀 잊지 말고 배우고야 말 것이니라
〈1수〉

아버님 날 낳으시고 어머님 날 기르시니
부모님 아니시면 내 몸이 없었으리라
이 덕을 갚으려 하니 하늘 끝이 없으리로다
〈2수〉

종과 주인을 어느 누가 만드셨나
벌과 개미가 이 뜻을 먼저 아나니
한 마음에 두 뜻 없이 속이지나 맙시다
〈3수〉

지아비 밭 갈러 간 데 밥 광주리 이고 가서
밥상을 들되 눈썹에 맞추는구나
친하고도 고마우시니 손님이나 다르실까
〈4수〉

형님 잡수신 젖을 내 따라 먹습니다
어허 저 아우야 어머님 너 사랑이야
형제가 화목하지 않으면 개돼지라 하리라
〈5수〉

늙은이는 부모 같고 어른은 형 같으니
같은데 공경치 않으면 어디가 다를까
나이가 많으시거든 절하고야 말 것이니라
〈6수〉

Part 8
조선 시대의 환란

- 조선과 일본의 전쟁
- 조선과 여진족의 관계
- 조선과 청나라의 전쟁

잡식로드 휴게소 조선의 세계 기록 유산

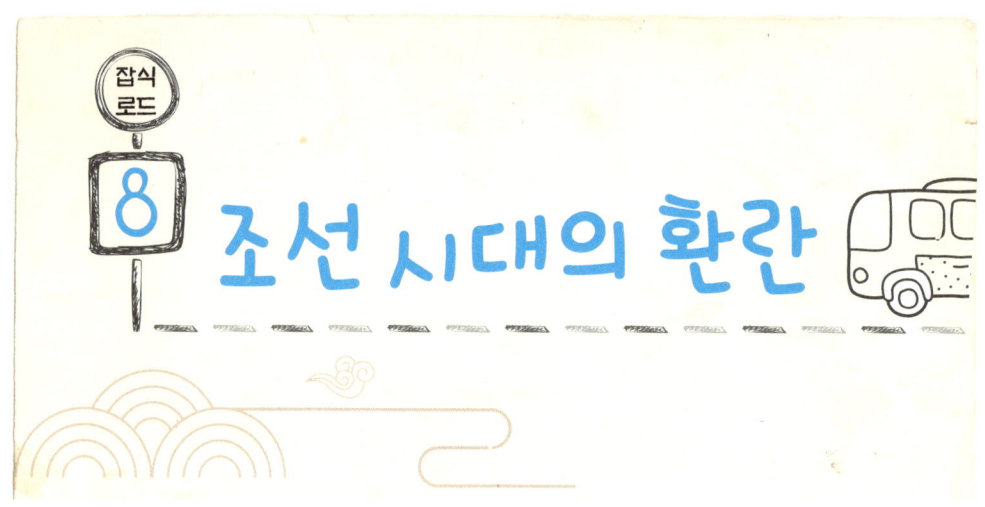

8 조선 시대의 환란

조선과 일본의 전쟁

당시 조선과 일본의 상황

15세기 중반, 일본은 전국 시대로 접어들었습니다. 전국 각지의 '군웅'들이 땅을 나누고 차지하여 세력을 형성하고 있었지요. 지방 영주들이 막부(일본식 무신 정권)의 영향에서 벗어나 세력다툼을 벌이던 혼란기였습니다. 일본 국내의 혼란은 말할 것도 없고 왜구들은 조선에 넘어와 노략질을 일삼으며 난동을 부렸습니다.

> 군웅(群雄)이란, 중앙 집권 체제가 무너진 혼란기에 여러 지역에서 세력을 떨친 많은 영웅을 의미합니다.

세종대왕은 세 개의 항구를 개방하면서 일본인과 무역할 수 있도록 허락하였습니다. 그러자 일본과도 어느 정도 평화 관계가 유지되는 듯했습니다. 그런데 그 유명한 '도요토미 히데요시'가 16세기 후반에 무력으로 전국을 통일하면서 전국 시대는 막을 내리고 상황은 급격히 달라져 갔습

> 막부(幕府)란, 원래 장군의 본영을 의미하는 말입니다. 일본은 장군(쇼군)을 중심으로 한 막부가 중세에서 근세까지 주요 권력을 쥐고 통치했습니다.

니다.

 일본의 최고 통치자가 된 도요토미는 조선과 명나라를 침략하겠다는 구상을 세우고 조선에 복종을 요구했습니다. 당시 도요토미의 권력은 사실 불안정했습니다. 내전 때 활약했으나 토지 분배 과정에서 제외된 하급 사무라이들이 불만을 표출하면서 위기감도 느꼈습니다. 그러나 더는 일본 내에 정복할 곳도 없었고 분배해줄 땅도 없었습니다. 도요토미는 침략전쟁을 일으켜 그들에게 약탈할 기회를 줘서 불만을 잠재우려 했습니다.

 오랜 내전을 겪으며, 일본의 군사력은 막강해졌습니다. 특히 포르투갈에서 들여온 신식 무기, 조총은 일본의 군사제도와 전술을 획기적으로 변화시켰습니다. 그야말로 내적으로 충분히 전투 준비를 끝낸 일본군이었습니다. 게다가 조선 침략을 결정하고 탄탄히 준비 작업을 해 나갔습니다. 우선 조선 땅 사방을 정탐하였습니다. 조선에 보낸 사신이나 조선과 교류하는 상인들, 심지어 매수한 조선인들에게서 조선의 내부 상황뿐만 아니라 지형, 도로망, 군사시설에 관한 정보를 수집하였습니다.

 반면, 조선은 아무것도 준비되어 있지 않았습니다. 조선은 나라를 세운 이래에 오랫동안 전쟁 없는 평화의 시대를 지나왔습니다. 게다가 내부는 오래전부터 사화와 정쟁으로 병들어 있었습니다. 농민들은 군대에 가지 않으려고 갖은 방법을 다 썼습니다. 군대에 가는 것을 면제해주고 대가를 받는 부정부패가 만연했었지요. 이를 막겠다고 군대에 가는 대신 삼베나 무명 등(군포)을 내는 제도(포납제)를 만들었습니다. 그런데 이 제도조차도 제대로 시행되지 않았습니다. 그러니 당시 조선의 국방력이 약하지 않

일본식 조총

자운서원
경기도 파주에 있는 이곳은 율곡 이이의 정신을 기리는 곳입니다.

을 수가 없었습니다.

　일본의 침략을 예견한 율곡 이이는 10만 양병설을 주장하였습니다. 그러나 당시 조선의 상황에서 율곡 이이의 주장이 받아들여질 리 없었습니다. 전쟁이 무슨 소리냐며, 10만 대군을 양성해 두어야 한다는 주장은 완전히 무시당했습니다. 일본의 침략이 다가오고 있었지만, 조선은 그것을 까맣게 모르는 것처럼 보였습니다.

조일전쟁의 서막

　1592년(선조 25) 4월 13일, 일본의 침략군이 부산에 상륙했습니다. 그리고 무자비한 약탈과 살육이 시작되었습니다. 이때의 전쟁을 임진년에 벌어졌다 하여 '임진왜란'이라 합니다. 아무런 준비도 되어 있지 않은 조선은 그대로 왜구의 침략에 무참히 당하고만 있을 뿐이었습니다. 침략군을 피해 선조와 그 일행은 성급히 북쪽으로 피난 가야 했습니다. 그것 말고는 할 수 있는 일이 없었습니다.

　부산으로부터 쳐들어온 일본군은 차츰 한반도를 장악하며, 북쪽으로

> 조일전쟁인 임진왜란(壬辰倭亂)과 정유재란(丁酉再亂) 통틀어 약 7년간 벌어진 전쟁이라서 '7년 전쟁'이라고도 부릅니다.

진격했습니다. 조선의 수군은 수만의 병사와 약 250척의 판옥선을 보유하고 있었습니다. 그러나 일본 수군의 침략을 초기에 막는 데 실패했습니다. 진즉에 패배하여 수군과 판옥선을 반 이상 잃고야 말았습니다. 조선 육군은 더 엉망이었습니다. 수만의 정예 병력이 있었으나 제대로 훈련받지 못해 탄금대 전투, 평양성 전투 등 모든 전투에서 패하며 전멸해버렸습니다. 전쟁 초기에 가장 격렬한 전투가 벌어졌다고는 하나 너무나 참혹한 결과였습니다.

판옥선 모형
판옥선은 조선 시대의 주력 군선으로, 1555년 명종 때 만들어졌습니다.

육상에서는 충주 전투에서 패배한 후 계속해서 일본의 공격에 큰 타격을 받았습니다. 그러나 왜구의 공격에 맷집이 생긴 수군은 차츰 힘을 얻어 반격에 나섰습니다. 이순신이 이끄는 조선 수군은 옥포에서 승리한 후 '한산도 대첩' 등에서 적군을 차례차례 격파하였습니다. 조선을 침략하려면 반드시 넘어야 하는 바다를 조선의 수군이 지켜내자 일본군은 적지 않게 당황했습니다.

거북선
임진왜란 때 바다에서 큰 활약을 펼친 거북선의 모형입니다.

계속된 패배로 정신없는 육지 상황이었지만, 바다를 통한 보급로가 막히면서 적군도 크게 위축되었습니다. 게다가 의병이 힘을 뭉쳐 싸우면서 육지에서의 승리 소식도 날아들었습니다. 한 번 승리는 계속된 승리로 이어졌고, 전열을 가다듬은 조선의 육군은 반격의 고삐를 잡아당겼습니다. 적장과 함께 죽은 논개의 순국이나 권율 장군의 행주산성 대승 등이 이때 벌어진 일입

논개사당

니다.

그때 마침 조선의 요청을 받은 명나라의 군대가 힘을 실어주면서 전세는 급격히 역전되었습니다. 그리고 1년여 만에 다시 서울을 되찾을 수 있었습니다. 남쪽으로 물러간 일본군은 완전히 일본으로 도망가지 않고 남해안 일대에 성을 쌓아 군대를 가다듬었습니다. 명나라는 두 나라의 휴전 협정을 주선하였고, 그 자리가 성사되었습니다. 드디어 곧 전쟁이 끝날 것만 같았습니다.

멈추지 않는 일본의 침략

조선과 일본의 휴전 협정은 이루어지지 않았습니다. 일본이 무리한 요구를 해왔기 때문입니다. 이때 일본은 조선 남부의 4도를 떼어줄 것을 요구하는 등 마치 전승국인 양 무리한 권리를 달라고 떼썼습니다.

이 협정은 조선과 일본 간의 휴전 협정이라고는 하지만, 명나라가 이를 주도하였습니다. 사실상 명나라와 일본 간의 협정이었다고 할 만합니다. 게다가 도요토미 히데요시는 휴전할 생각이 없는 듯 더 많은 병사를 전쟁에 배치하였습니다. 그러나 이번에 조선의 대응은 1592년과 달랐습니다. 일본이 다시 침략할 것을 대비해 여러 가지 방안을 마련해놓고 있었습니다. 새로운 무기를 제작하고 성을 수리하고 보수했으며, 더 많은 병력을 선출했습니다.

1597년(선조 30) 2월, 일본군이 다시 한반도로 침략해왔습니다. 이 전쟁은 정유년에 벌어졌다 하여 '정유재란'이라 부릅니다. 이미 만반의 준비를 마친 조선은 일본군의 공격을 여러 번 막아내며 계속해서 승리했습니다. 특히 육지에서는 '권율' 장군이 활약하여 일본군의 북진을 막았으며, 바다에서는 '이순신' 장군이 명량(해남 울돌목)해전에 승리하면서 일본 수군을 휘어잡았습니다.

권율 장군 영정

1598년 8월 18일, 조선과 대륙을 향한 침략 의지를 불태웠던 도요토미 히데요시가 병으로 사망하였습니다. 그는 죽기 전 '전쟁을 끝내'라는 유언을 남겼지요. 그러자 마침내 일본군은 조선에서 철수하기 시작했습니다.

이순신 장군이 지휘하던 조선 수군은 도망치는 일본 수군을 그냥 두지 않았습니다. 노량에서 일본 배 300여 척의 발을 묶고 최후의 결전을 벌였습니다. 이 전투에서 이순신 장군은 적의 총탄을 맞고 장렬히 전사하였다고 역사는 기록하고 있습니다. 일본은 이 전투로 배 200여 척을 잃는 등 큰 피해를 보고 일본으로 돌아갔습니다. 조선은 조일전쟁의 영웅인 이순신 장군을 잃은 '노량해전'을 마지막으로, 일본과의 7년 전쟁을 끝낼 수 있었습니다.

권율 장군 신도비
경기도 양주에 있는 권율 장군 묘역의 입구에는 장군의 공덕을 기리는 신도비가 세워졌습니다. 이 신도비는 장군의 후손들이 철종 12년(1861)에 세웠습니다.

충무공 이순신 장군의 활약상

　1545년 봄, 소년 이순신은 서울 건천동에서 태어났습니다. 개구쟁이로 소년 시절을 보낸 이순신은 28세에 처음 무과에 응시했습니다. 그런데 첫 시험에는 말에서 떨어져 낙방했습니다. 말에서 떨어져 다리가 부러졌는데도 다리를 묶어가며 끝까지 시험을 치르려고 했으나 끝내 시험을 통과하지 못했지요. 그 후 4년이 지나 32세가 되어서야 국경을 지키는 무관으로 나랏일을 할 수 있게 되었습니다.

　조선에 서서히 일본 침략의 기운이 넘실대자 선조는 서둘러 군을 정비하기 시작했습니다. 능력 있는 장군들을 모으고 야전에 배치했습니다. 이순신은 항상 바른말을 하다 보니 상관의 미움을 사곤 했습니다. 그러나 그 능력만큼은 인정받아 모함으로 파직된 후에 곧 다시 복직하였습니다. 그는 주로 여진족 격파에 공을 세웠지요. 1589년에 전라북도 정읍에서 근무한 이후로는 급격히 승진하게 됩니다.

　임진왜란이 일어나기 한 해 전에는 류성룡의 추천으로 전라좌수사로 임명되었습니다. 전라좌수사가 되자 이순신은 자신이 지휘하는 부대의 전력 강화를 서둘렀습니다. 병력의 훈련 또한 실전에 맞게 하였습니다. 아울러 '거북선'도 이때부터 만들기 시작하였습니다.

　1592년, 일본군이 조선 땅을 침범했습니다. 이순신은 5월 4일 처음 출격하여 바다 전투에서 첫 번째 승리를 이끌었습니다. 옥포에서의 이 전투에서 조선 수군은 세 명의 부상자만 발생하였으나, 일본 수군의 배는

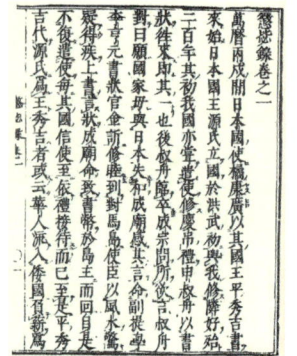

서해 류성룡의 징비록
서해 류성룡은 조일전쟁에서 벌어진 일을 이 『징비록(懲毖錄)』을 통해 기록으로 남겼습니다.

수십 척 전멸하였습니다.

　같은 해 5월 29일 '노량해전'에서는 처음으로 거북선이 활약했습니다. 이후로 이순신 장군은 승승장구했습니다. 마침내 7월 6일, '한산도 대첩'에서는 전쟁사에 길이 남을 승리를 거두었습니다. 우리가 한 번쯤은 들어봤을 '학익진'이라는 전술도 이때 유감없이 발휘되었습니다. 학익진이라는 전술은 도주하는 척하다가 학의 날개처럼 양쪽으로 배들을 펼쳐 배열하여 적을 포위하는 작전입니다. 말처럼 성공하기 쉽지 않은 작전이라고 전해집니다.

　한산도 대첩으로 조선은 남해를 빼앗아올 수 있었습니다. 왜구는 남해를 빼앗기자 서해로의 진입도 할 수 없게 되었고, 바다를 이용한 보급로도 끊기게 되었습니다.

　앞서도 말했지만, 섬나라 일본으로서는 바닷길이 중요한 조선 침략의 길이었습니다. 게다가 이미 상륙한 육군에 보급품을 전달하는 길은 물길밖에 없었지요. 육지로 보급품을 전달하는 것은 길이 험하고 조선의 관군과 의병의 활약으로 불가능했습니다. 아무리 노략질을 해서 식량을 구한다고 해도 한계가 있었고, 탄약이나 무기를 보급받지 못해서 일본군은 크게 위축될 수밖에 없었습니다. 그러니 조선 수군의 활약은 전세를 역전하는 데 가장 중요한 계기가 되었다고 할 수 있습니다.

　1597년은 이순신 연대기의 가장 역사적인 해가 되었습니다. 그해 이순신은 모함으로 백의종군하게 되었고 파직되어 옥에 갇혔습니다. 첩보로 알게 된 일본군의 상륙을 저지하지 못했다는 이유였습니다. 하지만 이순신은 당시 공무차 다른 지역에 가 있었습니다. 그야말로 억울하게

옥포해전 기념탑
옥포해전은 이순신 장군이 조일전쟁에서 처음으로 승리한 해전입니다. 이 기념비는 경상도 거제현 옥포의 옥포대첩기념공원에 세워졌습니다.

'백의종군(白衣從軍)'이란, 벼슬 없이 군대에 복무하는 것을 말합니다. 당시 무관은 직급에 따라 색이 다른 옷을 입었습니다. 백의, 즉 흰옷은 벼슬 없는 일반 백성의 상징이지요.

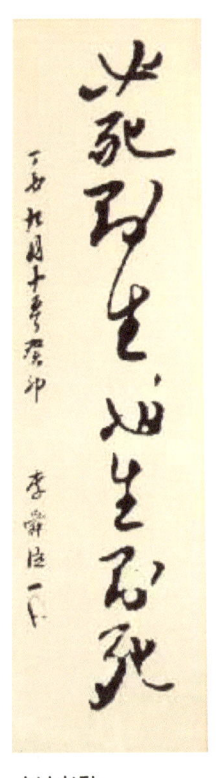

이순신 친필
"必死卽生, 必生卽死"(죽고자 하면 살고, 살고자 하면 죽는다)

서울전쟁기념관의 거북선 모형

옥에 갇힌 것이지요. 조정은 이순신 대신 원균을 임명하였습니다.

같은 해 7월 16일, 원균은 일본군과의 전투를 지휘했습니다. 그 전투에서 조선 수군은 전멸합니다. 거의 모든 배를 잃었고 고작 남은 배는 12척이었습니다. 이 패배로 조선은 다시 남해를 일본군에 빼앗겼습니다. 이순신을 파직했던 선조는 허리를 숙이는 것 말고는 더는 할 말이 없었습니다. 이순신은 곧 '삼도수군통제사'라는 직책에 재임명되었습니다. 죄 없는 죄인은 우여곡절 끝에 복직했으나 더는 지휘할 군사가 없었습니다. 조선 수군의 상황은 처참했습니다.

선조는 이순신에게 수군을 포기하고 충청도로 올라와 전투를 대비하는 것이 어떻겠냐고 물었습니다. 그러나 이순신은 '신에게는 아직 12척의 배가 남아있나이다'라고 하며 끝까지 싸우겠다는 비장한 결심을 올렸습니다. 9월 16일, 이순신 장군이 지휘한 조선 수군은 1척을 더해 13척의 배로 133척의 일본 수군의 배에 맞서 '명량해협'에서 벌어진 전투에서 이겨 남해를 되찾았습니다.

11월 18일에서 19일까지 조선과 명나라 연합군은 일본 수군과 '노량'에서 격전을 벌였습니다. 새벽에 벌어진 전투는 날이 밝아서도 끝나지 않았습니다. 승리가 눈앞에 보이는 19일 새벽, 이순신은 가슴에 적의 탄환을 맞았습니다. 그때 '나의 죽음을 적에게 알리지 말라'는 말을 남기며, 세상을 떠났지요. 일본 함선 약 133척과 벌인 이 고투에서 약 31척을 침몰시켰다고 전해집니다. 이 완벽한 승리의 기쁨을 이순신 장군은 마음껏 누리지 못하고 전사하였습니다. 일본은 이 전투의 패배를 끝으로 조선 땅에서 완전히 물러났습니다.

이순신 장군은 『난중일기』를 남겨 조일전쟁의 역사를 후세에 알렸습니다. 이 책은 조일전쟁이 벌어진 시대의 진실한 기록으로서 후대에 큰 가르침이 되고 있습니다. 그는 그 밖에도 몇 편의 시가와 서간문을 남겼습니다. 이로써 무장으로서의 훌륭한 재능과 기품, 지도자로서의 역량에 더해 그의 인문학적인 소양 또한 살펴볼 수 있습니다.

『난중일기』와 『임진장초』

『난중일기』는 직접 이순신 장군이 쓴 조일전쟁의 기록입니다. 1592년 음력 1월 1일부터 전사하기 이틀 전까지 기록되었습니다. 『임진장초』는 조일전쟁 당시 전쟁의 상황을 왕에게 보낸 문서를 엮은 것입니다. 누구의 기록인지는 알 수 없으나 임진왜란 당시의 상황이 객관적으로 담겼습니다.

이순신 장군 동상

서울 종로구 광화문 광장에 세워진 이 동상은 이순신 장군을 기리는 대표적인 동상입니다.

조선과 여진족의 관계

여진족의 성장

여진족은 만주 일대에 거주했던 종족입니다. 말갈족이 이 종족의 뿌리라고 알려졌으며, 만주족이라고도 부릅니다. 고려 시대에 이들과 몇 번의 충돌이 있었던 것을 되새겨 조선 시대에는 먼저 공격하기도 했습니다. 특히 세종대왕 때 본격적인 공격을 벌였습니다. 물론 비위도 어느 정도 맞춰 주는 회유책도 병행하였습니다. 조선은 회유책과 강경책을 상황에 맞게 부리면서 여진족의 성장을 견제하였지요.

그러나 일본군이 조선을 침략하면서 양상은 달라졌습니다. 여진족을 통치하다시피 했던 명나라가 조일전쟁에 집중하면서 여진족에 관한 통제를 느슨하게 하였지요. 이때를 기회로 여진족은 명나라의 지배에서 완전히 벗어났습니다. 그리고 강력한 통치자인 '누르하치'가 흩어졌던 여진족을 한데 모았으며, 금나라를 잇는다는 의미의 '후금'이라는 국호로 나라를 세웠습니다.

후금은 명나라를 압박하기 시작했습니다. 누르하치는 명나라가 자신의 할아버지와 아버지를 죽였다는 구실로 명나라를 공격하기 시작한 것이지요. 명나라는 조일 전쟁으로 힘이 빠졌었습니다. 게다가 안으로는 부정부패와 농민 반란 등으로 혼란의 시기를 겪고 있었습니다. 그러니 후금의 공격을 막아내는 게 만만치 않았습니다.

누르하치의 초상화
베이징 고궁 박물관(자금성)에 있는 이 그림은 누르하치의 초상화입니다.

조선에서는 선조의 뒤를 이어 '광해군'(재위 1608~1623)이 왕의 자리에 올랐습니다. 조정은 후금에 시달리는 명나라를 지원해야 하는지에 관하여 의견이 나뉘었습니다. 그런데 조일전쟁을 도와준 명나라에 지원군을 보내야 하는 게 도리에 맞는다는 의견이 우세했습니다. 후금은 '오랑캐의 나라'이고 명나라는 '부모의 나라'라는 것이었지요.

광해군은 의리보다 실리에 맞는 외교를 펼쳐야 한다고 생각했습니다. 그의 생각 뒤에는 일부 북인(대북) 세력의 지지가 있었습니다. 망해가는 명나라를 맹목적으로 도와주었다가 후금이 휘두른 불똥에 맞을 수 있음을 간과해서는 안 되었지요.

명나라는 후금의 공격에 견디지 못하고 조선에 지원을 요청했습니다. 광해군은 어쩔 수 없이 1619년, 강홍립의 지휘 아래 약 1만 3천 명 규모의 군대를 만주에 보내 명나라를 지원했습니다. 그런데도 명나라는 후금의 공격에 휘청거리며 큰 손해를 입었습니다. 명나라가 큰 타격을 입자 명나라를 지원하려고 파견한 조선의 군사는 후금에 항복하였습니다. 이는 광해군의 비밀스러운 지시에 의한 결정이었습니다. 더 강한 쪽에 밉보이지 않으려는 계책이었습니다. 그러자 이때는 후금이 조선을 공격하지 않았습니다. 두 나라 간에 분쟁이 발생하지도 않았습니다. 후금의 목적은 명나라였고 사실 후방의 조선까지 간섭할 여유조차 없었겠지요.

> 강홍립은 이후 광해군의 원수를 갚는다는 명분으로 후금이 조선을 공격했을 때, 후금 쪽에서 외교수완을 발휘하여 강화를 성사시킨 인물이기도 합니다. 그는 조선이 정묘호란 때 항복하고 나서야 조선에 돌아올 수 있었습니다.

인조반정과 이괄의 난

광해군의 이러한 결정이 폐위의 구실이 되었던 것일까, 명나라와의 의리를 주장했던 서인들이 1623년 반란을 일으켰습니다. 그들은 광해군을 몰아내고 광해군의 조카인 능양군, 즉 인조(재위 1623~1649)를 새 왕으로 세웠습니다. 이 사건을 '인조반정'이라고 합니다.

조정의 실권을 잡은 서인들은 후금과의 관계를 끊어버렸습니다. 그리고 성리학을 바탕으로 하여 명나라를 향한 의리를 내세우며, 맹목적인 사대 정책을 펼쳤습니다. 그러나 당시 세력을 더욱 확장해 나아갔던 후금을 배척하는 정책은 조선의 이익은 생각하지 않은 잘못된 결정이었습니다.

인조반정 이후 인조는 반정군의 대장이었던 김류 등에게 충분히 그 대가를 주었습니다. 하지만 이괄 등은 반정 이후의 대우에 불만이 가득했습니다. 이괄은 불만의 말들을 남기고 자신에게 주어진 임무를 수행하기 위해 평안도 영변으로 떠났습니다. 후금을 배척하는 정책을 펼치면서 북쪽의 경비를 강화해야겠기에 맡게 된 직책이었습니다.

그가 영변에 가 있는 사이 조정에서는 이괄 등이 반란을 모의하고 있다며, 그에 관한 처분을 주장하는 말들이 오갔습니다. 이괄은 억울하고 분했습니다. 역모로 죽느니 차라리 반역을 저지르자고 생각하여 군사를 이끌고 한양으로 쳐들어갔습니다. 처음에는 정부군을 제압하는 듯했습니다.

광해군의 묘지
광해군과 문성군 부인 류 씨를 함께 모시는 묘지입니다. 광해군은 인조반정으로 왕의 자리에서 강제로 물러나고 강화도와 제주도로 유배되었다가 1641년 사망하였습니다. 이 묘지는 경기도 남양주시에 있습니다.

> 인조반정에서 실질적으로 공을 세운 것은 이괄이었습니다. 지휘를 맡은 김유나 김자점이 소극적으로 임할 때 위험을 무릅쓰고 이괄이 대장을 맡아 그 일을 성사시켰던 것입니다.

그들의 기세에 인조도 공주산성으로 도망갈 수밖에 없었습니다. 달아난 왕을 바라보는 민심은 흉흉해졌습니다. 이괄은 한양에 입성한 후 민심을 안정시키고 선조의 아들 '홍안군 이제'를 왕으로 세웠습니다. 하지만 이괄의 반란은 오래가지 않았습니다. 공격을 받고 한양 도성에서 도망친 이괄의 군대는 정부군의 추격에 크게 패했습니다. 결국, 반란군 내의 배반으로 이괄의 반란은 끝이 났습니다.

홍안군 이제는 선조의 열 번째 아들이었습니다. 일주일 만에 이괄의 난이 진압된 후 사형당한 불운한 왕자였지요.

1624년에 일어난 이괄의 반란은 당시 불안한 조선의 정세를 반영합니다. 그리고 당시 실권을 잡은 서인들은 국가를 지킬 마땅한 대책도 없이 의리만 강조하여 조선을 위기에 내몰았던 것입니다.

조선과 청나라의 전쟁

청나라(후금)의 1차 침략 - 정묘호란

광해군은 조선의 실리를 따져 쓰러져가는 명나라와 강국이 되어 가는 후금 사이에서 중립 외교로 균형 있게 정책을 펼쳤습니다. 그러나 인조반정 이후 후금을 오랑캐라 일컫는 서인과 인조가 정권을 쥐고 나서 후금을 배척하는 것으로 정책을 바꾸었지요. 누르하치가 죽고 후금의 황제가 된 '태종 홍타이지'는 즉위하기 전부터 조선을 탐탁지 않게 생각했습니다. 조선이 후금에 등을 돌린 상황이 탐탁지 않았던 것이지요.

태종 홍타이지의 초상화

명나라, 조선과 대치하는 상황에서 후금은 사실상 식량이 메말라 갔습니다. 땅은 척박하고 교역하는 국가도 없이 고립된 지경이었지요. 후금이 취할 방도는 두 나라를 침략하는 것이었습니다. 게다가 이괄의 난 이후 이괄의 부하였다가 후금으로 도망 온 한윤이 조선 침략의 정당성을 설득하였습니다. 마침내 후금은 조선 침략을 결정했습니다.

1627년, 후금의 군대는 이괄의 난으로 방어가 허술해진 의주를 단번에 점령하고, 그대로 평양을 지나 황주에까지 다다랐습니다. 조선의 왕, 인조는 강화도로 피난할 수밖에 없었습니다. 그런데 황해도 평산까지 진출한 후금의 군대는 더는 남하할 수 없었습니다. 잘못하면 명나라에 후방을 공격당할 수도 있기 때문이었지요. 게다가 더 남하했다가 포위라도 당하면, 전멸할 수도 있다는 불안한 마음이 들었습니다. 그도 그럴 것이 조선군과 조선 전국에서 일어난 의병이 합세하여 후금군의 후방을 공격해오고 있었으니 말입니다. 후금군은 평산에서 군대를 정비하고 조선에 전쟁 중단을 제의했습니다. 조선의 조정도 후금의 제의를 받아들이지 않을 수 없었습니다. 이미 더는 전쟁을 버틸 힘이 없었던 것이지요.

후금은 전쟁 중단의 조건으로 몇 가지를 제시했습니다. 주요한 내용은 압록강 이남 지역을 내놓고, 명나라를 토벌하는 데 지원병을 보내라는 것이었습니다. 조선 조정에서는 화친하자는 주장(주화론)과 반대하는 주장(척화론)으로 논쟁이 벌어졌습니다. 조선은 반대로 후금에 몇 가지를 제안했습니다. 다시는 조선을 침략하지 말며, 양국은 형제의 나라가 되자는 것이었습니다. 그리고 조선이 명나라와 화친하는 것을 후금은 인정해줄 것을 요구했습니다.

후금은 조선의 제안에 만족하지 않았지만, 요구를 받아들이고 조선 땅에서 물러났습니다. 후금도 한반도 깊숙한 지역까지 진군하는 것이 부담스러웠던 것이지요. 후금은 물러가면서도 용골산성을 공격하는 어처구니없는 짓을 저질렀습니다. 그러나 정봉수가 의병들을 지휘하여 후금의 군대를 격파하였습니다. 그 밖에도 철수하는 길 곳곳에서 전투가 벌어졌고 조선 관군과 의병은 이들의 공격을 모두 막아내고 물리쳤습니다.

후금은 정묘년(1627)에 일어난 이 전쟁, '정묘호란' 후에 조선과 맺은 약속을 어기고 계속해서 조선을 괴롭혔습니다. 무리한 공물을 요구하고, 의주에까지 넘어와 군사를 배치하였지요. 조선도 후금의 요구를 받아들이지 않았습니다. 그러니 조선과 후금의 관계가 더욱더 악화할 수밖에 없었습니다. 조선에서는 후금을 배척하자는 척화론이 더 힘을 얻게 되었습니다.

청나라의 2차 침략 - 병자호란

후금은 명나라를 위협하며, 더욱 강성해졌습니다. 후금의 태종 홍타이지는 자신을 황제라 칭하면서 국호를 '청'으로 바꾸었습니다(1636). 조선과 청나라의 관계는 계속해서 더욱더 나빠졌습니다. 청나라는 황제 즉위식에 참석한 조선의 사신을 위협하며, 요구를 듣지 않으면 전쟁을 불사하겠다고 선언했습니다. 청나라에 무릎을 꿇고 척화론자들과 왕자를 보내라고 겁박했습니다. 조선은 청나라의 요구를 무시했습니다.

같은 해 청나라는 더는 참지 않고 약 12만 명의 대군을 이끌고 조선 땅을 침입했습니다. 병자년에 벌어진 이 전쟁을 '병자호란'이라고 부릅니다. 청나라군대는 일사천리로 한성을 향해 진격했습니다. 조선은 성을 쌓고 전쟁에 대비했다고는 하지만, 청나라 군대를 막아내는 것은 쉬운 일이 아니었지요. 결국, 인조는 한성을 떠나 강화도로 도망칠 수밖에 없었습니다. 그런데 이미 강화로 가는 길을 청나라군이 막아섰다는 보고

남한산성 수어장대
남한산성은 병자호란 때 인조와 조선 조정이 피신하여 40여 일간 청나라군에 맞서 싸우다가 항복한 곳입니다. '수어장대'는 남한산성에 남아 있는 건물 중 가장 화려한 자태를 유지하고 있습니다.

를 받았습니다. 어쩔 수 없이 남한산성으로 향했습니다.

청나라군대는 금세 뒤따라 남한산성에 다다랐습니다. 조선군대와 청나라군대는 성안과 밖에서 대치하며 작은 전투를 벌이고는 했습니다. 그런데 성안에는 겨우 두 달도 버틸 수 없는 적은 양의 식량만 있었습니다. 이처럼 대치한 상황에서 얼마나 버틸 수 있을지 불안했지요. 식량을 구해야 했으나 딱히 대책도 없었습니다. 식량을 구하려고 성 밖에 나갔다가 수백 명의 군사를 잃기도 했습니다. 그야말로 산성에 꼼짝없이 갇힌 꼴이었습니다.

청나라의 태종은 인조에게 예를 갖춰 직접 성 밖으로 나오고 척화론자들을 내놓으라고 겁박하였습니다. 인조는 끝까지 거부하며 버텼습니다. 그러자 청나라는 서양에서 들여온 화포로 남한산성을 타격하였고 조선군대는 큰 손해를 입었습니다. 조선은 이미 싸울 힘이 없었습니다. 그 뜻도 없었습니다. 어서 이 전쟁이 끝나기만 바랄 뿐이었습니다. 청나라에서 이름을 거론한 척화론자들도 그들의 요구대로 하겠다며, 적진에 보내줄 것을 청했습니다. 최명길 등은 그런 와중에도 여러 차례 청나라의 진지를 찾아가 화평 교섭을 하려고 했으나 매번 망신만 당하고 되돌아 왔습니다. 그러는 중 곧 강화도가 점령당했습니다. 강화도에는 세자빈 강씨와 봉림대군, 인평대군 등이 피난해 있었습니다. 이쯤 되니 인조도 더는 버틸 기력이 없었습니다.

많은 이가 명분에만 사로잡혀 청나라에 항전할 것을 주장하였으나, 최명길은 현실을 직시하고 끝까지 화평론을 주장하였습니다. 그는 일찍부터 성리학 외에도 양명학을 공부하며, 주자학적 명분론으로는 조선 사회의 불합리와 모순을 바로잡을 수 없다는 것을 깨우쳤습니다.

조청전쟁이 끝난 후

인조는 1월 27일, 청나라에 항복한다는 서신을 보냈습니다. 조선 국왕은 신하로, 청나라 왕은 대청국 황제로 칭하는 대단히 치욕적인 항복 문서였습니다. 다음 날 청나라 태종이 답신을 보내왔습니다. 인조는 청나라 태종의 요구대로 1월 30일, '삼전도'로 나가 '삼궤구고두'라 하는 항복 의식을 치러야 했습니다. 청나라가 조선의 항복을 받아들이는 조건은 대략 아래와 같았습니다.

- 조선은 명나라와 관계를 끊고 청나라와 군신의 관계를 맺는다.
- 조선은 세자, 왕자 등을 청나라의 수도인 심양에 인질로 보낸다.
- 청나라가 명나라를 공격할 때 조선은 지원군을 보낸다.
- 청나라와 조선은 혼인 관계로 우의를 다지도록 한다.
- 조선은 성을 새로 짓거나 보수하지 않는다.
- 조선은 매년 청나라에 공물을 바친다.

인조의 삼궤구고두 모습이 담긴 부조
이 비석은 삼전도비가 서울시 석촌동에 있을 때 그 옆에 세워졌습니다. 이 비석에는 인조가 삼전도에서 청나라 태종에게 '삼궤구고두'라는 치욕적인 의식을 치르는 모습이 담긴 부조가 새겨졌습니다.

송파구 석촌동의 삼전도비

청나라는 조선을 멸망시키거나 조선 왕조를 뒤집어 놓지는 않았습니다. 단지 조선을 청나라의 손바닥 안에 두고 군신의 관계만을 맺으려고 했지요. 어쩌면 그들의 진짜 목적은 명나라였기 때문일 것입니다. 조선을 친 것도 명나라를 공격하는 데 후방의 안전을 도모하기 위한 이유가 컸습니다.

조선은 명나라와 관계를 끊고 청나라만을 섬기겠다는 굴욕적인 약속을 하고 겨우 전쟁의 늪에서 벗어날 수 있었습니다. 청나라는 소현세자와 봉림대군을 포함하여 김상헌, 윤집, 오달제, 홍익한 등 척화파의 주요 인물들을 데리고 돌아갔습니다. 그에 더해 수십만의 포로들이 조선을 떠나 청나라에 인질로 잡혀가야 했습니다. 윤집, 오달제, 홍익한 등은 끝까지 뜻을 굽히지 않다가 청나라에서 처형당하였습니다. 이들을 '삼학사'라고 하여, 지금까지 굳건한 그 의지를 기리고 있습니다.

명나라는 거듭되는 청나라의 공격에 휘청거렸습니다. 안에서는 농민군 지도자 이자성이 반란을 일으켰습니다(1641). 청나라와의 잦은 전쟁과 무거운 세금 등 황제의 횡포에 더는 참지 못한 농민군이 들고일어난 것입니다. 관군은 이를 진압하려고 했으나 매번 패배했고 이자성이 이끄는 반란군은 베이징까지 진군했습니다. 그리고 이자성은 황제를 몰아내고 자신이 황제의 자리에 올랐습니다. 그러면서 명나라는 멸망하였습니다(1644). 청나라군대는 이를 틈타 명나

창렬사

충남 부여군에 있는 이 사당은 청나라에 끌려가 목숨을 잃은 삼학사의 위패를 모시고 있는 사당입니다. 삼학사는 윤집, 오달제, 홍익한을 이릅니다.

이자성 기념관

라로 공격해 들어와 이자성을 죽이고 이자성의 난을 진압하였으며, 청나라는 중국의 지배자가 되었습니다.

  청나라는 더욱 강성해졌지만, 조선의 분노는 가라앉지 않았습니다. 인조를 이어 왕위에 오른 효종은 청나라를 공격할 북벌계획을 세우기도 했습니다. 그러나 또 다른 외세의 침략으로 인해 청나라와 손을 잡기도 합니다. 조선으로서는 강대국을 무시할 수 없는 상황이었습니다. 분노는 분노대로 실리를 추구하는 외교를 실행한 셈입니다.

인조의 치욕, '삼궤구고두(三跪九叩頭)'

'삼궤구고두(삼배구고두)'는 청나라 시대의 황제를 만났을 때 절하는 예법을 말합니다. 청나라는 항복의 조건으로, 첫째 이 삼궤구고두를 인조에게 요구했습니다.

1637년 1월, 인조는 왕이 입는 곤룡포 대신 신하가 입는 남색 옷을 입고 남한산성에서 내려와 송파 삼전도의 항복의식을 치를 장소로 향했습니다. 인조는 높은 선단에 앉아 있는 청나라 태종을 향해, 삼궤구고두의 예를 행했습니다. 세 번 절하고 절할 때마다 세 번씩 머리를 조아려야 했지요. 총 아홉 번 머리를 조아리고 나서야 항복의식은 끝이 났습니다.

그 후 청나라는 항복식을 치렀던 삼전도에 청나라 태종의 공덕비를 세우라고 조선에 강요했습니다.

삼전도비
조청전쟁에서 항복한 조선은 청나라의 강요로 태종의 공덕을 새긴 기념비를 세워야 했습니다. 이 비석에는 '대청황제공덕비'라는 제목이 쓰여 있습니다.

조선의 세계 기록 유산

『조선왕조실록』

『조선왕조실록』은 조선을 건국한 태조부터 철종까지 25대 조선 왕조 472년(1392~1863)의 역사를 기록한 책입니다. 연월일 순서에 따라 기록되어 있으며, 총 2,124권입니다. 『조선왕조실록』은 조선 시대의 정치, 사회, 경제, 문화 등 각 방면의 역사적 사실을 모두 포함하고 있어 세계적으로도 귀중한 역사 기록물입니다.

추가로 확인되어 일본으로부터 반환받은 47권을 제외한 나머지 2,077권이 1997년 10월에 유네스코 세계 기록 유산으로 등재되었습니다.

『훈민정음 해례본』

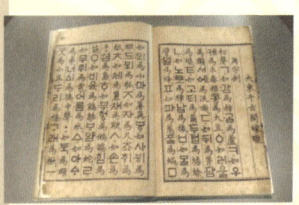

『훈민정음 해례본』은 세종대왕이 작성한 『훈민정음』의 원본입니다. 1446년에 한 권으로 간행되었지요. 문자 '훈민정음'의 창제 이유와 원리, 운용법, 해설 그리고 보기를 들어 풀이한 내용을 덧붙인 책입니다. 학술사적인 면에서나 문화사적인 면에서 중요한 가치와 의의가 있는 이 책은 1997년 10월에 유네스코 세계 기록 유산으로 등재되었습니다.

*훈민정음(訓民正音) : 백성을 가르치는 바른 소리

『조선왕조의궤』

'의궤'는 국가의 중요 행사를 정해진 격식에 의해 정리하여 작성한 기록물을 말합니다. 『조선왕조의궤』는 조선 시대 600여 년에 걸쳐 왕실의 주요 행사인 결혼식, 장례식, 연회, 사신 영접 등과 건축물·왕릉의 조성과 왕실 문화 활동 등에 관한 내용이 그림으로 기록되어 있는 귀중한 자료입니다.

『승정원일기』

『승정원일기』는 조선 시대에 승정원에서 취급한 문서와 사건을 기록한 일기입니다. 임진왜란과 병자호란 때 불에 타 없어졌고, 현재 전해 내려오는 것은 인조 원년인 1623년부터 고종 31년인 1894년까지 272년의 것입니다. 총 3,243권에 2억 4,250만 자에 이르는 세계 최대의 연대 기록물이자, 당시의 정치·경제·국방·사회·문화 등의 역사를 생생하게 기록한 사료입니다.

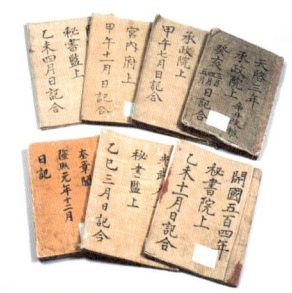

『동의보감』

『동의보감』은 1597년에 의관인 허준 등이 조선의 왕, 선조의 명을 받아 편찬한 의학서적입니다. 중국과 우리나라의 의학서적을 모아 편집하여 광해군 때인 1611년에 완성하였으며, 1613년에 마침내 간행했습니다. 내과, 외과 등으로 나누어 질병마다 진단과 처방을 풀이하였고, 총 25권으로 되어 있습니다. 『동의보감』은 우리나라 최고의 한방 의서로 인정받고 있습니다.

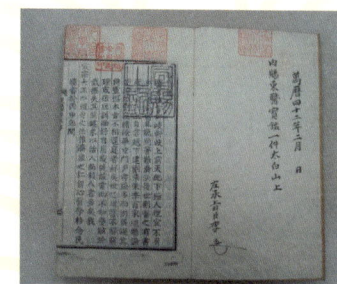

Part 9
조선 후기 사회의 변화

- 조선 후기, 혼란의 시작
- 영조와 정조의 개혁
- 조선 후기의 세도정치
- 조선 후기의 사회·문화의 변화

 조선의 대표 실학자들

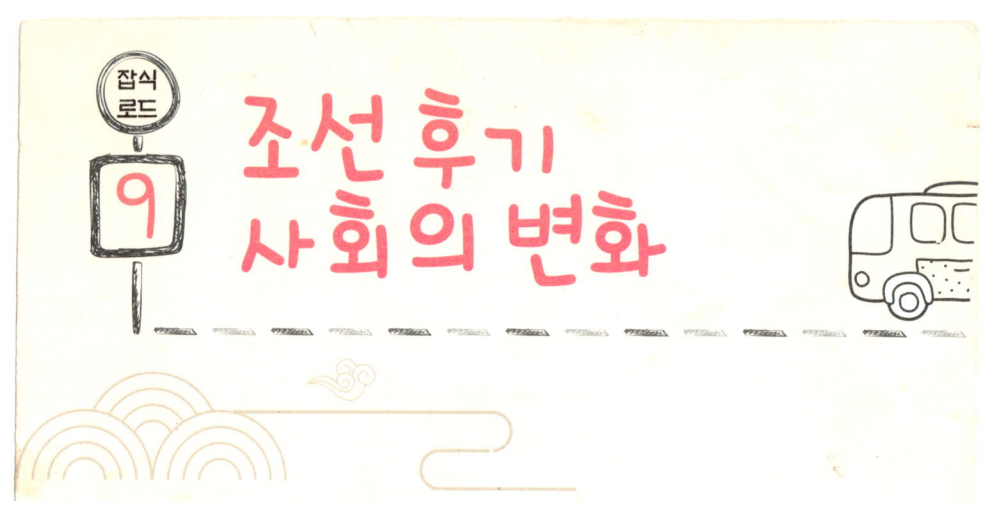

조선 후기 사회의 변화

조선후기, 혼란의 시작

나선정벌

'나선'은 러시안(Russian)을 한자로 음을 달아 표기한 것입니다. 1651년, 당시 조선의 왕인 효종 때(효종 2)에 킵차크 한국의 지배를 받던 나선, 즉 러시아가 독립했습니다. 킵차크 한국은 몽골계로, 칭기즈 칸의 손자인 바투가 세운 나라입니다. 중앙아시아 북쪽과 동유럽 일대를 점령한 거대 국가였지요.

러시아인들은 활발히 대외활동을 하면서 많은 자원이 필요했습니다. 그렇다 보니 자원이 풍부한 곳을 찾아 활동 범위를 넓힐 수밖에 없었지요. 그러다가 어느새 청나라와 맞닿은 곳까지 진출하였습니다. 러시아와 청나라는 헤이룽강(아무르강)을 사이에 두고 맞붙게 되었습니다. 러시아는 멈추지 않고 우수리강을 지나 쑹화강까지 더 아래로 내려왔습니다. 청나라는 이를 가만히 지켜보기만 할 수 없었지요. 그러나 군대를 보내 내쫓으려 해도 매번 러시아군에 패배하고 돌아왔습니다. 당시 러시아군은 신식 총포로 무장하고 있었으니 상대하기가 쉽지 않았습니다.

청나라는 조선에 지원군을 보내라고 요구하였습니다. 조선은 '나선'이 무엇인지도 모르고 청나라의 요구에 변급 장군을 지휘관으로 하여, 약 150명의 총포수 등을 파병하였습니다. 조선군과 청나라군은 무단강 인근에서 만났습니다. 그리고 위로 올라가다가 쑹화강 중류쯤에서 러시아군과 전투를 벌였습니다(1654). 전투는 성공적이었습니다. 7일 만에 러시아군을 내쫓았고 조선군은 조선으로 복귀했습니다.

> '무단강'은 쑹화강 중류의 최대 지류입니다.

그 후 청나라는 다시 활동을 시작한 러시아를 수차례 공격했습니다. 하지만 별다른 성과 없이 돌아오고는 했고, 다시 조선에 파병을 요구했습니다. 조선은 이전보다 많은 약 200명의 군대를 나선정벌에 보냈습니다. 신유 장군이 병사를 이끌고 샤르후다가 지휘하는 청나라군과 합류하는 지점으로 향했습니다.

이번에는 함선 간의 전투가 주요했습니다. 조청 연합군의 배는 총 48척 정도였고 러시아의 배는 11척이었습니다. 러시아군은 조청 연합군의 공격에 정신을 차리지 못하고 도망갔습니다. 조청 연합군은 공격을 피해 배를 버리고 풀숲으로 뛰어든 러시아군까지 모두 죽였습니다. 조선군 중에서도 사상자가 발생했습니다. 하지만 러시아의 피해는 더 컸습니다. 배는 불태워지거나 청나라에 빼앗겼으며, 사망자는 수백 명에 달했습니다. 물론 청나라도 수백 명의 병사를 잃을 만큼 적지 않은 피해를 보았지

> 신유 장군은 나선정벌 파견 당시 『북정록(北征錄)』이라는 원정일기를 남겼습니다. 현재 대구광역시 유형문화재 제80호로 지정되었습니다.

요. 그러나 러시아군에게서 빼앗은 노획품도 상당했습니다.

같은 해 8월 27일, 조선군은 조선으로 돌아갈 수 있었습니다. 이후 러시아는 북쪽으로 밀려났으며, 더는 조선군의 파병도 없었습니다. 청나라와 러시아는 계속해서 대치상황이 벌어졌으나 조약을 맺어 국경을 명확히 하면서 평화로운 관계를 유지했습니다.

이 전쟁으로 조선이 얻은 이득은 사실상 아무것도 없습니다. 그래서 '정벌'이라는 단어가 어울리지 않는다는 의견도 있습니다. 게다가 조선을 침범한 세력을 물리친 것도 아니라서 더욱 비판의 목소리가 높습니다. 사건만을 본다면, '정벌'보다는 '파견'이라고 불러야 한다는 주장이 더 옳아 보입니다. 이미 세월이 많이 흐른 사건이므로, 더 정확한 용어를 정하는 것이 필요해 보입니다.

> 두 나라는 1689년에 '네르친스크 조약'을 맺으면서 마침내 다툼을 멈추었습니다. 이 조약으로 청나라와 러시아는 스타노보이 산맥에서 아르군 강에 이르는 국경을 확정하였습니다. 네르친스크 조약은 청나라가 국가 간 평등하게 맺은 최초의 조약이기도 합니다.

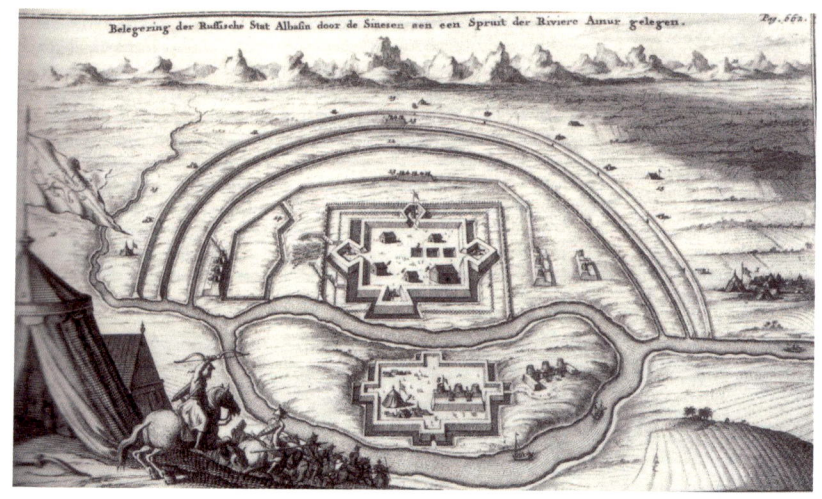

러시아 요새를 공격하는 청나라군대

러시아는 나선정벌 이후에도 계속해서 청나라의 동북쪽을 침략했으며, 북만주에 주둔하면서 청나라 주민들을 괴롭혔습니다. 1685년, 청나라 황제 강희제는 더는 참지 않고 러시아 국경에 있는 요새인 아르바진을 공격했습니다. 이 그림에는 그 당시의 모습이 담겼습니다.

예송논쟁

　청나라와의 전쟁 후 계속해서 서인이 중심이 되어 조선의 정치를 주도해 갔습니다. 그러나 이때는 남인 세력도 일부 등용하여서 서인과 남인 세력이 어느 정도 균형을 이루었습니다. 이렇게 상대의 존재를 인정하고 견제와 비판이 공존하던 때의 정치 모습을 '붕당정치'라고 합니다. 그러면서 정치는 발전해 갈 수 있었지요. 이러한 붕당정치는 효종(재위 1649~1659) 때까지는 계속 긍정적으로 흘러갔습니다.

　문제는 효종이 죽고 나서 바로 일어났습니다. 효종이 죽자 인조의 두 번째 왕비이자 효종의 어머니(계모)인 자의대비가 상복을 얼마 동안 입어야 하는지 서인과 남인 간에 논쟁이 벌어졌습니다. 장남이 죽은 것이면 3년을, 차남이 죽은 것이면 1년을 입어야 하는데 장남이 죽은 것으로 해야 하는지 차남이 죽은 것으로 해야 하는지 의견이 나뉜 것입니다.

　이처럼 논쟁이 벌어진 이유는 다음과 같습니다. 인조 때 정묘호란의 패배로 인조의 첫째아들인 소현세자는 청나라로 끌려갔습니다. 그러다가 청나라가 명나라를 멸망시킨 후에야 인질에서 풀려날 수 있었습니다. 소현세자는 청나라에 잡혀 있는 동안 새로운 문물을 많이 접하고 배워왔습니다. 그런데 인조는 청나라에 긍정적이고 새로운 문물을 배워온 세자가 마음에 들지 않았습니다. 왕의 미움을 받던 세자는 어느샌가 몹쓸 병에 걸렸고 며칠 만에 사망했습니다. 원칙적으로는 죽은 소현세자의 아들이 그 뒤를 이어야 했습니다. 하지만 인조는 세자의 동생인 봉림

효종이 직접 쓴 한글 편지

대군을 세자로 책봉하였는데, 그가 바로 효종입니다.

　서인들은 효종이 본래 둘째 아들이므로 1년을, 남인은 효종이 장남과 다름없다며 3년을 주장하였습니다. 이는 효종의 정통성을 둔 논란으로도 볼 수 있어서 매우 민감한 문제였습니다. 결국, 서인의 주장에 따라 1년이면 충분하다고 결정지었습니다. 이러한 첫 번째 예송논쟁을 '기해예송'이라고 합니다.

　효종이 죽은 지 15년 뒤인 1674년, 효종의 비인 인선왕후가 사망했습니다. 이때도 자의대비가 살아 있어서 시어머니로서의 상복 문제가 다시 불거졌습니다. 당시에 큰며느리면 1년, 아니면 9개월 동안 상복을 입도록 규정되어 있었습니다. 결국, 이것은 15년 전과 마찬가지로 효종을 장남으로 인정할지에 관한 논쟁이었습니다. 마찬가지로 서인은 9개월을, 남인은 1년을 주장하였습니다. 왕인 현종(재위 1659~1674)은 왕으로서의 정통성을 지키기 위해 남인의 의견에 따라 1년으로 결정하였습니다. 이러한 2차 예송논쟁은 '갑인예송'이라고 합니다. 이번 왕의 결정에는 당시 세력을 떨쳤던 서인의 권위를 약화하려는 의도도 들어 있습니다.

　그런데 이 결정 후 불과 1달 만에 현종이 사망했습니다. 그리고 뒤를 이어 왕위에 숙종(재위 1674~1720)이 올랐습니다. 숙종은 효종과 현종의 정통성을 부정한 서인들이 못마땅했습니다. 그래서 남인과 합세해 서인

효종대왕릉의 재실
경기도 여주에 있는 이곳은 효종과 인선왕후 장 씨를 모신 '영릉'의 재실입니다. 재실이란 제사에 필요한 것들을 보조하는 건물입니다.

들을 관직에서 내쫓았습니다. 이렇게 약 40여 년간 정권을 잡았던 서인 세력이 무너졌으며, 이제 남인 세력이 권력을 쥐게 되었습니다.

잇따른 환국정치

'환국'이란 집권 세력이 갑자기 교체되는 것을 말합니다. 숙종 때는 이처럼 주로 환국으로 인해 정치가 혼란했습니다. 그도 그럴 것이 어린 나이에 왕위에 오른 숙종에게 정치란 쉬운 일이 아니었을 것입니다. 성장하는 세력을 견제하여 왕권을 강화하려 하니 강한 면모를 보일 수밖에 없었을 것입니다.

숙종은 14세라는 어린 나이에 왕위에 올랐습니다. 아버지가 신하들에게 제대로 인정도 못 받고 휘둘리던 것을 본 숙종은 왕으로서의 위신을 세우기 위해 과감한 면을 보였습니다. 예송논쟁에서 선왕을 부정했던 서인 세력을 내쫓은 것도 이러한 모습입니다. 그런데 서인 세력을 처단하고 나니 이젠 남인이 정권을 잡고 흔들려 한다는 생각에 견제할 방도를 구하여야 했습니다.

된통 혼이 난 서인은 다시 세력을 되찾으려고 남인이 역모를 꾸몄다고 왕에게 일렀습니다. 그러잖아도 남인 세력을 견제하려던 숙종은 이를 트집 잡아 남인들을 처형하거나 유배 보냈습니다. 계략대로 다시 서인 세력은 권력을 쥘 수 있게 되었습니다. 숙정 6년에 벌어진 이 사건을 '경신환국'(1680)이라고 합니다.

정권을 잡은 서인 세력은 송시열을 중심으로 하는 노론과 윤증을 중심으로 하는 소론으로 갈라졌습니다. 이들은 서로 정치 운영방식이나 남인에 관한 처리 문제에서 다른 생각을 가졌습니다. 이들 중에서는 특히 노론 세력이 세력을 키워 정권을 손에 쥐고 흔들었습니다.

이즈음 숙종에게는 걱정이 한 가지 더 있었습니다. 대를 이을 왕자가 없었던 것이지요. 두 번째 왕비인 민 씨(인현왕후)가 여러 해가 되도록 아들을 낳지 못했습니다. 그래서 숙종은 왕비에게서 마음이 멀어졌고, 후궁인 장희빈(장옥정)의 처소인 취선당을 자주 방문했습니다. 그리고 곧 장희빈이 아들을 낳았습니다. 숙종은 그 아이를 *원자로 책봉하려 하였지요. 그러나 당시 집권 세력인 서인이 왕비가 아직 젊으니 좀 더 기다려야 한다며, 원자 책봉을 반대했습니다. 반면, 남인은 숙종을 지지하였지요. 결국, 숙종은 남인의 지지에 힘입어 장희빈의 아들을 원자로 책봉했습니다.

우암 송시열 전신상

이에 서인 중 노론의 우두머리인 송시열은 숙종에게 상소를 올려 이를 비판했습니다. 숙종은 화가 머리끝까지 났습니다. 아무리 원로라고 하여도 왕의 말에 토를 단다는 것이었지요. 숙종은 송시열을 제주로 귀양 보냈습니다. 그리고 나중에 사약을 내려 죽였습니다. 서인의 주요 세력이었던 노론의 수장을 잃자 서인은 이빨 빠진 호랑이가 되었습니다. 그것을 기회로 남인이 다시 정권을 낚아챘습니다. 이러한 일련의 사건을 '기사환국'(숙종 15, 1689)이라고 합니다.

*원자(元子)
왕세자에 책봉되지 않은 중전의 첫째아들

기사환국으로 왕비 민 씨는 궁궐에서 쫓겨났습니다. 그리고 후궁인 장희빈이 왕비가 되었습니다. 그런데 숙종은 곧 장희빈에게서 마음이 멀어졌습니다. 대신에 숙빈 최 씨를 궁중에 들였습니다. 게다가 왕비가 된 장희빈이 슬슬 숙종의 비위를 건드리는 행동을 했습니다. 한번은 장희빈이 숙빈 최 씨를 질투로 독살하려고 한다는 것을 서인을 통해 들었습니다. 숙종은 곧 민 씨를 쫓아낸 일을 후회하게 되었습니다.

쫓겨난 서인들은 폐비 민 씨, 인현왕후를 다시 왕비에 올려야 한다고 주장하였습니다. 숙종은 서인의 말이 옳다고 생각하여 이를 반대하는 남인 세력을 몰아내고 인현왕후를 다시 왕비에 올렸습니다. 이로써 남인은 정권에서 밀려났으며, 서인(노론과 소론)이 다시 실권을 잡게 되었습니다. 폐비 민 씨가 왕비에 오르자 장희빈은 별당으로 쫓겨났습니다. 그녀는 몰래 신당을 차려 인현왕후를 저주했습니다. 그런데 장희빈의 저주 때문이었을까요? 인현왕후가 시름시름 앓다가 죽고 말았습니다. 그때 숙빈 최 씨가 숙종에게 장희빈이 인현왕후를 저주하는 굿판을 벌였다고 일렀습니다. 숙종은 화가 나, 결국 장희빈에게 사약을 내렸습니다. 숙종 20년(1694)에 벌어진 이러한 사건을 '갑술환국'이라고 합니다.

송시열 유적
충청북도 괴산에 있는 이곳은 노론의 수장 송시열의 정신과 업적을 기리는 유적 중 '만동묘'라는 곳입니다.

영조와 정조의 개혁

당쟁 속의 혼란

숙종은 환국으로 왕권을 강화하였지요. 하지만 그런 이유로 조정은 더욱 혼란스럽게 되었습니다. 붕당이 깊어지고 당쟁도 격해졌으며, 환국이 잦다 보니 많은 인재가 같은 계파라는 이유로 죽어 나갔습니다. 그 때문에 국정을 돌볼 인재가 부족한 지경이었습니다. 잇따른 환국으로 남인은 완전히 몰락하였습니다. 반면, 견제 세력이 사라진 서인(노론과 소론)의 세력은 더욱더 커져갔습니다. 그중에서도 노론 세력은 완전히 조정을 쥐고 흔들었습니다.

노론은 장희빈의 아들인 세자를 폐위하고 숙빈 최 씨의 아들인 '연잉군'을 후계자로 삼자고 주장했습니다. 소론은 세자를 지지했고 목숨을 걸고 세자의 자리를 지켜내고자 했습니다. 결국, 대리청정 기간에 흠이 될 일을 하지 않은 세자가 그대로 왕의 자리에 올라 경종(재위 1688~1724)이 되었습니다.

경종이 왕에 오른 지 고작 1년밖에 안 됐는데, 노론은 왕위를 이을 세자가 없다며 경종의 이복동생인 연잉군(영조)을 세제로 얼른 책봉하자고 압박했습니다. 여기서 세제는 왕의 자식은 아니지만, 왕위를 이을 후계자를 말합니다. 그 밖에도 사사건건 힘없는 경종을 쥐고 흔들었습니다. 그런데 경종은 몸이 허약해 왕자를 볼 처지가 아니었습니다. 결국, 노론

연잉군의 초상화
이 초상화는 연잉군(영조)이 21세 되던 해에 진재해라는 사람이 그린 것입니다.

의 주장대로 연잉군을 세제로 책봉하여야 했습니다. 거기다가 노론은 대리청정까지 요구하고 나섰습니다.

대리청정은 왕이 병드는 등 정사를 제대로 볼 수 없을 때 왕세자가 대신 정사를 돌보도록 하는 것을 말합니다. 그러니까 노론이 연잉군의 대리청정을 요구한 것은 왕을 무시하고 자신들이 완전히 정권을 손에 쥐려는 계략이었습니다. 이 대리청정을 가지고 노론과 소론이 계속해서 다툼을 벌였습니다. 그러나 몇 번이나 번복을 거듭하다가, 결국 세제의 대리청정은 무산되었습니다.

그러자 소론은 노론을 역모로 몰아갔습니다. 노론에 주도권을 빼앗겼던 소론은 이번이 기회라고 여겼습니다. 그리고 경종의 묵인하에 많은 노론 신료들이 처벌받았고, 목숨을 잃거나 유배되었습니다. 그러면서 노론 세력은 크게 위축되었습니다.

그런데 세자 때부터 병약했던 경종이 4년 만에 죽고 말았습니다. 일부에서는 어머니인 장희빈의 비극적인 사망과 아버지인 숙종의 냉대가 그를 병들게 했다고 이야기합니다. 게다가 당시 득세했던 노론의 압박이 그의 병을 더욱 키웠을 것입니다.

영조의 개혁 정치

경종의 사망 후 세제였던 연잉군이 왕위에 올랐습니다. 그가 바로 영조

(재위 1724~1776)입니다. 영조는 왕위에 오르기 전부터 당쟁의 문제점을 직접 경험하였으므로, 붕당의 폐해를 극복해야 함을 깨닫고 있었습니다.

영조는 즉위하자마자 「탕평교서」를 발표하여 붕당을 없애고자 하였습니다. 그리고 이에 동의하는 자만을 등용하였습니다. 탕평이라는 말은 '치우친 것을 바로잡아 고르게 한다'는 것입니다. 왕을 중심으로 질서가 잡히는 것을 의미하기도 하여 왕권 강화의 뜻도 담고 있습니다. 우선 영조는 탕평책을 실천하면서 당파와 관계없이 인재를 등용하려고 노력했습니다.

조선 시대에는 '이조전랑'이라는 것이 있었습니다. 이조라는 기관의 정랑과 좌랑이라는 직책을 말하는데, 등급은 낮아도 관리를 뽑을 수 있는 무거운 권한을 가진 직책이었지요. 이처럼 인사권을 가진 이조전랑은 예부터 당론의 근원지로 여겼습니다. 그러므로 영조는 고른 인재 등용을 위해 이조전랑을 손보아야 했습니다. 그는 이조전랑의 인사 권한을 축소해서 한 당파가 중요한 관직을 독점하지 않도록 하였습니다.

그리고 각 붕당의 우두머리인 '산림'의 존재 자체를 부정했습니다. 또한 향촌 자치 기구이자 붕당의 지지 기반인 전국의 '서원'을 정리하도록 하였습니다. 1742년(영조 18)에는 자신의 탕평 정책을 널리 알리고 그 신념을 드러내기 위해 붕당을 경계하는 문구를 새긴 '탕평비'를 성균관에 세웠습니다. 앞으로 관직에 진출할 성균관 유생들이 이를 보고 마음에 새기도록 하려는 목적이었습니다.

영조의 탕평 정책은 어느 정도 효과가 있었습니다. 당파 간의 싸움도

영조의 초상화

수습되는 듯했고, 왕의 권한도 세울 수 있었습니다. 이처럼 강화된 왕권을 바탕으로, 영조는 민생 안정과 조선 부흥을 위한 개혁 정책을 펴나갔습니다. 백성들의 군역 부담을 줄여주려고 균역법을 시행하였으며, 지나치게 가혹한 형벌은 하지 못하도록 하였습니다. 또한, 신문고를 부활하여 백성의 소리에 귀 기울였습니다. 그 밖에도 『속대전』, 『동국문헌비고』 등의 법전을 편찬하여 법전체제도 정비하였습니다.

> '성균관(成均館)'은 조선 시대에 설치된 유학교육기관입니다. 지금의 국립대학이라 할 수 있습니다. 성균관은 고려 시대 최고 교육기관으로 세운 '국자감'이 이어져온 것입니다.

어서비각 속 탕평비
서울시 종로구 성균관대학교 입구에 위치한 이것은 '어서비각'이라고 합니다. 어서비각 안에는 영조가 직접 쓴 글이 새겨 있는 '탕평비'가 보전되어 있습니다.

이인좌의 난

경종이 죽고 영조가 왕위에 오르면서, 노론에 밀린 소론 내에서는 영조가 경종을 독살했다는 의심을 거두지 않았습니다. 영조가 탕평책을 써 소론 인재들을 등용하면서는 사실상 소론 내에서도 영조에 관한 불만의 의견이 수그러들었습니다. 하지만 일부 소론 세력은 반역을 꿈꾸었습니다.
이인좌를 중심으로 한 이들 반란 세력은 충청도, 전라도, 경상도, 경기도 등에서 군사를 모아 한양을 점령하려는 계획을 세웠습니다(1728). 그러나 이미 세력이 와해된 소론 세력은 금세 진압되기 시작했습니다. 이인좌는 청주를 점령한 후 서울로 올라왔으나 오명항이 지휘하는 관군에 붙잡혀 처형당했습니다. 다만 경상남도에서 일어난 반역군은 규모도 컸고, 경상남도 전역을 점령하며 세력을 키워 북상하는 듯 보였습니다. 반란군 중에서 그나마 성과가 있었지요. 하지만 역시 관군의 공격을 이기지 못하고 더는 북상하지 못했습니다.
이인좌의 난은 소론이 주축으로 진압하였습니다. 하지만 이 반란의 주동자들도 소론이었습니다. 그런 이유로 소론 세력은 크게 위축될 수밖에 없었습니다. 영조는 영남 지역에서 가장 많은 반란 동조자가 나왔기 때문에 이 반란의 주축을 영남으로 여겼습니다. 그래서 이 반란을 평정한 후에 영남을 평정하였다 하여 '평영남비'를 세웠습니다. 그리고 영남을 '반역향'이라 못 박고 경상도 사람은 정계 진출을 하지 못하도록 막았습니다. 아예 과거 시험도 볼 수 없게 하였지요.

사도세자의 죽음

영조가 왕위에 올랐을 때 노론 세력이 권력을 거의 독차지하고 있었습니다. 그리하여 앞서 알아본 대로 탕평책을 통해 당파 간의 균형을 맞추고 골고루 인재를 등용하려고 하였지요. 그럼에도 불구하고 노론 세력은 완전히 시들지 않았습니다. 매우 큰 세력을 유지하며 알게 모르게 그 영향력을 여기저기 끼쳤습니다.

영조가 아꼈던 첫째아들, 효장세자는 당파 간 세력 다툼에 의해 죽었습니다. 영조의 슬픔과 분노는 이루 말할 수가 없었지요. 그리고 둘째 아들 사도세자를 왕세자로 책봉하였습니다. 사도세자는 어려서부터 매우 영특했지만, 엄한 아버지의 차가운 대우에 마음의 상처를 입었습니다. 영조는 세자의 다양한 능력이 기특하면서도 출생이라든지 자신과 어딘가 닮은 점이 마음에 들지 않았습니다.

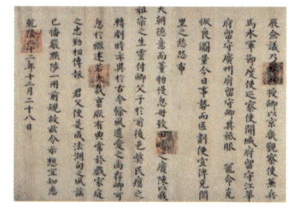

사도세자가 대리청정 기간 내린 영서(교지)

영조는 15살이 된 사도세자에게 대리청정을 명했습니다. 나라를 직접 다스려 보도록 한 것이지요. 물론 중요한 사안은 왕이 직접 결정하였습니다. 세자는 왕에게 욕을 먹으면서도 비교적 맡은 일을 잘 해냈습니다. 민생을 위한 정책을 잘 펼쳐서 백성의 지지를 받기도 했습니다. 그러나 노론은 세자에게 사사건건 시비를 걸었습니다. 소론 편에 선 것으로 보이는 세자를 경계하였던 것입니다.

영조는 역시 사도세자가 영 마음에 안 들었습니다. 맡은 일도 잘하는 것으로 보이지 않았고, 학문을 쌓는 일도 게을리하는 것으로 보였습니다. 영조는 틈만 나면 '양위'를 선언하며, 소동을 벌여 신하와 세자를 겁박했습니다. 양위 선언이라는 것은 왕위를 내려놓고 후계자에게 물려주겠다는 것으로, 어린 세자에게는 날벼락 같은 일이었지요. 이것은 조금만 거슬리는 게 있으면, 마치 '왕 못 해 먹겠다'며 떼를 쓰는 것과 같은 것입니다. 덕분에 사도세자는 마음의 병이 깊어만 갔습니다.

세자의 마음속 병은, 결국 정신질환으로 드러났습니다. 수시로 발작을 일으켰고 난폭한 행동을 일삼게 되었습니다. 1761년에는 궁녀를 죽이고, 자살을 기도하기도 했습니다. 한번은 영조 몰래 평안도 지방을 여행 다녀오기도 했는데, 영조에게 크게 꾸짖음을 받았습니다. 영조는 사도세자가 몰래 반역을 계획한 것은 아닌지 의심했습니다. 세자는 며칠간 밥도 먹지 않고 잘못을 빌면서 겨우 용서받았습니다.

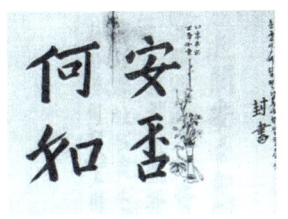
사도세자가 장인에게 쓴 편지

노론으로서는 나중에 세자가 왕이 되었을 때 자신들의 세력이 받을 핍박을 미연에 막아야겠다고 생각했습니다. 결국, 이들은 사도세자를 제거하기로 결정했습니다. 노론 세력은 나경언이라는 자로 하여금 세자의 그간 비행을 왕에게 상세히 알리도록 하였습니다. 영조는 나경언의 상소를 믿고 세자를 죽이기로 마음먹었습니다. 세자를 죽여야지만, 모든 불화가 제거된다고 생각한 것입니다. 1762년, 영조는 세자를 폐하고 뒤주에 가두었습니다. 사도세자는 약 8일을 버티다 끝내 숨졌습니다.

왜 영조는 사도세자에게 이토록 가혹하게 대해야 했을까요? 첫째아들을 잃은 충격도 그 이유 중 하나일 것입니다. 소론 세력이나 남인 세력이 그의 죽음과 관련 있다고 여겼고 일종의 복수심을 품었던 것으로 보입니다. 그런 와중에 사도세자도 소론파의 의견에 치우쳐 있는 것으로 보이니 아무리 아들이라도 견딜 수 없이 미웠을 것입니다.

영조도 시간이 흐른 후 자신이 아들에게 한 일을 크게 후회했습니다. '사도(思悼)'라는 시호도 아들의 영혼을 위로하는 의미에서 정한 것입니다. 그리고 영조는 사도세자의 아들을 후계자로 삼았습니다. 그는 곧 왕위에 올라 정조(재위 1776~1800)가 됩니다.

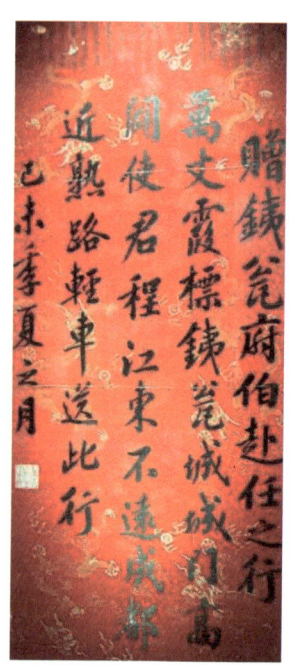

정조가 직접 쓴 글씨

정조의 개혁 정치

두 세자가 죽은 후 영조는 사도세자의 아들을 왕위에 올렸습니다. 정조는 사도세자의 둘째 아들이었습니다. 1775년부터 대리청정하다가 다음 해 영조가 죽고 25세에 왕이 되었습니다. 정조는 어렸을 때부터 당쟁의 폐해를 직접 겪어왔습니다. 그의 아버지가 어떻게 사망했는지도 곁에서 모두 지켜보았습니다. 영조의 탕평책이 어떤 폐해를 일으켰는지도 잘 알고 있었습니다. 그리하여 정조는 영조의 탕평책을 계승하면서도 보완하여 좀 더 효과적인 탕평 안을 내놓았습니다.

정조는 먼저 '규장각'을 설치하여 왕권 강화와 개혁 추진의 바탕을 마련했습니다. 본래 왕립 도서관인 규장각은 정조가 개혁에 동참하는 신하들과 토론하면서 정책을 결정하는 역할을 했습니다. 그 외에 당파나 신분에 관련 없이 유능한 인사를 교육하는 역할도 하였습니다. 정조는

'장용영'이라는 군사 조직을 설치하기도 했습니다. 왕이 정치를 주도하려면, 군사적인 바탕도 갖추어야 한다고 생각했지요.

정조는 이렇게 강화한 왕권을 바탕으로 민생 안정과 문예 부흥에도 힘썼습니다. 시전 상인의 금난전권을 폐지하여 자유롭게 상업이 발전하도록 하였습니다(1791). 금난전권이란 국가에서 허가받은 상인들이 다른 상인들의 상업 활동을 막을 수 있도록 한 권리입니다. 그러니까 이 권리는 일부 상인만 물건을 판매할 수 있는 독점권이었던 것이지요. 이를 폐지하면서 더 많은 상인이 자유롭게 물건을 팔 수 있게 되었습니다.

그리고 정조는 『동문휘고』, 『대전통편』 등의 다양한 서적을 편찬하였습니다. 『동문휘고』는 청과 일본과의 관계에서 오고 간 문서를 정리한 책이고, 『대전통편』은 지금까지의 법령을 모아 정리한 법전입니다.

정조는 개혁 정치의 완성이라 할 수 있는 수원의 화성 건설을 추진하였습니다. 정조는 수원에 아버지인 사도세자의 묘를 옮겼습니다. 그러면서 수원에 화성을 건설하여 자신의 정치적인 지역 기반으로 삼고 새로운 정치적인 이상을 실현하려고 한 것입니다. 새로운 중심 도시를 건설하여 붕당으로 피폐해진 수도의 기능을 분산하려는 의미였습니다. 그러나 정조는 화성이 완공된 후 얼마 지나지 않아 죽었습니다. 그가 화성에서 이루려던 꿈도 제대로 펼치지 못하고 그렇게 사그라졌으며, 조선의 전성기도 지는 해처럼 차츰 저물어갔습니다.

<정조대왕 화성능행반차도>
이 그림은 정조대왕이 자신의 아버지인 사도세자를 추모하기 위해 어머니인 혜경궁 홍씨와 화성에 있는 '융릉'에 행차했을 때의 모습을 그린 것입니다. 융릉은 사도세자와 그의 부인인 현경왕후의 무덤을 말합니다.

조선후기의 세도정치

세도정치의 흐름

영조와 정조의 노력으로 어느 정도 정치는 안정화되는 것으로 보였습니다. 겉으로 보기에는 그런 듯했습니다. 그러나 깊숙한 곳을 들여다보면, 조선 정치의 깊은 폐단은 여전히 아물지 않았습니다. 그 폐단은 정조가 사망하고 나서부터 서서히 드러나기 시작했습니다.

1800년, 정조는 부스럼이 피부를 파고드는 병이 심해져 갑작스레 사망했습니다. 정조가 사망하자 세자에 책봉한 지 6개월도 안 된 11세의 왕세자를 왕위에 올렸습니다. 그가 바로 순조(재위 1800~1834)이지요. 어린 왕이 왕위에 오르자마자 영조의 계비인 정순왕후가 실질적인 권한을 가져갔습니다. 이때부터 경주 김씨 집안이 조정을 쥐락펴락하게 되었습니다. 이처럼 특정 가문이 권력을 장악하고 정치를 마음대로 하는 것을 '세도정치'라고 합니다.

순조는 정조의 뜻에 따라 순원왕후 김 씨를 왕비로 맞았습니다. 그 후로는 그녀의 아버지 노론 김조순과 안동 김씨 가문의 도움을 받게 되었습니다. 이번에는 그렇게 안동 김씨 가문의 세도정치가 시작되었습니다.

정순왕후의 생가
충청남도 서산에 있는 이곳은 정순왕후가 태어나 왕비가 되기 전까지 살았던 곳입니다. 정순왕후는 순조 즉위 후 수렴청정하면서 세도정치를 처음 발생시킨 장본인이라는 오명이 씌워졌습니다. 하지만 이는 잘못된 역사의 왜곡이라는 주장도 있습니다.

순조는 나이가 들어가면서 점차 국정을 주도하고 왕권을 강화하려고 노력하였습니다. 그리고 아들인 효명세자의 빈으로 조만영의 딸을 맞아들였습니다. 안동 김씨 세력을 견제하려고 풍양 조씨 세력을 전략적으로 받아들인 것입니다. 그러나 순조의 역량은 이에 미치지 못했습니다. 영조와 정조의 노력에도 불구하고 노론 세력을 완전히 약화시키지 못한 데다가 홍경래의 난까지 일어나면서 기가 완전히 꺾였습니다. 게다가 병까지 들어 국정에 신경 쓸 여유도 없어졌습니다. 다시 주도권은 장인인 김조순에게 돌아갔습니다.

순조는 1827년, 뜻을 펴지 못하고 효명세자에게 대리청정을 시키면서 정사에서 손을 떼려고 했습니다. 그렇게 하면, 안동 김씨 세력도 함께 물러나리라 생각했습니다. 그런데 그만 효명세자가 갑자기 사망하고 말았습니다. 다시 순조가 정사를 돌볼 수밖에 없었지요. 그러나 왕으로서 제대로 뜻을 펼치기에는 이미 세도정치의 골은 깊어졌습니다. 잠시 살

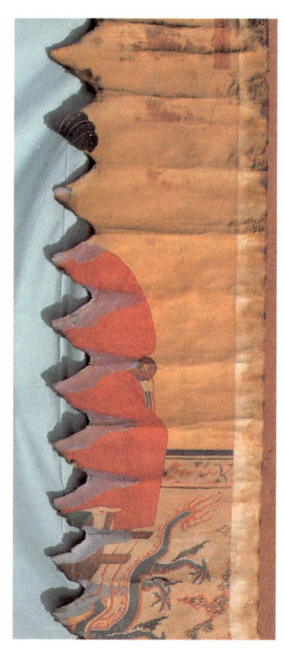

순조의 초상화
이것은 불에 타 반밖에 남지 않은 순조의 초상화, 어진(御眞)입니다.

아났던 풍양 조씨 세력 위로 다시 안동 김씨 세력이 권력을 잡았지요.

그 후 순조가 갑자기 세상을 떠났습니다. 그리고 고작 8세인 효명세자의 아들이자 순조의 손자, 헌종(재위 1834~1849)에게 왕의 자리를 넘길 수밖에 없게 되었습니다. 이제는 풍양 조씨 세력과 안동 김씨 세력 간의 알력 다툼이 벌어졌습니다. 물론 풍양 조씨가 제대로 다툼을 벌이기엔 안동 김씨 가문이 너무 크게 세력을 키운 상태였습니다.

헌종을 나름대로 세도정치를 벗어나려고 노력했습니다. 그러나 헌종도 23세의 젊은 나이에 갑자기 사망하면서 그 뜻은 이루지 못했습니다. 그런데 헌종의 딸도 죽고 없는 데다가 아예 자식이 없어 왕위를 이을 이가 없었습니다. 그나마 왕의 혈통으로 가장 적합한 인물이 철종(재위 1849~1863)이었습니다.

철종은 정조의 이복동생인 은언군의 손자였습니다. 왕위에 오르기 전에는 강화도에 가족과 함께 유배되어 있었습니다. 느닷없이 순원왕후의 명을 받아 왕위에 오른 것이지요. 그 후 순원왕후의 수렴청정이 시작되었습니다. 그는 순원왕후의 친척인 김문근의 딸을 왕비로 맞아들였습니다. 그때부터 김문근이 정권을 장악하였고, 안동 김씨의 세도정치는 끝날 줄 모르고 계속되었습니다. 그로 인해 벌어진 조선 후기 정치의 문란함은 이루 말할 수가 없을 정도였습니다.

조선 후기의 사회·문화의 변화

조선 후기의 세제 개편

　일본의 침략으로 조선은 사회 전반에 큰 피해를 당했습니다. 객관적인 자료로 보아도 그 피해는 짐작이 갈 정도입니다. 예를 들어, 일본 침략 이전의 경작지가 1백 70여만 결이었다면, 전쟁이 끝난 후에는 겨우 약 54만 결이었습니다. 이전보다 무려 70% 정도 감소한 것으로 보입니다. 게다가 인구도 크게 줄었습니다. 전쟁으로 수많은 사람이 죽거나 포로로 잡혀간 때문이지요. 경작지와 인구의 감소는, 곧 국가 재정의 파탄을 의미합니다. 세금의 원천인 토지와 인구가 감소하였으니 국가에서 걷을 세금도 적어졌기 때문이지요. 게다가 조일전쟁 후 여진족까지 침략했으니, 조선은 심각한 상처를 입고 후기로 접어들게 되었습니다.

　이러한 조선 사회의 위기를 극복하고자 지배층은 새로운 제도를 마련하는 등 노력을 기울였습니다. 일종의 모병제인 '5군영'을 설치하였고, '균역법'을 시행하여 군역 대신 군포를 대신 내는 데 부담을 줄였습니다. 그리고 '대동법'을 시행하여 납세의 부담을 줄여주었습니다. '공명첩'을 발행하고 '납속책'을 이용하여 부족한 국가 재정을 채우려고도 했습니다.

　우선 균역법은 군포 납부 부담을 2필에서 1필로 줄여준 것입니다. 대동법은 각 지방 특산물을 내야 했던 공납제를 없애고 어디든 쌀로 동일

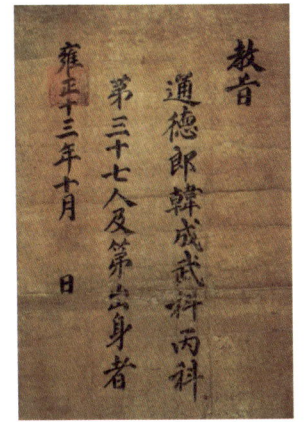

청주 한씨의 공명첩
이것은 청주 한씨 집안에서 전해 내려온 공명첩입니다. 공명첩은 일종의 관직 임명장인데, 위 사진에서처럼 받는 사람의 이름이 비어 있습니다. 이러한 공명첩을 돈 받고 남발하여서 신분제에 적지 않은 폐단을 낳았습니다.

하게 내도록 한 제도입니다. 공명첩은 상품 경제 시장이 발달하면서 발생한 부유층에게 돈이나 곡식을 받고 팔았던 명목상의 관직 임명장입니다. 납속책은 국가에 필요한 재물을 바치면 신분을 올려주는 제도입니다.

하지만 이러한 획기적인 정책들은 모두 폐단을 낳았습니다. 자체적인 폐단뿐만 아니라 각각의 정책이 엮여서 발생하기도 했습니다. 가령, 납속책이나 공명첩을 마구 뿌리면서 양반이 늘어나 군역을 할 백성이 줄어들었고 백성 한 명당 납부해야 할 세금이 늘면서 몰락하는 백성이 더 늘게 되었습니다. 세금을 거둬들일 백성, 세수원이 줄어드니까 재정은 더욱 어려워지게 되었습니다. 무리하게 펼친 정책이 오히려 독이 되어 돌아온 것입니다.

세금은 백성에게 더욱더 큰 부담이 되었고, 양반 관료 등 지배층의 부정행위는 만연했습니다. 농민들의 불만은 계속 쌓여서, 조선왕조 25대 왕인 철종 때는 반란으로 표출됩니다. 분명히 농업 기술과 상공업이 발달하면서 조선 후기 사회는 경제 성장을 이룩하였습니다. 그러나 그 속은 점차 병들고 있었던 것입니다.

영정법
인조 때 제정된 전세 징수법으로, 토지의 비옥도를 판단하여 고정된 세율을 적용한 제도입니다. 두 번의 큰 전쟁 후 농지가 황폐화되어 내놓은 징수법입니다.

농업의 발달

일본과 여진족과의 전쟁은 경작지를 감소시켰고, 농사지을 땅을 잃은 농민들은 먹고살 어려움에 부닥쳤습니다. 게다가 농사지은 땅은 1년을 쉬어야 하니까 땅이 있어도 굶어 죽을 판이었지요. 농민들은 어떻게든 살길을 마련해야 했습니다. 그런 노력의 결과로 차츰 퇴비와 비료를 이용하는 방법, 농지에 물을 대는 시설과 체제가 발달하여 널리 보급되고 두레 등의 농촌 조직이 정착하게 되었습니다. 그러면서 '모내기법'이 일반화되었습니다.

모내기법은 모판에서 일단 싹을 틔운 후에 논에 심는 농사법입니다. 고려 시대부터 이어온 농사법으로, 과거에는 강원도 일부에서만 시행하였지요. 그 이유는 모내기 철에 가뭄이 들면 농사를 전부 망칠 위험이 있고 노동력이 많이 들기 때문이었습니다. 하지만 씨를 뿌리는 재배법보다 훨씬 생산성이 좋아서 식량이 부족한 어려운 시기에 모내기법은 널리 보급되었습니다. 동시에 '이모작'도 성행하게 되었지요. 모판에 벼를 심어 키우는 동안 경작지에 다른 작물을 키우는 것이 이모작입니다. 그러다 보니 땅을 놀리는 일이 적어져서 더 효율적인 식량 공급이 가능해졌습니다.

이처럼 농업 기술이 발달하자 생산량은 더더욱 증가하였습니다. 게다가 일본과 청나라를 통해 새로운 작물이 전해오면서 경제 상황과 활동 자체가 변화하기 시작했습니다. 단순히 재배한 것을 먹기 위한 농사 활

〈경직도〉
독일 게르트루드 클라센에 소장 중인 이 그림은 〈경직도〉라고 합니다. 한쪽을 보면, 조선 시대 농부가 모내기하는 모습이 보입니다.

동에서 다양한 작물들을 재배하여 판매하는 활동으로 이어지면서 상업 활동으로 소득을 올리는 농민들이 등장하였습니다. 이렇게 부를 축적한 농민은 양반 계급을 돈으로 사 새로운 지배 계층을 형성하였습니다. 양반 계층과 비슷한 권력을 가졌지만, 양반이라고 하기에는 배움이 부족한 계층 말입니다. 반면에 몰락한 양반도 적지 않았습니다. 물론 농민 대부분은 더욱 생활이 어려워졌습니다. 많이 가져가는 자가 생길수록 더 적게 가져가는 자도 생기기 마련입니다. 몰락한 농민들은 남의 땅을 빌려 농사를 짓는 소작인이 되거나 머슴살이로 겨우 살아갔습니다.

상업과 수공업의 발달

조선 전기만 해도 상업은 활발하지 않았습니다. 국가에 등록한 상인만이 장사를 할 수 있었습니다. 그리고 지정한 장소에서만 장사할 수 있었습니다. 그 장터를 '시전'이라고 하며, 시전에서 장사를 허가받은 상인을 '시전상인'이라 합니다. 장사를 할 수 있는 대가로, 시전상인은 나라에 필요한 물품을 바쳐야 했고 세금도 내야 했습니다. 시전상인 외에 허가받지 않은 상인도 있었습니다. 이들이 등록하지 않고 벌인 시장을 '난전'이라 하는데, 시전상인이 난전에서의 장사를 훼방 놓기 일쑤였습니다. 국가에서도 시전상인이 난전을 단속할 수 있도록 권한을 주었습니다. 그 권한을 '금난전권'이라고 합니다.

  조선 후기로 흘러가면서 상업은 급속도로 발전하였습니다. 농업 기술이 발전하자 더 많은, 더 다양한 작물을 얻을 수 있게 되었습니다. 그러면서 좋은 기술을 가진 농부는 먹고사는 데 필요한 작물 이상의 남는 작물이 생기게 되었지요. 그것을 다른 사람에게 팔기 시작하면서 상업의 발달도 꾀할 수 있게 되었습니다. 정리하면, 농업 생산력이 발전하자 잉여 농산물이 발생했고, 그 잉여 농산물을 내다 팔면서 상업이 발달하게 된 것입니다.

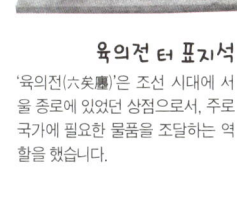

육의전 터 표지석
'육의전(六矣廛)'은 조선 시대에 서울 종로에 있었던 상점으로서, 주로 국가에 필요한 물품을 조달하는 역할을 했습니다.

  상업이 발전하면서 부유한 평민이 점차 늘어났고 부유한 평민은 양반과 동등한 지배계층으로 성장하였습니다. 그러면서 더더욱 상업이 발달해갔습니다. 조선 후기의 유명한 대상인으로는 개성을 중심으로 한 '송상', 평양을 중심으로 한 '유상', 의주를 중심으로 한 '만상', 동래를 중심으로 한 '내상' 등이 있습니다. 부유한 대상인들은 더더욱 발을 넓혀 국제 무역으로까지 사업을 확장하였습니다.

  국가에서는 조세를 걷어서 수입을 늘리는데, 차츰 농산물이나 특산물보다 '화폐'로 세금을 받기 시작했습니다. 그러면서 상업 활동 간에 화폐가 매우 중요한 수단이 되었지요. 당시 널리 유통된 화폐는 숙종 때 주조한 '상평통보'였습니다. 화폐는 동등한 가치의 쌀보다 훨씬 가볍고 효율적이어서 화폐 유통의 발달은 더더욱 상업을 발달시켰습니다.

  국가는 상업의 발달을 장려하였습니다. 상업의 발달로 난전이 성행하자 조정에서는 아예 이를 인정하였습니다. 시전상인에게 주었던 금난전권도 폐지하고 자유롭게 상업 활동을 할 수 있도록 하였습니다. 조선 전

상평통보

기 때 훼방과 핍박으로 고통받았던 난전의 상인들은 시전상인보다 훨씬 다양한 물품을 팔면서 경쟁력을 키웠습니다. 그러자 이제는 시전이 점차 자리를 잃어갔습니다.

조선 전기에는 수공업도 관청에 등록하여야만 이루어질 수 있었습니다. 게다가 관청에서 마련한 공장에서 생산해야 했지요. 이때의 수공업자들은 주로 국가가 필요로 하는 무기나 화폐 등을 만들었습니다. 이러한 형태를 '관영 수공업'이라고 합니다. 그런데 상업의 발달과 함께 수공업도 조선 후기에 발달했습니다.

김홍도의 <대장간>
이 그림은 조선 후기 대장간의 모습을 엿볼 수 있는 김홍도의 그림입니다. 여럿이 협동하여 금속을 재료로 연장을 만드는 모습이 잘 담겼습니다.

우선, 대동법은 수공업의 발달을 끌어당겼습니다. 대동법은 앞서 살펴본 대로 특산품 대신 쌀로 대신 세금을 납부하도록 한 제도지요. 그런데 조정에서 필요한 것은 쌀이 아니다 보니까 세금으로 받은 쌀을 다시 특산물 등의 물품으로 바꿔야 했습니다. 그러면서 '공인'이 등장하여 그 중간 거래 역할을 했습니다. 그들은 쌀을 받고 조정에 물품을 공급해주었던 것이지요. 공급 물품은 점차 특산물을 넘어서 다양한 공산품 등으로 품목이 늘어나게 되었습니다. 품목이 늘자 수공업자들이 공급할 물품 수가 늘었고, 이는 수공업의 발달로 이어지게 된 것입니다.

그리고 국가에서는 수공업자의 등록제를 폐지했습니다. 그렇게 하니 자유로이 물건을 만들 수 있게 되었고 상업이 발달하면서 판매 또한 자유로워졌습니다. 그러자 상업과 함께 수공업도 활발해졌으며, 다양한 수공업 생산 형태도 등장하였습니다. 18세기까지는 대상인이나 공인에게 원료와 화폐를 먼저 받고 물건을 만들어 공급하는 형태의 '선

> 점차 자유롭게 물건을 만들 수 있게 되면서, 관영 수공업은 쇠퇴하고 민영 수공업이 발달하게 되었습니다.

대제수공업'이 성행했습니다. 그 후 점차 시장이 늘어나면서 수공업자가 물건을 만들어 직접 시장에서 내다 파는 형태도 이루어졌습니다.

신분질서의 붕괴

조선 후기의 여러 가지 변화는 조선 시대 초기까지 깊게 자리 잡고 있던 신분제도를 뒤흔들었습니다. 두 번의 큰 전쟁과 납속책, 공명첩의 남발로 신분제의 붕괴는 예고되었던 것입니다. 조정은 누구든 전쟁에서 공을 세운 이의 신분을 상승시켜 주었고, 전쟁 이후 부족한 세금은 납속책과 공명첩을 뿌려서 채우려고 했었지요.

전쟁에서 공을 세우면 신분을 상승시켜준 것을 '군공'이라 합니다. 예를 들면, 노비가 적 1명의 목을 베면 천민의 신분에서 해방시켜주었고 4명의 목을 베면 관직을 주는 식이었답니다. 그렇게 전쟁 이후 신분 상승된 하층민이 적지 않았습니다.

납속책은 군량미의 부족을 메우기 위해 곡식을 내면 신분을 준 제도였습니다. 공명첩은 관직을 증명하는 문서를 돈을 받고 발급해준 것이지요. 이와 같은 납속책과 공명첩이 남발되면서 경제적으로 부유한 이들이 합법적으로 신분을 상승시켜 양반이 될 수 있었습니다. 그 밖에도 족보를 위조하거나 몰락한 양반의 족보를 사들여서 양반 행세를 하기도

하였습니다. 그러면서 조선 전기에는 전체 10% 정도였던 양반층이 19세기 중엽에는 약 70% 이상이 되었습니다.

노비들도 신분 상승을 꾀하였습니다. 양반의 속박에서 도망치는 노비가 늘었고, 도망친 노비는 상민 행세를 하며 살았습니다. 게다가 1801년(순조 1)에는 왕실과 국가 소속의 공노비를 조정에서 해방해주었습니다. 양반이 늘어난 반면 세금을 징수할 평민은 줄자 재정 수입을 늘리고자 세운 조치였지요. 이런 상황이 되다 보니 조선 전기에 절반이었던 천민의 수가 19세기에 들어서는 거의 찾아볼 수 없을 정도가 되었습니다.

> 족보(族譜)란, 한 성씨 가문 혈통의 계보를 본관이나 파에 따라 기록한 책을 말합니다.

이러한 조선 후기의 변화로 신분보다 경제력이 인간관계를 규정짓는 기준이 되어갔습니다. 이를 반드시 긍정적으로 볼 수는 없을 것입니다. 부유한 양반이 증가하는 만큼 몰락하는 양반도 늘어갔습니다. 몰락한 양반은 농사를 짓거나 수공업 활동을 하며 먹고살아야 했습니다. 또, 양반 수의 증가는 곧 농민의 과한 세금 부담을 가져왔습니다.

견디다 못한 농민들은 다수가 농촌을 떠나 유랑할 수밖에 없게 되었지요. 그렇지 않으면 엄청난 부담을 안고 겨우 목숨을 부지하며 살아가야 했습니다. 농민의 불만은 계속 쌓여 갔습니다. 그 불만이 폭발할 때쯤 조선은 다시 새로운 변화를 맞이할 것입니다. 양지가 밝아지는 만큼 음지는 더욱 짙어지는 법입니다.

김홍도의 〈자리 짜기〉
이 그림에는 몰락한 양반이 한쪽에서 일반 평민처럼 자리를 짜며 노동하고 있는 모습이 그려졌습니다. 조선 후기 신분질서의 붕괴를 엿볼 수 있는 그림이지요.

실학사상의 발전

조선은 청나라의 공격으로, 큰 피해를 입었습니다. 하지만 전쟁 이후 청나라와 교류의 숨통이 트이면서 새로운 문물을 받아들이는 기회를 가질 수 있었습니다. 청나라뿐만 아니라 발전한 서양의 과학기술과 지식 등을 접하는 계기가 되었습니다. 예를 들어, 서양의 천문, 지리 등 새로운 지식은 청나라에서 한문으로 번역한 책을 들여와서 접할 수 있었던 것입니다. 새로운 문물과 더불어 서양의 종교인 천주교도 전해졌습니다.

17세기 이후 들어온 서양과 청나라의 새로운 문물은 조선이 겪고 있는 정치, 경제, 사회 전반의 위기를 어떻게 극복할 것인지 새로운 시각으로 바라보도록 하였습니다. 형이상학적 가치를 추구하는 학문인 성리학으로는 변화하는 조선 사회가 직면한 문제를 해결할 수 없었습니다. 좀 더 현실적으로 도움이 되는 학문이 필요했습니다. 그렇게 등장한 학문이 실학입니다.

청나라 병사 그림
이 그림은 조선 후기 화가, 김윤겸이 그린 『호병도』입니다. 인물의 얼굴이나 옷 등에 명암을 표현한 것으로 보아, 작가가 당시 청나라에서 들어온 서양화법을 이 그림에서 구사하였음을 알 수 있습니다.

실학은 현실 사회의 다양한 문제점을 연구하고 해결하며, 개혁하려고 하였습니다. 정치, 경제, 지리, 문학, 농학 등에 이르기까지 관심 연구 대상이 넓었으나 특히 가장 실생활에 가까운 것은 역시 경제 제도의 개혁이었습니다. 그러므로 조선 후기의 실학자들은 기술과 상업 발전의 중요성을 주장하였습니다. 실학은 그중에서 어떤 분야에 더 중점을 두고 개혁 의지를 펼쳤느냐에 따라 크게 '중농학파'와 '중상학파'로 나뉩니다.

'중농학파'는 사회 현실 개혁의 중심을 농업 문제에 두었습니다. 유형원, 이익, 정약용 등이 대표적입니다. 이들은 농촌을 바탕으로 성장하였으며, 모두 정권에서 밀려난 인물이라는 공통점이 있습니다. 이들은 우선 토지제도를 개혁해야 한다고 주장하였습니다. 그 실천 안으로 토지를 국유화하고 공동 소유의 농장을 만들자는 등의 주장도 펼쳤습니다. 그리고 실질적으로 농사를 짓는 농민의 노동량에 따라 분배하자고 주장하였습니다. 기본적으로 토지를 타당하게 분배하여 농민 생활의 안정을 이루려고 하였습니다. 중농학파의 주장은 정약용에 이르러 완성되었습니다. 『경세유표』, 『목민심서』 등의 저서에 그의 개혁 사상이 잘 담겼습니다.

강진 정약용 유적지
전라남도 강진군에 있는 이곳은 조선 후기의 대표적인 실학자, 다산 정약용의 유적지입니다. 그는 이곳에서 유배 생활을 하면서 많은 책을 지었습니다.

또 다른 부류인 '중상학파'는 상공업을 발달시키고 선진 기술을 받아들이자는 주장을 펼쳤습니다. 이들은 주로 18세기 후반, 선진국인 청나라에 왕래하며 그 발전상을 눈으로 보고 직접 겪은 사람들이었습니다. 이 부류의 실학파를 박제가의 저서인 『북학의』를 따서 '북학파'라고도 부릅니다. 대표적인 학자로는 박지원, 박제가 등이 있습니다. 이들은 중농학파와 다르게 농촌이 아닌 발전되어 가는 도시를 바탕으로 성장하였습니다. 이들은 상공업 발전과 더불어 화폐 유통의 필요성, 농업 기술의 혁신 등을 주장하였습니다. 그 밖에 양반을 중심으로 한 신분제의 문제점을 지적하기도 하였습니다.

조선 후기의 이러한 새로운 학문 활동은 근대사회로 향하는 문을 여는 획기적인 일이었습니다. 이런 학문의 바람은 국학과 문화, 예술 등 사회 전 분야의 발전에도 영향을 줄 만큼 조선 사회에 작지 않은 변화를 일으

컸습니다. 하지만 당시 이들 실학파의 주장은 국가 정책에 반영되지는 못했습니다. 지배 권력은 여전히 성리학의 굴레에 머무르려고 했으며, 실학자들의 위치가 그만큼 미천했기 때문입니다.

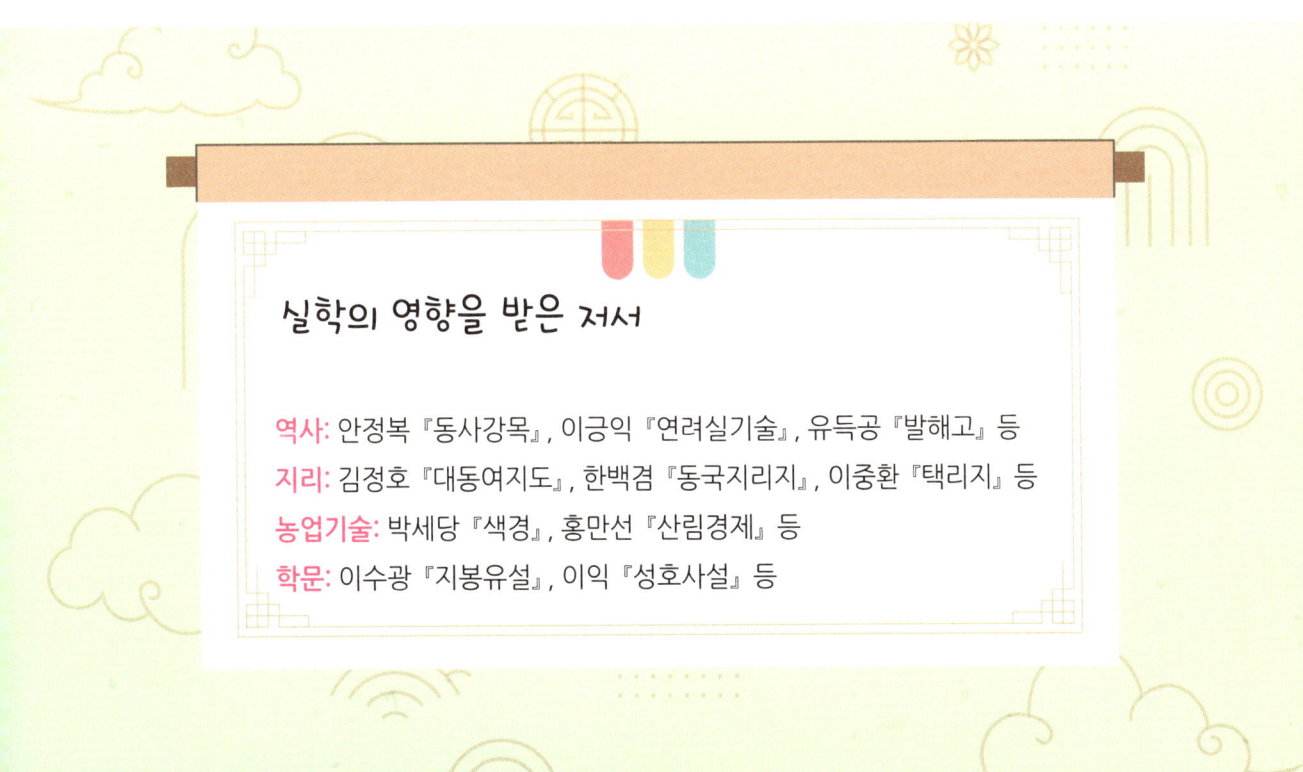

실학의 영향을 받은 저서

역사: 안정복 『동사강목』, 이긍익 『연려실기술』, 유득공 『발해고』 등
지리: 김정호 『대동여지도』, 한백겸 『동국지리지』, 이중환 『택리지』 등
농업기술: 박세당 『색경』, 홍만선 『산림경제』 등
학문: 이수광 『지봉유설』, 이익 『성호사설』 등

조선의 대표 실학자들

유형원

반계 선생 유적지
전라북도 부안군에 있는 이곳은 조선 후기 실학의 선구자 중 한 명인 반계 유형원의 유적지입니다.

유형원은 농촌 생활에서 겪은 것을 바탕으로, 잘못된 사회제도와 경제제도를 개혁해야 한다고 생각했습니다. 그는 성리학을 비롯하여 정치·경제·역사 등 다방면으로 관심을 두고 연구하였습니다.

유형원은 특히 토지를 중심으로 하여 사회를 개혁하자고 주장하여서 '중농적 실학자, 경세치용의 실학자'라고 불립니다. 그가 주장한 중농적 실학사상은 이이의 영향을 받은 것으로, 정약용에 이르러 더욱 발전했습니다. 그는 나라를 부강케 하고 백성을 편안케 하는 방법으로 농민에게 최저 기본량의 경작지를 줄 것, 농병일치의 군제개혁, 세제 정리, 상공업의 장려, 관아의 정비 등을 주장하였습니다. 이후에 이익, 홍대용 등에게 이어져 실학이 새로운 학문으로서 발전하는 데 큰 영향을 끼쳤습니다.

유형원은 천성이 청렴결백했으며, 벼슬길에 오를 것을 권유받았으나 사양하고 농촌에서 농민들을 가르치는 데 힘썼습니다. 또한, 기근을 구제하기 위하여 양곡을 모아두도록 하였고 큰 배 4~5척과 말을 바닷가에 두어서 위급한 상황에 대비하도록 하였습니다. 유형원은 지휘나 계급이 높고 낮음을 떠나 노비에 이르기까지 진심으로 백성을 사랑했습니다.

실학을 최초로 체계화한 그는 20여 종의 저서와 문집을 남겼으나 현재까지 전해지는 것은 『반계수록』과 『군현제』 1권뿐입니다.

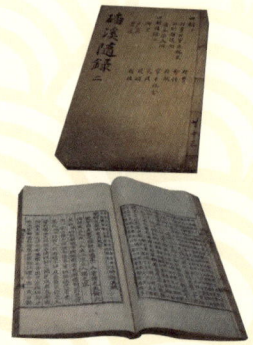

『반계수록』

박지원

박지원은 홍대용, 박제가 등과 함께 청나라의 우수한 점을 배워야 한다는 북학파 계열의 실학자입니다. 상공업을 중요하게 생각하는 '중상주의'를 주장하였지요.

그는 1780년(정조 4), 북경에 갔다가 발달한 중국 사회를 보고 실학에 뜻을 두게 되었습니다. 도덕보다 실용을 앞세워야 한다고 생각한 박지원은 신문물을 접한 경험을 바탕으로 『열하일기』를 썼습니다. 이 책에는 이용후생에 관한 박지원의 구체적 견해가 담겨 있습니다. 정치·경제·병사·천문·지리·문학 등 각 방면에 걸쳐 청나라의 신문물을 서술한 이 책은 당시 보수파의 많은 비난을 받았습니다.

박지원은 자신의 실학사상을 소설을 통해서도 생생하게 제시하였습니다. 『양반전』에서는 봉건 사회의 와해와 그 속에서 군림하는 양반 계급의 올바른 개념을 정립했으며, 『허생전』은 북벌론의 허위의식을 배격하면서 당시 사회의 문제점을 지적하였습니다. 또한, 『호질』에서는 유학자의 전형적인 위선을, 『민옹전』에서는 몰락해 가는 무인들의 울분을 반영하였습니다.

그의 소설은 근대적 비판의식의 결과라 할 수 있습니다. 독특한 풍자와 해학으로써 양반계급의 무능과 위선을 고발하는 등 다양한 인간 유형을 통해 사실주의의 전통을 이룩하였습니다. 그리고 사실적 문체를 구사하여 문체 혁신의 표본이 되었다고 평가받고 있습니다.

박지원 초상화

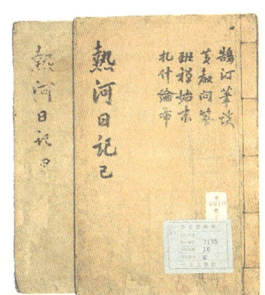

"당신은 평생 글 읽기만 좋아하더니 고을의 환곡을 갚는 데는 아무런 도움이 안 되는군요. 쯧쯧 양반, 양반 하더니 한 푼 어치도 안 되는구려."

『양반전』 중에서

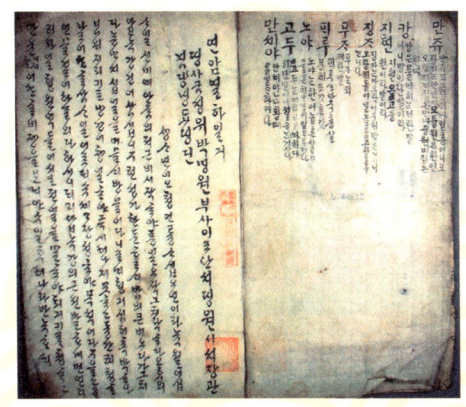

『열하일기』

Part 10
조선의 멸망

- 조선 후기, 농민의 반란
- 주요 농민 봉기
- 조선 근대화의 첫걸음
- 조선 근대화의 진통
- 저물어 가는 조선

잡식로드 휴게소 대한제국의 멸망을 막아라!

10 조선의 멸망

조선후기, 농민의 반란

농민 봉기의 배경

순조 이후에도 세도정치가 계속되어 하나의 가문이 권력을 독점하면서 왕권은 급격히 약해졌습니다. 그리고 권력에서 밀려나는 양반이 늘면서 몰락하는 양반도 늘어났습니다. 몰락한 양반들은 농민에 흡수되어 그들과 같은 삶을 살며 겨우 생명을 부지할 수밖에 없었습니다. 권력이 한 가문에 집중되면서 힘을 가진 이들의 부정부패도 만행했습니다. 그러나 권력 유지에만 욕심이 있는 세도가문들은 조정이나 민생을 살필 생각조차 하지 않았습니다. 그로 인한 고통은 오롯이 백성에게 돌아갈 수밖에 없었습니다.

납속책과 공명첩의 남발로 무늬만 양반, 관료인 자들이 많아졌습니다. 그것을 넘어서 뇌물을 주고 관직을 사는 일도 심심치 않게 발생했지요. 이처럼 뇌물로 관리가 된 이들이 그 비용을 충당하고 뒤를 봐주는 세도가들에게 상납하려고 백성을 대상으로 각종 수탈을 저질렀습니다. 지방으로 갈수록 이러한 부정은 더 심했고, 지방 고을 수령(일명 '사또')의 부정부패가 가장 심각했습니다. 수령의 실무보좌 역할을 했던 지방 향리들도 부정을 눈감아주거나 함께 부정을 저질렀습니다.

수령과 향리는 자신의 모든 권한을 착취에 이용했습니다. 가령, 규정에도 없는 세금을 만들어서 마음대로 거두어들였으며, 무고한 백성에게 죄를 덮어씌운 후 돈을 주면 풀어주는 등 온갖 횡포를 저질렀습니다. 조정에서는 부정을 막으려고 암행어사를 수시로 파견하였습니다. 그러나 세도정치에 의해 망가진 권력 구조로 인해 이러한 조치도 거의 효과를 발휘할 수 없었습니다. 심지어 암행어사조차 뇌물의 사각을 벗어날 수 없었습니다.

암행어사의 마패
암행어사는 사진과 같이 말이 새겨 있는 마패를 가지고 다녔습니다. 이것은 공무를 볼 때 필요한 말을 새겨 있는 수만큼 쓸 수 있도록 한 일종의 특권을 준 것이었지요.

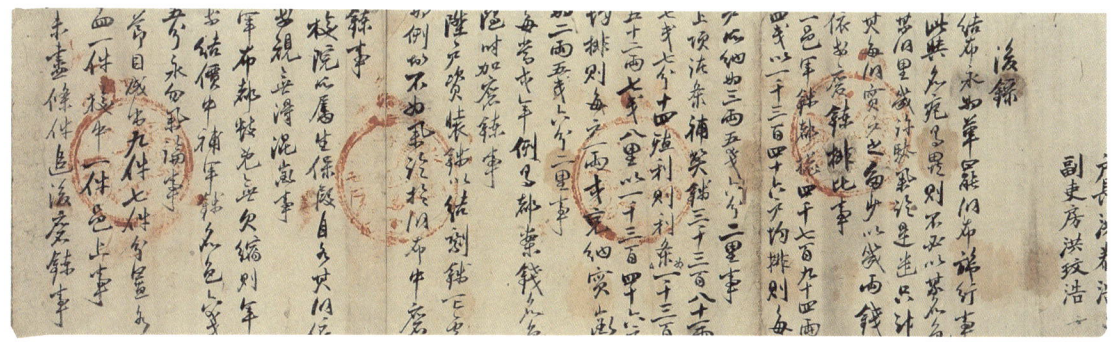

암행어사 절목
이것은 고종 때 지방에 파견된 암행어사가 군정의 폐단을 적은 문서(절목)입니다.

삼정의 문란

조선은 전정, 군정, 환정(환곡)의 '삼정'을 중심으로, 세금을 거두어서 국가 재정을 마련하였습니다. 그런데 세금을 거두는 관리들은 특히 이 삼정을 통해서 부정을 저질렀습니다. 그리하여 국가의 재정 수입인 삼정은 극도로 문란해졌습니다. 19세기 들어 모든 조세를 한 번에 징수하는 방식의 '도결제'가 보편화되었는데, 이 도결제마저 농민을 수탈하는 것으로 변질되었습니다. 세금을 거두어들이는 일 자체가 관리들이 부당하게 배를 채우는 수단이 되었던 것입니다.

> 신분제가 붕괴되면서 평민이나 노비가 양반이 되는 수가 늘자, 조세도 덜 걷히게 되었습니다. 하지만 조정에서는 각 군현에서 납부해야 하는 조세 총액을 낮춰주지 않았지요. 그러니 신분 상승하지 못한 평민은 부족한 조세를 떠안아야 했습니다. 평민의 부담이 한계에 다다르자 조정에서도 대책을 세워야 했습니다. 그래서 모든 조세를 통틀어 토지에만 부과하도록 제도를 세웠습니다. 그것이 바로 '도결제(都結制)'입니다.

삼정 중에서 '전정'은 토지에 부과하는 세금을 말합니다. 본래 토지에서 거둬들이는 세금은 1결당 20말 정도로 정해져 있었습니다. 그러나 부패한 관리들은 부가세, 수수료 등 온갖 항목을 붙여서 세금을 더 부과하였지요. 심할 때는 배보다 배꼽을 더 크게 징수하기도 했답니다.

'군정'은 군대에 가는 대신 군포를 거두어들인 것입니다. 본래는 장정 한 명당 베를 1필씩 내야 했습니다. 그런데 이 부패한 관리들은 장정뿐만 아니라 갓난아기, 죽은 사람, 노인, 심지어 도망간 백성의 이웃이나 친척에게 군포를 받아냈습니다.

'환정'은 정부가 모아놓은 곡물을 흉년 때 가난한 농민에게 빌려주는 제도였습니다. 그러나 부패한 관리들은 고리대금으로 이를 운영하였습니다. 물론 빌려주고 받은 것은 자신의 주머니로 들어갔지요. 이들은 과하게 이자를 매겨 받아 내거나 빌려준 곡물의 양을 속이기도 했습니다.

심지어는 강제로 곡식을 빌려 가게 하여 높은 이자를 받아내는 일도 있었습니다.

삼정의 문란과 탐관오리의 착취로 인해 농민들의 생활은 몹시 어려워졌습니다. 점차 농민들은 고향을 버리고 유랑민이 되는 경우가 많았습니다. 화전민이 되거나 도적이 되기도 하였으며, 국경을 넘어 만주로 이주하기도 하였습니다. 더군다나 자연재해 등으로 흉년이 계속되면서 농촌 사회는 날이 갈수록 피폐해졌습니다.

이처럼 계속해서 백성의 삶은 고달파지는데, 정치는 전혀 바뀔 기미가 보이지 않았습니다. 백성의 불만은 나날이 쌓여만 갔고 서서히 그 한계에 다다르게 됩니다. 몰락한 양반과 농민이 하나둘 모여 끌어모은 불만이라는 감정은 혁명을 이루고자 하는 꿈이 되었습니다. 그리고 곧 전국 각지에서 농민들이 힘을 합쳐 들고 일어납니다.

김득신의 〈반상도〉

이 그림은 조선 후기의 양반과 평민의 모습을 담고 있습니다. 양반은 당나귀를 타고 가며 평민 부부의 인사를 받고 있습니다. 평민 남편은 마치 절이라도 하는 것처럼 허리를 많이 굽히고 있습니다. 당시 신분제에 따라 서로를 대하는 태도가 얼마나 다른지 알 수 있도록 하는 그림이지요. 이 그림은 북한평양조선미술관에 소장되어 있답니다.

삼정
- 전정: 1년에 논밭에서 생산되는 곡식의 양을 검사하여 일정하게 전세를 부과하는 제도
- 군정: 군에 입대하지 않고 군포를 부과하는 제도
- 환정: 식량이 모자란 시기에 농민에게 식량이나 씨앗을 빌려주고, 추수 후 돌려받는 빈민 구제 제도

주요 농민 봉기

홍경래의 난

탐욕으로 부정을 일삼는 관리를 '탐관오리'라고 합니다. 조선 후기는 탐관오리들이 판치는 등 부정부패가 백성의 목을 죄는 시기였습니다. 힘없는 농민들은 먹고살기 위해 어떻게든 버텨나가야 했습니다. 그러나 차츰 그 한계에 도달했습니다. 더는 참을 수 없는 지경까지 이른 것이지요.

이러한 조선의 상황에서 특히 서북쪽에 사는 사람들은 다른 지역과 비교해서 차별까지 받았습니다. 서북 지역에는 세종 때 4군 6진을 개척하면서 조선인이 이주하여 살기 시작했는데, 나중에는 죄인들을 유배 보내는 지역으로 전락해버렸습니다. 그렇다 보니 서북 지역에 거주한다는 것만으로도 무시를 당하는 수준이 되었습니다. 그래서 양반들은 이 지역을 아예 피하게 되었습니다.

서북 지역은 자원이 풍부하여 광업이나 농업 등의 생산력이 월등했으며, 청나라와 가까워 교역도 활발했습니다. 아울러 상업도 활발하여 놀라운 발전을 이루고 있었습니다. 그러니 조정에서는 부족한 자금을 이 지역에서 상당 부분 충당하였습니다. 차별은 차별대로 하면서 수탈까지 당하니 불만이 점점 쌓이며 커져갈 수밖에 없었지요. 게다가 몰락한 농민층이 광산업에 종사해서 끼니라도 해결하려고 이 지역으로 몰려드니 서북 지역의 상황은 갈수록 심각해졌습니다. 이 지역의 수령들의 수탈은 다른 지역보다 더 심각했습니다. 백성들의 재산을 세금 납부라는 명목으로 빼앗아내는 데에만 혈안이 되었습니다. 중앙 출신의 부패한 수령과 지방의 향인이 손잡고 더욱더 심한 수탈을 일삼았습니다.

이때 몰락한 양반이라 알려진 '홍경래'라는 인물이 등장합니다. 세도 정치와 삼정의 문란 등으로 피폐해져 가는 백성의 삶을 서북 지역에서 직접 경험한 홍경래는 우군칙 등과 주도하여 난을 일으킵니다(1811).

그는 평안도 출신으로, 과거 시험에 1차는 합격하였으나 2차 시험에서 낙방했습니다. 당시에는 평안도 출신을 차별하여 등용하지 않았기 때문이라고 전해집니다. 어쩌면 이러한 차별 또한 홍경래가 난을 주도한 이유 중 하나이리라 추측할 수 있습니다.

홍경래는 약 10년간 반란을 준비하였습니다. 전국을 다니며 동료를 모았고, 약 1,000명의 병력으로 봉기를 일으켰습니다. 이들의 기세는 처음에는 강력했습니다. 서북 지역 8개 고을을 빠르게 점령하였지요. 그러나 그동안 관군도 당하고만 있지 않고 만반의 준비를 했습니다. 봉기군은 그 후 계속해서 관군에 패배를 거듭했습니다. 그리고 몇 번 싸워보지도 못하고 뿔뿔이 흩어지고 말았습니다. 주도자들도 겨우 피신하여 정주성을 지켰습니다만, 결국 4개월간 버티다가 1812년에 관군의 공격으로 완전히 진압되었습니다. 이때 홍경래를 비롯해 약 1,900명이 죽임을 당했습니다.

홍경래의 난은 이렇게 실패로 끝났지만, 그 의미는

백상루

이 건축물은 평안남도에 있는 안주 읍성의 대표적인 누각인 '백상루'입니다.
안주 함락은 홍경래가 일으킨 난의 성공을 가늠하는 요지였습니다. 그러나 안주로 들어가보지도 못하고 안주 관군에게 송림에서 패배하며, 점차 홍경래의 반란은 실패의 늪으로 들어가게 되었습니다.

상당합니다. 이 난은 이후에 벌어진 각종 빈민층과 농민의 반란을 이끌어냅니다. 홍경래는 죽었지만, 그의 정신은 여전히 살아있었던 것이지요. 힘없는 백성들로 하여금 세도가들의 폭정과 탄압을 무작정 견디기보다 스스로 일어나 바꾸어야 함을 깨닫도록 했습니다.

임술 농민 봉기

홍경래의 난은 실패로 돌아갔지만, 농민들은 그 소식을 접하고 참고 견디는 것이 전부가 아니라는 것을 깨닫게 되었습니다. 점점 더 심해지는 세도정치의 만행은 백성을 더욱더 살기 어렵게 만들었습니다. 그리하여 농민들은 뜻을 모아 전국 각지에서 크고 작은 농민봉기를 일으키게 됩니다.

철종이 임금으로 있던 시절, 1862년 임술년 새해가 밝자마자 농민들의 불만 표출은 극에 달했습니다. 그리고 2월 들어 마침내 전국적으로 봉기를 일으켰습니다. 진주를 시작으로 경상도, 경주, 전라도, 충청도, 그리고 경기도까지 전국 70여 곳에서 크고 작은 농민봉기가 일어났습니다.

가장 큰 규모로 일어난 진주에서의 농민 봉기는 몰락한 양반인 유계춘이 주도하였습니다. 진주는 당시 부유한 지방이었습니다. 그러나 그런 만큼 세금도 부담이 더 컸습니다. 그럴수록 농민들은 더 큰 피해를 입어야 했습니다. 특히 병사 백낙신의 착취와 박해는 도를 넘는 수준이었습니다. 농민들은 폭도가 되어 관아를 습격하였습니다. 그리고 탐관오리들을 처단하고 집을 불태웠습니다. 관아에 보관된 곡식은 가난한 백성에게 나누어주었습니다.

> 진주민란으로 백낙신은 재산 몰수 후 파면되었고, 고금도로 유배 보내졌습니다.

진주에서 시작한 농민 봉기는 전국으로 퍼져나갔습니다. 그러자 조정에서는 박규수로 하여금 사태를 수습하도록 하였습니다. 그는 각지에 안핵사, 암행어사 등을 파견하여 민란의 주모자는 처형하고 탐관오리를 처벌하는 등 사태 해결의 노력을 보였습니다. 그리고 '삼정이정청'이라는 임시 기관을 설치하여 삼정의 문란을 다스리려고 하였습니다.

　삼정이정청은 각지의 의견을 수렴하여 개혁 방안을 완성하였습니다. 그러나 이러한 방안을 실행하려는 계획은 지배층의 반발에 막히게 되었습니다. 세도가들은 근본 문제를 해결할 의지도 능력도 없었던 것입니다. 게다가 마침 가을 흉작도 들어서 개혁 방안은 빛도 못 보고 사라져 버렸습니다.

　1862년, 각지에서 벌어진 농민봉기는 백성의 개혁 의지가 반영된 반봉건적 투쟁운동이었습니다. 잘못된 정치와 사회를 직접 바꾸어 보려는 의지를 드러낸 것으로, 당시 일반 백성의 정치·사회적 의식의 성장을 엿볼 수 있습니다. 결과만 보았을 때 역시 실패한 혁명운동이었던 것으로 보이지만, 이 시절 농민 봉기의 정신은 이후로도 이어져 1894년에 벌어진 '동학농민운동'의 바탕이 되기도 했습니다.

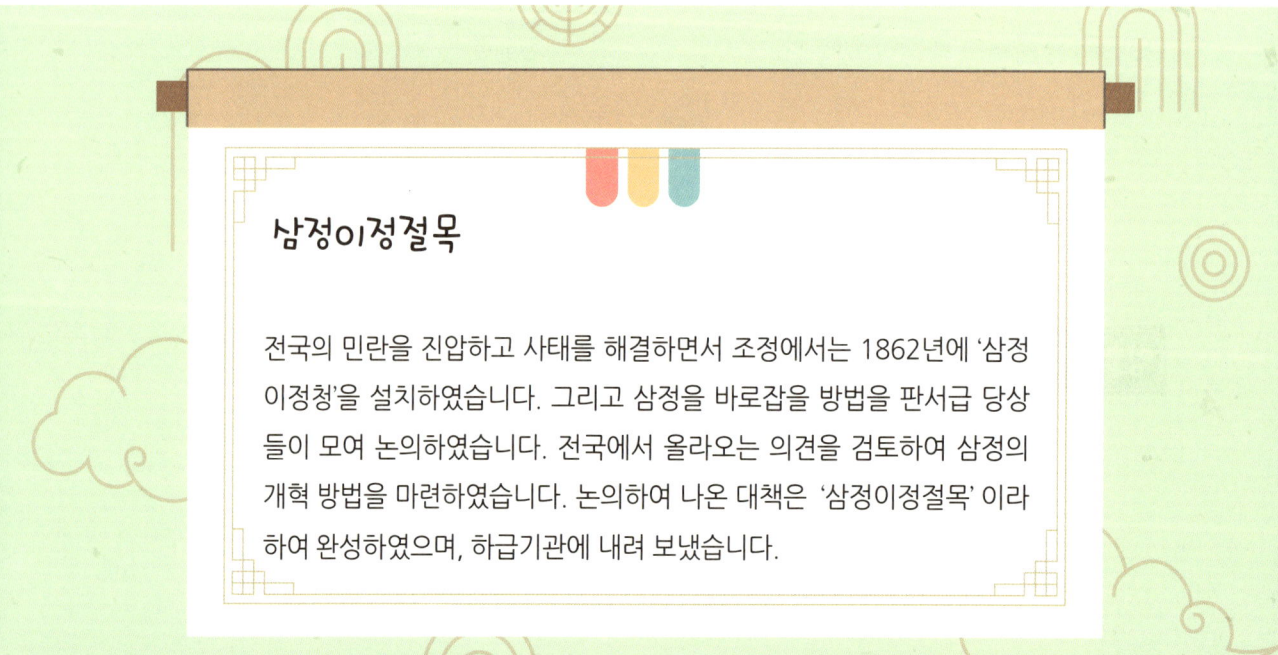

삼정이정절목

전국의 민란을 진압하고 사태를 해결하면서 조정에서는 1862년에 '삼정이정청'을 설치하였습니다. 그리고 삼정을 바로잡을 방법을 판서급 당상들이 모여 논의하였습니다. 전국에서 올라오는 의견을 검토하여 삼정의 개혁 방법을 마련하였습니다. 논의하여 나온 대책은 '삼정이정절목' 이라 하여 완성하였으며, 하급기관에 내려 보냈습니다.

조선 근대화의 첫걸음

흥선대원군의 집권

이하응, 흥선대원군의 초상화
이 그림은 조선 후기 화가인 이한철과 유숙이 그린 1869년, 흥선대원군 이하응 초상화입니다. 현재 서울역사박물관에 소장되어 있습니다.

1864년, 철종이 병으로 사망했습니다. 후계자도 지명하지 못한 채였지요. 신정왕후는 안동 김 씨 세력이 방해하기 전에 서둘러 다음 국왕을 지명했습니다. 전부터 이미 고종의 아버지인 이하응(흥선군)은 신정왕후와 밀약을 맺은 상황이었습니다. 그렇게 고종(재위 1863~1907)이 왕의 자리에 오르게 되었습니다. 그리고 흥선군은 '흥선대원군'이 되어 고종 대신 조정을 돌보며, 조선의 정치 권력을 손에 쥐게 되었습니다.

19세기 중엽, 당시 조선은 여러 가지 문제와 정면으로 맞닥뜨리고 있었습니다. 특히 순조 이래 이어져 온 세도정치로 인해 문란해진 정치 기강을 바로잡는 것이 흥선대원군의 첫 번째 과제였습니다. 정치 기강 문란으로 벌어진 탐관오리의 부정부패, 또한 개혁해야 할 대상이었지요.

흥선대원군은 먼저 무너진 왕권을 강화하는 데 힘썼습니다. 그는 그동안 특별한 권력을 누리던 안동 김씨 세력을 완전히 몰아내 버렸습니다. 그러면서 세도정치로 등용되지 못한 인재들을 차례로 등용하며, 인사 개혁을 단행했습니다. 그야말로 능력이 있다면, 차별 없이 고르게 인재를 등용하였습니다. 그리고 비변사를 폐지하고 경복궁을 중건하면서 왕권을 강화하려는 정책을 펼쳤습니다.

그는 세도정치 세력을 몰아내면서 탐관오리를 숙청하고 붕당의 근원이라 할 수 있는 서원을 철폐하였습니다. 또, 백성의 부담을 덜어주려고 각종 개혁 정책을 시행하였지요. 양반과 지방 호족이 토지를 강제로 빼앗는 병폐를 막기 위해 '양전 사업'을 벌였습니다. 양전 사업은 토지를 측량하고 토지 소유자와 조세 부담자를 조사하는 것입니다. 그는 '호포제'도 시행하도록 하였습니다. 이것은 양반에게도 군포를 부담하도록 하는 제도이지요. 그리고 '사창제'를 시행하였습니다. 이 제도는 먹을 것이 부족한 시기에 곡식을 빌려주어 가난한 농민을 돕는 것입니다. 이처럼 과감히 개혁정치를 펼쳐 나갔습니다.

당백전
이 당백전의 한쪽에는 '常平通寶', 다른 쪽에는 '戶大當百'이라 새겨졌습니다.

당백전

전쟁 후 조정의 곳간은 텅텅 비었습니다. 게다가 삼정의 문란으로 세금도 잘 걷히지 않았지요. 그러나 흥선대원군은 무리하게 경복궁을 중건하려고 하였습니다. 그가 선택한 방법은 당시 유통되고 있던 상평통보 외에 '당백전'이라는 돈을 유통하는 것이었습니다. 물론 당장 부족한 재정은 돈을 찍어내는 것으로 해결할 수 있지만, 이후의 경제는 인플레이션이라는 수렁으로 빠지게 됩니다. 그것을 넘어서 조선의 경제까지 뒤집어 놓는 결과를 낳았습니다.

흥선대원군의 쇄국 정책과 파면

　흥선대원군은 대외적으로 쇄국 정책을 펼쳤습니다. 19세기, 당시는 서양 세력이 막 중국을 침략해 들어오면서 세력을 떨치던 때였습니다. 그 세력은 조선에까지 미칠 수밖에 없었지요. 영국과 프랑스의 배들이 한반도 해안에도 나타나기 시작했습니다. 그러면서 외세에 대한 위기감이 점차 높아졌지요. 이러한 조선 밖의 상황도 흥선대원군이 해결해야 할 과제였습니다.

　흥선대원군이 처음부터 천주교에 적대적이었던 것은 아닙니다. 그러나 지식인들 사이에서 천주교를 탄압하자는 목소리가 점차 높아지면서 압박을 느끼기 시작했습니다. 천주교 배척의 목소리는 선교사들을 처단하자는 목소리로 번졌습니다. 이에 흥선대원군은 1866년, 약 8,000명의 천주교 신자와 9명의 프랑스 사제를 잡아 들여 집단 처형했습니다. 1866년부터 1871년까지 벌어진 이 사건을 '병인박해'라고 합니다.

　1866년, 병인박해 직후 베이징에 주둔하던 프랑스 함대가 이 소식을 듣고 강화도를 침략했습니다. 조선군의 기습 공격에 프랑스군은 물러갈 수밖에 없었지만, 조선은 강화도에 있던 다수의 문화재를 잃는 피해를 보았습니다. 이 사건을 '병인양요'라고 합니다.

　같은 해 미국에서도 '제너럴 셔먼호'를 한반도로 보내 통상을 요구했습니다. 하지만 흥선대원군은 이를 받아들이지 않았지요. 그러자 미국군은 갖은 행패를 부렸습니다. 이를 막고자 평안 감사 박규수와 군민들이 제너럴 셔먼호를 불태웠습니다. 그런데 미국은 이를 구실로 1871년 함대를 끌고 와 강화도를 침략했는데, 이 사건을 '신미양요'라고 합니다. 미군은 공격에 성공하여 강화도를 점령하였으나 그래도 조선 정부가 교섭을 받아들이지 않자, 별다른 소득이 없겠다고 판단하여 곧 철수하였습니다. 미군이 철수하자 흥선대원군은 전국에 '척화비'를 세워 서양의 침략을 막겠다는 강한 의지를 보였습니다.

신미양요 참전 미군 기념사진
신미양요에서 활약한 USS콜로라도함에서 찍은 미군 장교들의 사진입니다.

한편, 흥선대원군은 1866년 고종의 왕비를 '명성황후'로 결정하였습니다. 이 결정에는 여러 가지 설이 있으나 안동 김씨와 풍양 조씨의 세도정치를 완전히 몰아내겠다는 의지가 담겼다고 보는 게 적절해 보입니다. 또, 형제가 없고 얌전한 성격인 명성황후를 마음에 들어 했다고도 전해집니다.

척화비
흥선대원군은 서양인에 관한 배척 의지를 척화비를 세워 만인에게 알렸습니다. 그는 전국 교통 요충지마다 이러한 비석을 세웠습니다.

그런데 흥선대원군이 그토록 막으려고 했던 세도정치에 의해 그는 밀려났습니다. 언젠가부터 사이가 멀어진 명성황후는 자신의 일가친척을 불러 모아 정치 세력을 형성하였던 것입니다. 민씨 일가는 고종을 꼬드겨 흥선대원군이 권력을 놓게 하고 직접 정치를 펼치도록 유도하였습니다. 그리고 1873년, 곧 고종은 직접 조정을 돌보겠다고 선언하였으며, 흥선대원군은 실권에서 물러나게 되었습니다.

임오군란과 흥선대원군의 두 번째 집권

흥선대원군의 초상화
이 그림은 1880년, 환갑을 맞은 흥선대원군을 그린 초상화입니다. 조선 후기 화가인 이한철과 이창옥이 그린 그림으로, 현재 서울역사박물관에 소장되어 있습니다.

선혜청(宣惠廳)은 대동법 시행과 더불어 세워진 관청입니다. 이곳에서는 대동미와 포·전의 출납을 관장하였습니다. 경기청과 상평청을 통합하면서 세워졌고, 균역청까지 흡수하면서 조선 후기에 가장 큰 재정 기관이 되었습니다. 오늘날 국세청과 비슷한 역할을 했다고 볼 수 있습니다.

흥선대원군이 권력을 놓자 민 씨 세력이 조정의 권한을 손에 쥐었습니다. 이들은 1876년 일본과 '강화도 조약'을 맺고 일본의 압력에 굴복했습니다. 그 후 계속해서 서양 열강의 통상 압력에 문호를 개방하게 되었습니다. 그러면서 내부의 개화파와 척사파 간에 갈등이 깊어졌습니다.

조선 정부는 1881년, '별기군'이라는 신식 군대를 창설하였습니다. 이는 일본의 후원을 받았으며, 근대식 소총으로 무장하였고 신식 군사훈련을 받은 군대였습니다. 그런데 이 군대에 편성된 병사들은 기존 구식 군대 병사보다 훨씬 좋은 대우를 받았습니다. 급료도 많이 받았고 피복도 세련된 신식으로 보급받았습니다. 그러자 차별받는 구식 군대 병사의 불만은 날로 커져갈 수밖에 없었습니다. 게다가 구식 군인의 급료도 일 년가량 밀린 상황이었답니다.

1882년, 구식 군대의 병사들은 선혜청에서 밀린 급료와 식량을 지급받게 되었습니다. 한껏 기대에 부푼 병사들은 그러나 매우 화내며 선혜청 관리들을 폭행하기에 이르렀습니다. 무슨 일이 벌어진 것일까요? 글쎄 관리들이 분배해주는 쌀 속에 겨와 모래를 섞었던 것입니다.

이 폭행 사건을 일으킨 구식 군인들은 잡혀 갇히게 되었습니다. 그리고 곧 사형당할 것이라는 소문이 퍼졌습니다. 구식 군인들은 이 소문에 분노를 느껴 무기를 꺼내 들고 포도청을 습격했습니다. 붙잡힌 군인들을 풀어준 후 별기군 훈련장을 습격하여 신식 군인들을 처단하였으며,

일본 공사관도 습격했습니다. 이들 불만의 근원인 민씨 일가를 살해했고 도망친 명성황후를 찾아 나섰습니다.

'포도청(捕盜廳)'은 조선 전기 성종 대에 도둑이나 강도 등의 범죄를 근절하고 치안 업무를 강화하기 위해 마련한 관청입니다.

고종은 흥선대원군에게 사태 수습을 요청합니다. 자신의 무능을 인정할 수밖에 없었지요. 물론 정권을 대원군에게 넘기겠다는 약속도 할 수밖에 없었습니다. 대원군은 구식 군인들에게 요구를 들어주겠다고 달랬으며, 또 실종된(또는 어딘가에 숨은) 명성황후의 죽음을 공식화하였습니다. 그렇게 하여 구식 군인들의 분노를 잠재웠습니다. 그리고 민씨 일가에 의해 조정에서 밀려난 대원군이 임오군란을 계기로 다시 실권을 쥐게 되었습니다.

민씨 일가와 함께 조선 문호 개방을 추진하던 일본과 청나라는 비상이 걸렸습니다. 두 나라는 곧 조선에 군대를 파견하였습니다. 일본군은 특히 무리한 요구를 해왔습니다. 임오군란의 주모자를 처벌하고 그로 인해 벌어진 피해 보상을 요구했던 것입니다. 그 외에도 일본은 통상 확대와 개항을 포함한 여덟 개 사항을 요구했습니다.

운현궁
서울시 종로구에 있는 운현궁은 고종이 태어난 곳이자, 고종이 즉위한 후 흥선대원군이 10년간 조정을 살핀 곳이기도 합니다. 그리고 임오군란 후 흥선대원군이 청나라군대에 의해 톈진으로 납치된 곳도 바로 이곳입니다.

흥선대원군은 일본의 요구를 받아들이지 않았습니다. 그리고 명성황후(또는 고종)의 요청으로 파견한 청나라군대와 교섭해서 일본군을 견제하려고 하였습니다. 그러나 청나라군도 조선 편이 아니었습니다. 청나라는 아예 흥선대원군을 청나라 톈진으로 납치해가서는 서울을 장악해 버렸습니다(1882). 뒤통수 맞은 조선의 군대와 백성은 이

> 흥선대원군은 톈진으로 납치된 후 변두리에 있는 관청인 보정부에서 억류되었습니다. 그는 4년간 유폐되었다가 겨우 풀려날 수 있었습니다.

제 힘을 합쳐 청나라군대에 대항해야 했습니다. 그러나 막강한 청나라 군대를 이기는 것은 쉬운 일이 아니었습니다.

조선 근대화의 진통

홍선대원군과 조정은 외국의 수교 요구에 계속해서 거부하기만 했습니다. 그러나 조선 내부에서는 서양의 발달한 문물을 받아들여야 한다고 생각하는 사람들이 늘어났습니다. 이와 같은 사람들을 '개화파'라고 합니다. 개화파는 실학사상이 널리 퍼지면서 더욱 목소리가 커졌습니다. 앞서 실학파는 청나라를 통해서 서양의 선진 문물을 체험한 인물들이라고 하였지요. 실학파가 실제 정치에 개혁 사상을 반영하지 못한 것과 다르게 이들 개화파는 정계로 진출하여 개혁 정책을 본격적으로 추진하기 시작했습니다.

개화파 중에서도 속도나 방법에 따라 의견이 나뉘었습니다. 천천히 개화하자는 쪽은 '온건 개화파'라고 하고, 서둘러 개화하자는 쪽은 '급진 개화파'라고 합니다. 그런데 이후에 조선의 상황이 빠르게 변하면서 급진

톈진 보정부에 억류된 흥선대원군

개화파의 목소리가 더욱더 커지게 되었습니다. 이들은 '개화당'을 조직하고 강하게 조선의 변화를 끌어내려고 하였습니다.

위정척화사상을 고집했던 홍선대원군이 1882년, 임오군란 이후 톈진에 잡혀가자 개화에 의지가 있었던 민씨 세력이 다시 권력을 잡았습니다. 그러나 청군의 도움으로 재집권한 민씨 세력은 서둘러 개화하기에는 조심스러웠습니다. 소극적이고 천천히 개화 정책을 펼치려고 했지요. 게다가 민 씨의 요청으로 조선에 파견 온 청나라 군대가 조선에 주둔하기 시작하면서 슬슬 조정에 간섭하기 시작하였습니다.

급진 개화파, 개화당이 보기엔 민씨 세력이 못마땅했습니다. 더 적극적으로 개화하여 근대화를 이루어야 조선이 강해진다고 생각했기 때문이지요. 김옥균 등은 이대로는 자신들의 의견을 펼칠 수 없다고 판단했습니다. 이들은, 결국 뜻을 모아 쿠데타를 통해 조선을 바꾸자고 결심했습니다.

김옥균

1884년 12월 4일, 김옥균·박영효·서재필 등은 우정총국(지금의 우체국) 개국을 축하하는 파티에 맞춰서 쿠데타를 일으켰습니다. 이 쿠데타를 '갑신정변'이라 합니다.

이들은 조선에 주둔하고 있는 일본 병력의 힘을 빌려 새로운 정부를 세우려고 했습니다. 먼저 옆집에 불을 질러 혼란을 일으켰으며, 수구파나 위정척사파 할 것 없이 개화에 반대하는 이는 모두 처단하기 시작했습니

우정총국

서울시 종로구에 있는 이 건물은 갑신정변이 벌어진 바로 그 현장, 우정총국입니다. 아픈 기억이 있는 장소이지만, 조선 최초로 근대식 우편 제도를 도입하여 국내·외 우편 업무를 보던 곳으로서 의미가 깊은 곳입니다. 물론 갑신정변으로 그 업무는 중단되었습니다.

다. 그리고 궁궐을 점령한 후 각국 공사에 새 정부 수립을 통보하였습니다. 왕과 왕비는 호위라는 명목하에 일본군에게 감금당하다시피 궁궐에 갇혔습니다.

그러나 개화당의 쿠데타는 민심을 얻지는 못했습니다. 백성들이 보기에 개화당의 근대화 정책이 일본의 조선 간섭 방법과 크게 다르지 않다고 여겼습니다. 백성들에게 개화는 생활을 위협하는 또 다른 고난으로 보일 뿐이었습니다. 게다가 개화당은 다른 세력을 규합하지 못하여 많은 적을 만든 상황이었습니다.

개화당은 12월 6일 정강 정책을 발표했습니다. 현재 전해지는 것은 14개 조인데, 그 내용은 대략 다음과 같습니다.

홍영식
홍영식은 조선 말기의 문신이자 외교관으로, 조선 우편 제도의 선각자로 평가받는 인물입니다. 그는 개화파의 중진으로서, 갑신정변을 일으키는 데 주요한 역할을 하였습니다.

1. 대원군을 환국하고 청나라 조공 폐지
2. 평등권 제정하고 고르게 인재 등용
3. 탐관오리 근절하고 가난한 백성을 구제
4. 환곡 폐지
5. 규장각 폐지
6. 근위대 설치
7. 외국 상인 허용
8. 무고한 죄인 석방
9. 국가재정 호조에서 담당
10. 불필요한 관청 폐지

궁궐에서 쫓기듯 달아난 민씨 세력은 청나라에 도움을 요청했습니다. 이 정보를 알게 된 명성황후도 청나라군대의 투입을 몰래 지원했습니다. 고종이 이 혁신 정강을 받고 막 결재하려던 찰나에 청나라군대가 궁궐로 쳐들어왔습니다. 청나라군대는 조선군과 연합하여 빠르게 쿠데타 세력을 진압하였습니다. 개화당 세력과 손잡았던 일본군대는 사태가 불리하게 돌아가자 서둘러 철수하였습니다. 결국, 개화파 정권은 완전히 제압당하여 단 3일 만에 쿠데타는 끝났습니다. 그들이 내세웠던 정강 정책도 그들의 목숨과 함께 연기가 되어 사라졌습니다.

갑신정변 실패 후 개화파는 그야말로 처참하게 몰락했습니다. 주모자들뿐만 아니라 관련한 모든 자가 처형당했습니다. 조선 정부는 더욱더 보수적으로 되었습니다. 그러면서 일본과 청나라의 내정간섭이 본격화되었습니다. 갑신정변의 실패는 일본과 청나라 모두에 내정간섭 구실을 제공하였던 것입니다. 특히 일본은 본격적으로 조선 침략 계획을 추진하기 시작했습니다. 그러나 일단 조선을 두고 대치하던 청나라와 일본은 1885년, '텐진 조약'을 맺어 잠시 조선에서 모두 물러나는 것으로 약속했습니다. 물론 그래도 조선에 평화는 찾아오지 않았습니다.

> 갑신정변이 실패로 돌아간 후 일본은 조선에 피해 보상을 요구하며 '한성조약'을 맺었습니다. 그리고 청나라와는 양 나라 군대가 모두 철수한다는 내용의 '텐진조약'을 맺었지요. 두 나라가 조선을 두고 마음대로 맺은 이 조약들은 조선을 완전히 무시한 참으로 어처구니없는 조약들이었습니다.

동학농민운동과 갑오개혁

임오군란과 갑신정변 후 고종과 민씨 정권은 청나라와 가까운 관계를 유지하며 개화에 소극적이었습니다. 그러나 조선을 포함해 동아시아는 서양의 영향으로, 급격히 변화하고 있었습니다. 이러한 변화에 조정은 적절히 대응하지 못하고 있었지요. 백성의 의식은 점점 근대화되어 가는데, 조정은 아무런 대처도 하지 못했습니다. 게다가 끊임없는 탐관오리의 착취와 횡포까지 더해서 민심은 다시 폭발 지경에 점점 다가갔습니다.

'동학'은 최제우라는 인물이 만든 민족적인 종교입니다. 서학, 그러니까 서양의 종교에 대항하여 동쪽 나라의 학문이라 하여 이름 지었습니다. 동학의 사상은 '사람이 곧 하늘'이라는 '인내천'을 바탕으로 하여 일반 백성의 마음을 사로잡았습니다. 그런데 동학이 서서히 전국으로 퍼져나가자 조정은 민심을 현혹한다고 하여 최제우를 처형하였습니다. 그렇다고 동학이 사그라진 것은 아니었습니다. 최시형이 새로운 교주로 몰래 그 활동을 이어갔습니다. 오히려 더욱더 백성의 사상적인 바탕이 되었으며, 그 세력은 점점 더 커졌습니다.

당시 정읍시 고부군의 군수로 있던 조병갑의 횡포는 그 도를 넘었습니다. 동학의 지도자 '전봉준'은 이를 지켜만 보지 않고 동학농민군을 모았습니다. 그리고 1894년 2월, '보국안민, 제폭구민'이라는 구호를 외치며 동학농민운동을 일으켰습니다. 동학농민군의 기세는 전국적으로 퍼져

> 인내천(人乃天)은 동학(천도교)의 중심 교리로, '사람(人)이 곧 하늘(天)이다'라는 뜻입니다. 이 말이 내포하는 의미는 '모든 사람이 평등하다'는 신념입니다.

> **보국안민**(輔國安民)
> 나라 일을 도와 백성을 편안하게 함.
>
> **제폭구민**(除暴救民)
> 포악한 것을 물리치고 백성을 구원함.

갔습니다. 위협을 느낀 조정에서는 안핵사 이용태를 보내 탐관오리 처벌을 약속하며 농민들을 달랬습니다. 동학농민군은 조정의 말을 믿고 자진해서 해산하였습니다.

그런데 농민군이 해산하자마자 이용태의 태도가 달라졌습니다. 이 반란의 주모자며 관련자들을 모조리 역적으로 몰아 처벌하겠다는 것이 아닙니까? 3월, 전봉준과 농민들은 다시 무장하고 봉기를 일으킬 수밖에 없었습니다. 이들은 관군을 격파하며 전주성을 점령하였습니다.

고부관아터
전라북도 정읍시에 있는 이곳은 동학농민운동의 발단이 되었던 곳입니다. 고부군의 탐관오리인 조병갑을 몰아냈던 역사적인 현장이지요. 지금은 고부초등학교가 들어서 있고, 당시의 흔적은 석재 기초석과 '고부관아터 표석' 정도만 남아 있습니다.

고종과 왕비는 또다시 청나라에 군대 지원을 요청하였습니다. 그런데 청나라가 조선에 군대를 보내자 톈진 조약을 어겼다며, 일본군도 조선 땅에 들어왔습니다. 농민군은 어쩔 수 없이 외세 개입의 빌미를 주지 않으려고 화의를 맺고 해산하였습니다. 이렇게 두 번째 동학농민운동은 마무리되었습니다.

그런데 청나라와 일본군대가 농민군이 해산했는데도 철수하지 않았습니다. 일본은 청나라에 함께 조선 내정을 개혁하자며 제의했습니다. 청나라가 거절하자 일본은 강제로 민씨 정권을 몰아내고 흥선대원군 정권을 세웠습니다. 그러나 흥선대원군이 일본의 말을 제대로 들을 사람이 아니지요. 일본군은 흥선대원군도 몰아내고 자신들의 말을 잘 듣는 인물들로 조정을 구성하였습니다. 이 새로운 친일 내각은 일본의 입맛에 맞는 정책을 시행하며 개혁을 단행했습니다. 이러한 개혁을 1894년,

김홍집
일본은 김홍집을 중심으로 내각을 구성하도록 하였으며, 그는 곧 갑오개혁을 주도하였습니다.

갑오년에 일어났다고 하여 '갑오개혁'이라 부릅니다.

청일전쟁과 동학농민전쟁

청나라와 일본은 계속해서 조선에 특별한 권한을 갖기 위해 세력 다툼을 펼쳤습니다. 조정을 도와주는 척하며 조선을 점령하려고 갖은 꼼수를 부렸습니다. 동학농민운동 진압을 빌미로 조선에 들어온 청나라와 일본은 철수하지 않고 버텼습니다.

특히 일본은 조선 점령의 날카로운 이빨을 드러내었습니다. 앞서 1876년 운요호 사건을 구실로 강화도 조약을 체결하며, 조선과의 관계에서 유리한 상황을 만들어놓았지요. 일본군은 조선에 청나라군대를 물러가게 하라고 요구하였습니다. 명분은 조선의 독립에 방해가 된다는 것이었습니다. 조정은 청나라에 해결해줄 것을 요구했으나 청나라는 이를 무시했습니다. 조선 정부는 일본군대에 철수하라고 주장하였습니다. 그러나 이들은 철수하기는커녕 오히려 경복궁을 점령해버렸습니다.

일본은 민씨 정권이 말을 듣지 않자 대원군 정권을 세우려고 했습니다. 대원군에게는 그 조건으로 청나라군대를 물러나도록 하라고 요구했습니다. 대원군은 처음에는 듣지 않다가 계속된 회유와 권력을 쥐려는 욕심으로, 일본군의 요구를 못 이기는 척 들어주었습니다. 그러나 흥선대원군이 일본에 협조적일 리가 없었지요. 일본은 흥선대원군도 내쫓았습니다. 그리고 김홍집을 중심으로 한 친일 내각을 구성하였습니다. 그 다음에는 일본의 입맛에 맞는 내용으로 개혁을 단행했습니다. 그 개혁이 바로 '갑오개혁'입니다.

1894년 7월 25일, 일본군대는 충청남도 아산만에 정박해 있던 청나라 함선을 공격했습니다. 흥선대원군이 청나라군대 철수를 약속하기 전에 벌어진 일입니다. 청나라군대는 접전을 벌이다가 병력을 많이 잃고 평양으로 후퇴했습니다. 그리고 마침내 8월 1일, 청나라와 일본은 전쟁을 선포합니다. 일본의 명분은 역시 조선 독립이었습니다. 이렇게 조선 땅에서의 청일전쟁이 시작되었습니다.

9월 15일, 청나라와 일본의 전쟁이 평양에서 벌어졌습니다. 청나라는 병력을 보강하여 약 15,000명이 배치된 상황이었습니다. 그런데 어찌된 건지 청나라군대는 일본군의 공격을 막아내지 못했습니다. 다음 날 일본군은 청나라군대를 무찌르고 평양성을 점령했습니다. 이후 일본의 조선 내정 간섭은 본격화되었습니다.

청나라와 일본의 전투는 황해도에서, 압록강에서 그리고 여순에서 계속 벌어졌습니다. 일본군은 전투에서 매번 승리하며, 조선 점령에 한 발자국 더 다가갔습니다. 그런데 조선 땅에서 두 나라가 격돌하며, 전쟁의 피해는 고스란히 조선 백성에게 돌아갔습니다. 이를 참지 못한 동학의 우두머리, 전봉준과 손병희는 동학의병을 결성하였습니다. 그러나 이들은 거의 모든 전투에서 관군과 일본군에 패배하고 말았습니다. 특히 우금치에서의 대혈전에서는 의병 만 명 중 500명만 겨우 살아남았을 뿐입

유길준

유길준은 조선 최초의 일본과 미국 유학생이며, 김홍집 내각의 내무부 대신으로 참여한 인물이기도 합니다. 그는 갑오개혁 때 단발령 추진, 양력 사용, 신식 학교 건설 등의 개혁 정책을 펼쳤습니다. 그리고 현재 을미사변에 어느 정도 가담한 것으로 의심받고 있습니다.

그는 친일 성향이 있었으나 친일매국노인 것만은 아니었습니다. 진심으로 조선의 계몽과 개혁을 원했으며, 1910년 한일병합조약 때는 조약에 반대하는 운동을 추진하다가 체포되기도 하였습니다. 그에 따라 현재 유길준에 관한 평가는 반으로 엇갈립니다.

니다. 결국, 12월 말 전봉준 등 동학 지도자들이 체포되면서 동학의병의 노력은 물거품이 되었습니다.

일본군은 청나라와의 전투에서 매번 승리하였습니다. 1895년, 급기야는 중국으로 피신한 청나라군대를 쫓아 공격하여 동중국해 지역까지 차지했습니다. 결국, 청나라는 일본에 '시모노세키 조약' 체결을 요청했습니다. 같은 해 4월 17일, 이 조약은 체결되어 전쟁은 끝이 났습니다. 이 조약의 내용은 대략 아래와 같습니다.

체포된 전봉준
이 사진은 1894년 12월, 체포되어 한성부로 압송되는 전봉준의 모습을 담은 사진입니다.

- 조선은 완전한 자주독립국이다.
- 청나라는 배상금 2억 냥을 일본에 지급한다.
- 랴오둥 반도, 타이완, 펑후 제도 등을 일본에 할양한다.
- 사스, 충칭, 쑤저우, 항저우 항을 일본에 개항하고 통상에서의 특권을 준다.

손병희
전봉준과 함께 동학농민군을 이끌었던 손병희는 동학농민전쟁에서 패배한 후 동학을 다시 세우는 역할을 했습니다.

이 조약으로, 사실상 조선의 종주권은 일본에 넘어가게 됩니다. 그리고 일본은 서양 열강과 같은 특혜를 받게 되었습니다. 청일전쟁은 역사적으로 의미가 큽니다. 앞으로 일어나는 각종 큰 사건의 계기가 되었기 때문입니다. 일본에는 군국주의를 내세우며 침략전쟁을 벌이는 계기가 되었고, 청나라에는 변법자강운동에서 신해혁명까지 이어지며, 곧 멸망에 이르는 계기가 되었다고 할 수 있습니다. 조선은 일본의 속국이 되어 가는 결과로 향해갔습니다.

그런데 러시아, 프랑스, 독일이 랴오둥 반도를 차지한 일본에 철수하라고 요구했습니다. 특히 러시아는 무력도 불사하겠다는 상황이었지요. 일본은 어쩔 수 없이 요동에서 철수할 수밖에 없었습니다. 러시아가 이처럼 일본 세력을 몰아내자 조정은 러시아의 힘에 의지해야겠다고 생각했습니다. 그리고 그 후 친러 정책을 펼치기 시작했습니다.

러시아 전함 페트로파블롭스크

을미사변과 아관파천

새로운 세력으로 조선 내각이 구성되면서 권력에서 밀려난 민씨 세력은 러시아에 접근하여 일본을 견제하려고 하였습니다. 일본은 곧 이를 눈치챘지요. 일본은 민씨 세력의 중심인물인 명성황후를 살해하기로 마음먹었습니다.

1895년, 새로 부임한 일본 공사 미우라는 황후 살해 계획을 구체적으로 세웠습니다. 조선에 들어와 있는 일본 낭인 단체와 비밀스럽게 말이지요. 낭인은 요즘 말로 하면, 조직 폭력배 정도로 생각하면 됩니다. 목적을 위해서는 무슨 일이든 저지르는 잔혹한 무리였지요. 그리고 이 계획에 가담한 인물 중에는 조선인들도 있었습니다. 그중 흥선대원군도 가담하였거나 적어도 알고 눈감아주었다는 이야기가 전해집니다.

이들은 10월 8일 새벽, 예정보다 늦은 시각에 경복궁으로 쳐들어가 황후 시해를 거행했습니다. 일본군은 궁궐을 포위하여 그 계획을 도왔습니다. 고종은 이때 밖이 소란스러운 것을 느꼈습니다. 그리고 큰일이 벌어지고 있는 것을 알게 되었지요. 서둘러 이범진을 시켜 미국과 러시아 공사관에 도움을 요청하라고 보냈습니다. 이범진은 일본군을 뚫고 조선에 들어와 있는 미국과 러시아 공사관에 구원을 요청했습니다.

새벽 5시가 넘어가자 본격적인 작전이 실행되었습니다. 일본 낭인들은 칼을 휘두르며 명성황후를 찾아다녔습니다. 궁녀들을 잡아다가 황후가 어디에 있는지 추궁하다가 때리고 죽였습니다. 그러는 와중에 고종도 갖은 수모를 당했습니다. 왕궁 방위병도 일본 낭인들을 막는 데는 역부족이었습니다. 마침내 일본 폭도들은 모아놓은 궁녀들 사이에 숨어 있는 명성황후를 찾아내어 잔혹하게 죽였습니다. 1895년 10월 8일 벌어진 이 처참한 사건을 '을미사변'이라고 합니다.

조선의 러시아 공사관
1900년 당시 러시아 공사관의 모습입니다.

을미사변으로 일본은 조선에 관한 주도권을 되찾으려고 했습니다. 그러나 이 사건 후 일본의 의도와 다르게 흘러갔습니다. 이 사건은 조선 내에 반일운동을 일으키도록 하였고 국제적 비난과 압박도 거세졌으며, 일본은 사후 처리로 곤란한 지경이었습니다. 일본은 을미사변에 가담한 인물들을 파면하여야 했고 모두 일본에 불러들여 군법에 회부하였습니다. 그러나 물론 모두 무죄 방면되었다고 전해집니다.

을미사변 후, 명성황후가 참혹하게 살해당하는 것을 곁에서 지켜본 고종은 자신도 살해당할지 모른다는 두려움에 하루하루를 살아야 했습니다. 고종이 살길은 일본보다 더 강한 세력의 힘에 기대는 것뿐이었습니다. 고종은 삼국간섭에서도, 을미사변 이후에도 러시아의 힘을 느꼈었지요. 그래서 러시아에 도움을 요청하기에 이르렀습니다.

1896년 2월 11일, 고종은 세자였던 순종과 함께 경복궁을 떠나 러시아 공사관으로 거처를 옮겼습니다. 러시아 공사관을 한자어로 '아관'이라 하였으므로, 우리는 이 사건을 '아관파천'이라 부릅니다.

을미사변을 일으킨 낭인들
명성황후 시해를 단행한 일본 낭인들의 모습입니다. 이들은 '한성신보'라는 신문사 사옥 앞에서 이 기념사진을 찍었습니다. 이들을 모은 이가 바로 한성신보의 사장, 아다치 겐조입니다.

대한제국 선포

고종이 러시아 공사관에서 생활하게 되면서 조선에서의 일본 세력은 약화하였습니다. 대신 러시아의 간섭을 받아야 했지만, 고종은 안심이 되었습니다. 러시아는 조선에 영향력을 행사하며 각종 이권을 챙겼습니다. 사실 일본으로부터 조선을 보호받는 입장으로서는 어쩔 수 없는 대우였습니다. 다만, 다른 나라와 맺은 최혜국대우조항 때문에 러시아가 가져간 만큼 다른 나라도 챙겨가려고 해서 곤혹스럽긴 했습니다. 그래도 일본의 영향력은 더욱 약화하여 갔습니다.

고종이 너무 오랫동안 러시아 공사관에서 생활하자 다시 궁궐로 돌아올 것을 요구하는 목소리가 커졌습니다. 어쩔 수 없이 고종은 궁으로 돌아갈 수밖에 없었는데, 경복궁으로는 가지 않고 러시아 공사관 근처에 있는 경운궁(지금의 덕수궁)으로 이사하였습니다.

덕수궁의 정문인 '대한문'

고종은 1897년 덕수궁으로 환궁한 후 그 찬란한 500년 역사를 품어 안은 조선이란 이름을 버리고 '대한제국'으로 국호를 바꾸었습니다. 그리고 자신을 황제라 칭했습니다. 국가의 위신은 이미 땅에 떨어진 지 오래고 국력은 바닥이라서 그저 선언적 의미밖에는 없는 것은 아닌지 생각할 수 있으나 고종은 나름대로 대한제국의 황제로서 개혁의 노력을 기울였습니다.

특히 다양한 법안과 제도를 고치거나 새로 마련한 것에서 그 노력을 엿볼 수 있습니다. 예를 들어, 근대적인 업무를 수행할 수 있도록 관제를 개편했습니다. 기술지식을 바탕으로 하는 기관을 늘린다거나 개혁을 이끌어 내는 기구를 두고 근대화 정책을 펼치려고 했지요. 또 국정 운영 업무와 왕실 관련 업무를 분리하여 운영하도록 하였습니다.

그 밖에 근대적인 공장이나 회사 설립을 장려하였으며, 기술 교육 기관을 세웠고 각종 근대적인 시설을 도입하였습니다. 양전 사업을 시행하여 근대적인 토지 제도를 마련하였으며, 이를 통해 부족한 국가 재정도 채우려고 하였습니다. 중앙 집권적인 정치를 펼치기 위해 황제가 직접 군대를 장악하였고 입법, 사법, 행정권 등 각종 권한을 황제에게 집중시켰습니다. 그리고 허술해진 군대를 보강하여 국방 강화에도 노력을 기울였습니다.

그러나 과연 고종의 이러한 대한제국 선포가 백성의 호응을 얻을 수 있었을까요? 이미 무너진 조선의 국권을 다시 세울 만한 방도가 보이나요?

신식 무기를 교육받는 대한제국의 군인
서양인 교관에게 신식 무기인 기관총 사용법을 배우고 있는 대한제국 군인의 모습입니다.

대한제국?

고종은 아관파천 후 덕수궁에 돌아와서는 국호로, '대한제국'을 선포했습니다. 연호는 '광무(光武)'라 하였지요. 이 국호는 마한·진한·변한을 모두 아우르는 의미를 담고 있으며, 이 연호는 '외세의 간섭에서 벗어나 힘을 기르고 나라를 빛내자'는 뜻을 담았답니다.

저물어 가는 조선

러일전쟁

조선을 사이에 두고 러시아와 일본이 처음 맞부딪힌 것은 1894년에 일어난 청일전쟁 이후였습니다. 청일전쟁의 승리로 일본은 랴오둥 반도와 타이완을 점령하였지요. 이때 러시아가 일본의 세력 확장을 견제하기 위해 독일, 프랑스와 손잡고 일본을 압박하였습니다. 일본은 어쩔 수 없이 랴오둥 반도에서 철수하였습니다. 이때 벌써 일본은 러시아와 싸움을 벌이게 될 것을 예상하고 있었을 겁니다. 적어도 조선 정복의 야욕을 버리지 않는 한 말이지요.

랴오둥 반도에 상륙하는 일본군

러시아 제국은 차츰 아래로 세력을 확장하였습니다. 1897년쯤 러시아는 만주를 점령하고 있었고 아관파천 후 조선에도 큰 영향력을 미치고 있었습니다. 같은 시기에 일본도 여전히 조선에 영향을 끼치고 있었습니다. 그러니 러시아는 조선을 손에 넣기에 참으로 껄끄러운 존재가 아닐 수 없었습니다. 그렇다고 일본이 러시아를 몰아낼 만큼 힘이 있던 것도 아니었으니, 이들은 러시아에 협상을 제안했습니다.

일본의 요구는 조선으로서는 어이가 없는 것이었습니다. '한반도를 일본에 주면, 만주에 관한 권한을 인정해주겠다.' 러시아가 이 제안을 그대로 받아들일 리 없지요. 일본이 이처럼 당돌한 제안을 한 것은 영국과 동맹을 맺어서 믿는 구석이 있었기 때문입니다. 일본은 1894년 협상 진행을 중지하고 전쟁 준비에 들어갔습니다.

일본군은 2월에 만주 인근 뤼순항에 있는 러시아 함대를 공격했습니다. 그리고 선전포고와 함께 전쟁은 시작되었습니다. 러시아의 전력은 분명히 일본보다 우세했습니다. 하지만 일본은 러시아가 뤼순까지 거리가 멀어서 새로운 병력을 보급하는 데 한 달 넘게 걸리고, 이미 상주하는 병력도 그다지 많지 않은 것을 파악했지요. 일본은 이 공격에 성공하여 러시아 전함 7척을 침몰시켰습니다. 이 뤼순항에서의 전투로 일본도 피해를 입었으나 1905년 1월, 러시아군의 요충지인 뤼순항을 무력화하면서 전쟁의 주도권을 선점하게 되었습니다.

일본은 동시에 제물포항을 공격하였습니다. 러시아군은 이미 제물포에도 함대를 배치해놓고 있었습니다.

제물포 해전의 러시아 함선들

그 외에도 제물포에는 다른 서구 열강의 배들이 여럿 들어와 있는 상황이라 많은 항의를 받았으나 일본은 아랑곳없이 제물포항에서 전투를 벌였습니다. 일본군은 예상과 다르게 러시아 함대를 격파하며 승리하였습니다. 게다가 제물포에서 서울로 이동하여 대한제국 정부를 점령하였습니다. 이 전투에서 패한 러시아는

러일전쟁을 묘사한 카툰
대한제국을 사이에 두고 러시아와 일본이 다투는 모습을 묘사한 당시 외국 신문의 카툰입니다. 두 나라 사이에서 피폐해져가는 조선의 모습이 잘 반영되어 있지요.

러시아 공사를 철수하였고 대한제국과 러시아의 국교는 강제로 끊겼습니다.

바다에서의 전투뿐만 아니라 압록강, 사하, 봉천 등 육상에서의 전투에서도 승리하며, 러일전쟁의 승리는 일본으로 기우는 듯했습니다. 러시아는 최후의 방법으로 여기저기 흩어져 있는 러시아 함대를 러일전쟁에 투입하기로 결정합니다. 그러나 유럽에 있는 함대를 동아시아까지 이동시키는 것은 쉬운 일이 아니었습니다. 일본은 이 정보를 입수하고 만반의 대비를 했습니다. 5월 27일, 러시아의 발트 함대는 몰래 쓰시마 해협을 지나가고 있었습니다. 그런데 그중 병원선의 불빛 노출로 일본군에 발각되고 말았습니다. 이틀간 전투가 벌어졌고, 러시아 함대는 전멸했습니다.

일본은 전쟁에서 승리했지만, 너무 큰 비용을 이미 써버렸습니다. 그래서 미국의 중재안을 받아들일 수밖에 없었습니다. 1905년 9월 5일, 미국의 주선 하에 미국 포츠머스에서 러시아와 일본은 강화조약을 맺었습니다. 이 전쟁의 여파로 러시아는 '러시아 혁명'의 고통 속으로 들어가게 되었습니다. 일본은 기세등등하여 제국주의의 열풍에 감염되었습니다.

대한제국, 조선의 멸망

러일전쟁 후의 칼바람이 조선에 불어닥쳤습니다. 일본은 '한일의정서'를 체결하여 러시아와의 전쟁에서 지원받은 것도 모자라서 완전히 조선을 일본의 속국으로 만들려는 계략을 실행에 옮겼습니다. 전쟁에 진 러시아는 '포츠머스 조약'으로 더는 대한제국에 영향을 끼칠 수 없게 되었습니다. 그야말로 대한제국은 일본의 손 안에 거의 다 들어가게 된 셈이었습니다.

고종은 일본과 러일전쟁 시 맺은 제1차 한일협약(1904)의 무효를 선언하려고 했습니다. 그러자 일본은 오히려 대한제국의 외교권을 박탈한다는 내용의 제2차 한일협약(을사늑약)을 강요하였습니다. 조정은 끝까지 버티며 협약에 반대했습니다. 그러나 일본의 협박은 더 거세졌습니다. '이토 히로부미'는 종이와 연필을 들이밀며 서명을 강요하였습니다. 위협과 공갈이 이어졌고, 끝내 8명의 대신 중 5명의 찬성으로 이 협약은 체결되었습니다(1905). 여기서 일본의 요구에 찬성하며 배신한 다섯 명의 대신을 우리는 '을사오적'이라고 부릅니다.

이 조약의 내용은 대략 아래와 같습니다.

이완용 사진
이완용은 대표적인 친일매국노로, 을사오적 중 한 명입니다. 한일병합조약을 체결하는 데 일제의 부역자로 온힘을 쏟은 인물입니다.

1. 일본은 대한제국의 외국에 관한 업무를 지휘하며, 외국에 사는 한국인을 보호한다.
2. 대한제국은 일본의 허락 없이 다른 나라와 조약을 맺을 수 없고, 일

이토히로부미

본은 다른 나라와 맺은 조약을 완수하도록 한다.

3. 일본은 각 개항장에 관리를 둘 권리를 갖고 협약 실행에 필요한 일체의 사무를 맡는다.

4. 일본은 대한제국 황실의 안녕과 존엄을 보증한다.

협약 체결 후 일본은 이토 히로부미를 첫 통감으로 파견하였습니다. 그리고 일본은 자국에 유리한 조항들을 더하여 '한일신협약'을 맺도록 강요하였습니다(1907). 1909년에는 '기유각서'를 통해 사법권을 빼앗았으며, 정치적 권력을 강탈하였습니다. 이제 대한제국은 멸망을 눈앞에 두게 되었습니다.

마침내 1910년 8월 29일, 일본은 대한제국에 '한일병합조약(한일합방조약)'을 강제로 맺도록 하였습니다. 이 치욕적인 날을 우리는 '경술국치'라고 부릅니다. 결국, 대한제국은 이 조약으로 인해 일본제국의 식민지가 되었습니다.

대한제국 의병

일본 제국주의 침략에 맞서 무장한 대한제국 의병의 모습입니다.

1965년, 한일기본조약

이후 한국은 일제강점기를 지나며, 일본에 많은 핍박을 받았습니다. 그러니 1945년 해방 후에도 한국과 일본의 관계는 정상화될 수 없었지요. 그런데 1951년 이후 미국의 중재로 두 나라는 차츰 만남의 자리를 가지게 되었습니다. 1965년에는 한일기본조약을 맺으며, 관계의 물꼬를 틀 수 있게 되었습니다. 그리고 이 조약에서 '한일병합조약'을 비롯한 이전에 맺은 조약을 모두 무효화할 수 있게 되었습니다.

다만, 한국은 진정한 일본의 사죄를 받지 못했을 뿐더러 갖가지 문제들을 양보하여서 한국 내에서도 큰 논란이 일어났습니다. 게다가 이 조약이 현재까지 문제가 되고 있는 일본제국주의 하에서의 피해 보상, 위안부 보상 문제 등을 해결하는 데 오히려 걸림돌이 되었다는 비판이 있습니다.

평화의 소녀상
일본군 위안부 문제는 1910년 한일병합조약 이후 우리의 국권이 일본에 침탈된 사실의 가장 중요한 상징이자, 현재 우리가 일본에 대항하여 해결해야 할 가장 큰 난제입니다.

대한제국의 멸망을 막아라!

을사늑약

을사늑약이 체결된 것은 1905년 11월 17일입니다. 우리는 이날을 반드시 기억해야 합니다. 바로 일본이 조선의 주권침탈을 본격화한 치욕적인 날이기 때문입니다.

그날 일본은 현재의 덕수궁 중명전의 회의실에서 이 조약을 강제로 선포했습니다. 일본군은 대한제국의 대신들을 포위하고 자신들에게 유리한 조약의 찬성을 강요했습니다. 반대하는 대신은 끌고 가서 협박까지 했지요. 그리고 목숨을 구걸한 다섯 명의 대신에 의해 이 조약은 강제로 체결되었습니다. 대한제국의 황제, 고종으로부터 허락도 받지 않고 말이지요. 고종은 끝까지 이 늑약을 거부했답니다. 그러나 일본과 줄곧 내통해왔던 이완용이 몰래 옥새를 가지고 와 을사늑약문에 마음대로 찍어버렸습니다.

그 후 일본은 개항장과 13개의 주요 도시에 '이사청'을, 11개의 도시에 '지청'을 설치하였습니다. 이로써 대한제국 식민지 지배의 기초를 마련하였습니다. 일본이 설치한 '통감부'는 강력한 권한을 손에 쥐면서 최고 권력기관으로 군림하였습니다. 그리고 본격적인 대한제국 지배에 들어갔습니다.

> **을사오적**
> · 학부대신 이완용
> · 내부대신 이지용
> · 외부대신 박제순
> · 군부대신 이근택
> · 농상공부대신 권중현

> **조약? 늑약?**
> '조약'은 양 국가가 협의하여 약속을 맺는 것입니다. 어느 한 국가의 강요도 없이 서로 합의하여 체결하는 것이 조약입니다. '늑약'은 '굴레 륵(勒)'자를 써서 힘으로 강제로 맺은 약속을 말합니다. 말 그대로 한쪽이 유리하게 강제로 맺은, 정당하지 않은 국가 간의 약속이라는 말입니다. 그래서 우리는 1905년에 맺은 일본과의 약조를 조약이 아니라 '늑약'이라고 해야 합니다.

고종 황제와 황태자 시절 순종

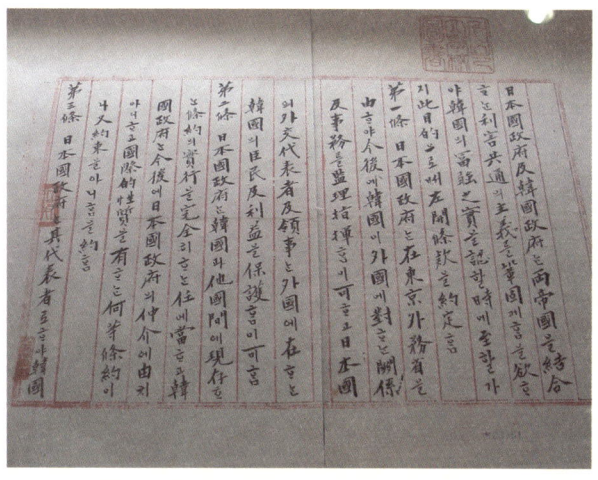

을사늑약문
일본이 강제로 체결한 을사늑약의 조항들이 담긴 문서입니다. 날짜는 11월 17일로 되어 있으나 옥새는 18일 새벽에 찍혔습니다. 이것은 일본이 강제로 이 조약을 체결했다는 증거가 되기도 합니다.

덕수궁 중명전
덕수궁 중명전(重明殿)은 덕수궁 안에 있는 서양식 건물입니다. 원래는 수옥헌(漱玉軒)이라고 불렀으나, 1904년에 덕수궁에 화재가 발생하여 고종이 거주하게 되면서 이름을 바꿨습니다. 우리 민족에 아픈 역사를 남긴 을사늑약이 이 건물에서 체결되었습니다.

헤이그 특사

헤이그 특사
이들이 헤이그에 비밀리에 파견 간 특사들입니다. 왼쪽부터 이준, 이상설, 이위종입니다.

고종은 뒤늦게 을사늑약이 체결된 것을 알았습니다. 그리고 서둘러 이 늑약의 부당성을 해외에 알리려고 했습니다. 먼저, 1906년 독일 빌헬름 2세 황제에게 밀서를 전달하여 도움을 청했습니다. 그러나 이 노력은 물거품이 되었습니다. 독일은 당시 제1차 세계대전에 패하면서 국제적인 힘을 잃은 상황이었기 때문이지요.

1907년, 고종은 다시 한번 을사늑약의 부당함을 전 세계에 알리려는 노력을 기울였습니다. 네덜란드 헤이그에서 열리는 '만국평화회의'에 밀사를 파견하였습니다. 이상설, 이준, 이위종은 특사로 우여곡절 끝에 헤이그에 도착하였습니다. 그리고 을사늑약 파기건을 의제로 상정해줄 것을 만국평화회의 의장인 러시아인 '넬리도프 백작'에게 청원했습니다.

그런데 헤이그 만국평화회의에서 일본의 방해가 만만치 않았습니다. 게다가 평화회의라고는 하지만 사실상 제국 국가들의 충돌을 막기 위한 대책 논의 성격이 강하여 국권 침탈을 당하는 국가의 요청이 받아들여지기가 쉽지 않았습니다. 이러한 상황에서 특사들이 할 수 있는 일은 거의 없었습니다.

이준 열사 기념관
네덜란드 헤이그에 있는 이 건물은 헤이그에 특사로 파견하여 조선의 주권 회복을 위해 노력한 이준 열사를 기리는 '이준 열사 기념관'입니다.

밀사들은 마지막 희망으로, 취재차 방문한 각국의 기자들을 앞에 두고 일본 침략을 규탄하는 연설을 하며 동정 여론을 끌어냈습니다. 그리고 현지 신문사에 호소문을 보내 국제 사회에 일본의 만행과 한국의 주권 회복 노력을 알리려 했습니다. 그러나 이러한 외교 활동은 끝내 고종을 왕위에서 물러나게 하는 핑곗거리만 되고 말았습니다. 마침내 일본은 고종을 폐위하고 순종을 대한제국의 황제로 올렸습니다.

헤이그 특사 파견은 아무런 소득도 없이 무산된 것으로 보입니다. 그리고 이후 일본은 더욱더 한국을 식민지화하는 데 열을 올렸습니다. 하지만 일본의 주권 침탈을 막기 위한 고종과 특사의 외교적인 노력이 얼마나 컸는지 우리는 알아야 합니다.

한국사 연대표

B.C. 70만 년-구석기시대
B.C. 2333년-단군, 고조선 건국
B.C. 1100년-고조선, 8조법 시행
B.C. 1000년-청동기 시대
B.C. 400년-철기 시대
B.C. 108년-고조선 멸망, 한사군 설치
B.C. 57년-박혁거세, 신라 건국
B.C. 37년-주몽, 고구려 건국
B.C. 18년-온조, 백제 건국
32년-고구려, 낙랑군 정벌
42년-김수로, 금관가야 건국
53년-고구려, 태조 즉위(~146)
194년-고구려, 진대법 실시
313년-백제와 고구려 연합, 낙랑군 멸망
372년-고구려, 불교 전래·태학 설치
384년-백제, 불교 전래
400년-고구려 광개토대왕, 신라에 군사 지원
427년-고구려 장수왕, 평양 천도
433년-백제와 신라, 나제동맹
475년-백제 문주왕, 웅진 천도
494년-고구려, 부여 멸망
512년-신라, 우산국 정벌
520년-신라 법흥왕, 율령 반포
527년-신라 법흥왕, 불교 공인
532년-신라, 금관가야 멸망
538년-백제 성왕, 사비 천도
545년-신라, 『국사』 편찬
562년-신라, 대가야 병합
598년-수 문제, 고구려 침공
612년-고구려, 살수대첩
642년-고구려, 연개소문 정변
645년-고구려, 안시성싸움 승리
646년-고구려, 천리장성 완성
660년-백제 멸망
668년-고구려 멸망

676년-신라, 삼국 통일
685년-신라, 9주 5소경 설치
698년-발해 건국
751년-신라, 불국사·석굴암 창건
788년-신라 원성왕, 독서삼품과 설치
828년-신라, 장보고의 요청으로 청해진 설치
892년-견훤, 후백제 건국
901년-궁예, 후고구려 건국
918년-왕건, 고려 건국
926년-거란, 발해 멸망
935년-신라 멸망
936년-고려, 후삼국 통일
956년-노비안검법 실시
958년-과거제도 시행
976년-전시과 실시
983년-전국에 12목 설치
992년-국자감 설치
1010년-거란의 2차 침입
1019년-귀주대첩
1033년-천리장성 쌓기 시작(~1044)
1107년-윤관, 여진 정벌·9성 축조
1126년-이자겸의 난
1135년-묘청의 서경천도운동
1145년-김부식, 『삼국사기』 편찬
1170년-정중부의 난
1179년-경대승 집권
1196년-최충헌 집권
1198년-만적의 난
1231년-몽골 1차 침입
1232년-강화 천도
1236년-강화에서 『고려대장경』 조판 시작(~1251)
1270년-배중손, 삼별초를 이끌고 대몽항쟁 시작
1285년-일연, 『삼국유사』 편찬
1287년-이승휴, 『제왕운기』 편찬
1359년-홍건적의 난
1376년-최영, 왜구 토벌
1377년-『직지심경』 인쇄
1388년-이성계, 위화도회군

1392년-고려 멸망, 조선 건국
1396년-한양 천도
1401년-신문고 설치
1402년-호패법 실시
1403년-주자소 설치
1413년-팔도 지방행정조직 완성, 『태조실록』 편찬
1420년-집현전 설치
1423년-『고려사』 편찬
1429년-정초, 『농사직설』 편찬
1434년-6진 설치
1437년-4군 설치
1446년-훈민정음 반포
1453년-계유정난 발생
1460년-신숙주, 여진 정벌
1469년-『경국대전』 완성
1481년-서거정, 『동국여지승람』 편찬
1493년-성현, 『악학궤범』 완성
1498년-무오사화 발생
1498년-상평창 설치
1504년-갑자사화 발생
1506년-중종반정
1510년-삼포왜란
1519년-기묘사화 발생
1545년-을사사화 발생
1547년-정미약조 체결
1554년-비변사 설치
1555년-을묘왜변
1561년-이지함, 『토정비결』 저술
1592년-임진왜란
1592년-한산도대첩
1592년-진주 싸움
1593년-행주대첩
1597년-정유재란
1608년-경기도에 대동법 실시
1609년-기유조약
1610년-허준, 『동의보감』 완성
1623년-인조반정
1624년-이괄의 난
1627년-정묘호란

1636년-병자호란
1653년-하멜 일행, 제주도 표착
1658년-나선 정벌 등 효종의 북벌정책
1658년-전라도에 대동법 실시
1678년-상평통보 전국에 유통
1693년-안용복, 조선 독도 지배권 일본에 확인
1708년-대동법 전국적으로 실시
1712년-백두산정계비 건립
1725년-탕평책 실시
1750년-균역법 실시
1786년-서학 금지
1801년-신유박해
1811년-홍경래의 난
1839년-기해박해
1860년-최제우, 동학 창시
1861년-김정호, 〈대동여지도〉 제작
1862년-임술민란
1863년-고종 즉위, 흥선대원군 정권 장악
1865년-경복궁 중건
1866년-제너럴셔먼호사건, 병인양요
1871년-신미양요
1875년-운요호사건
1876년-강화도조약 체결
1881년-신사유람단, 영선사 파견
1882년-임오군란, 제물포조약 체결
1883년-『한성순보』 발간, 태극기를 국기로 선정
1884년-우정국 설치, 갑신정변
1889년-조병식, 방곡령 선포
1894년-동학농민운동, 갑오개혁
1895년-을미사변, 단발령, 을미의병
1896년-독립협회 설립, 아관파천
1897년-대한제국 성립
1898년-만민공동회 개회, 『매일신문』 창간
1900년-경인선 철도 개통
1904년-러일전쟁 발발, 한일의정서 체결
1905년-을사조약 강제 체결, 동학을 천도교로 개칭
1906년-통감부 설치, 이토 히로부미 부임
1907년-국채보상운동 시작, 헤이그밀사사건,
        한일신협약 체결

도판 목록

11 주먹도끼(국립중앙박물관) | 12 갈아 만든 돌도끼(위키백과: Kang Byeong Kee) | 13 신석기 시대의 움집(강동구 암사동 선사주거지 2전시관), 빗살무늬 토기(인천녹청자박물관) | 14 다양한 청동검(국립중앙박물관) | 15 탄화미(위키백과: HappyMidnight), 민무늬 토기(인천녹청자박물관) | 16 옥천 석탄리 고인돌(문화재청), 강화부근리지석묘(김영창) | 17 농경문 청동기(국립중앙박물관) | 19 『삼국유사』(국립한글박물관), 『제왕운기 영인본』(삼척시립박물관), 『권근 응제시주』(문화재청) | 20 비파형 동검(용산전쟁기념관), 비파(국립중앙박물관) | 22 한나라 무제의 초상화 | 24 철기 시대의 주거지 유적(문화재청), 철기(문화재청) | 25 철제 보습(청주박물관) | 27 『삼국사기』(국립중앙박물관) | 29 『삼국지(三國志)』의 일부분(위키백과: 猫猫的日记本) | 30 동예의 집터(문화재청) | 31 삼한 시대의 목걸이(청주박물관) | 32 소도를 표시했던 솟대(국립민속박물관) | 38 고주몽(동명성왕) 석상(위키백과: yeowatzup) | 41 『양직공도』, 백제 금동 대향로(국립부여박물관) | 43 도제기마인물상(국립중앙박물관) | 44 경주 오릉(위키백과: Anne1482) | 45 기마인물형 뿔잔(국립경주박물관) | 46 허왕비릉(위키백과: Luccas) | 47 가야의 철정(대성동고분박물관), 가야의 토기(문화재청) | 48 김해 예안리 고분군의 가야 유적(문화재청), 가야의 철갑옷(대성동고분박물관) | 49 우륵 기념탑(개인 촬영) | 50 고구려 덕흥리 고분 벽화의 인면조 | 51 광개토대왕릉비(위키백과: Lawinc82), 고구려 고분 벽화에 그려진 삼족오 | 52 장군총(위키백과: Bart0278) | 54 무령왕릉의 청동 거울 | 55 칠지도(용산전쟁기념관) | 56 〈천마도〉 | 57 창녕 신라 진흥왕 척경비(문화재청) | 58 〈당염립본왕희도〉 | 60 수나라 초대 황제인 '문제'의 초상화 | 62 정림사지오층석탑(위키백과: Laura Van Lopik) | 63 익산미륵사지석탑, 금동대향로(국립부여박물관), 금동여래입상(국립중앙박물관) | 69 부소산성(위키백과: WaffenSS) | 70 계백장군유적전승지(문화재청) | 72 수산리 고구려 벽화 | 73 안시성 전투 기록화(용산전쟁기념관) | 74 당나라 고종의 초상화 | 75 고구려 중장기병 벽화, 연개소문 유적비(문화재청) | 76 김유신 장군상(위키백과: Integral) | 77 태종무열왕릉비 | 80 『발해태조건국지』(김도형) | 84 석굴암의 부처 석상(위키백과: Richardfabi), 실상사 석등(Black207) | 85 경순왕의 영정 | 88 궁예 미륵(개인 촬영) | 89 포석정 전경(위키백과: kokiri) | 90 견훤릉(개인 촬영) | 92 고구려의 연꽃무늬 와당(국립중앙박물관), 백제의 연꽃무늬 와당(국립중앙박물관) | 93 정효공주 묘의 벽화(국립중앙박물관) | 96 왕건의 초상화 | 97 왕건릉 근처에서 출토한 태조 왕건 동상 | 98 『고려사』(위키백과: Jocelyndurrey) | 101 춘천 신숭겸 신도비(문화재청) | 102 경천묘(문화재청) | 110 서희 장군 묘의 문인석(문화재청) | 111 서희 장군의 묘(문화재청) | 113 강감찬 장군 동상(Flickr: Sasha Friedman) | 114 강감찬함 | 116 윤관의 초상화 | 117 윤관의 묘(문화재청) | 122 김부식 영정(삼성현역사문화관), 『삼국사기』(국립중앙박물관) | 124 강진 고려청자 요지(문화재청) | 125 용인 서리 고려백자 요지(문화재청), 강릉 고려성(문화재청) | 130 〈정기환필무용총각저도〉(국립중앙박물관) | 131 청평사의 모습(문화재청) | 134 명학소 민중봉기 기념탑(개인 촬영) | 138 임연의 초상화(경기도박물관) | 139 임연 장군 사적비(), 진천 농다리(위키백과: Black207) | 140 고대 몽골 궁수 그림 | 141 칭기즈칸, 몽골 화폐 속 칭기즈칸 | 142 처인성 터(문화재청) | 143 강화산성(문화재청) | 144 황룡사금동찰주본기(국립경주박물관) | 145 충주성(문화재청) | 146 연설 중인 몽케 칸 | 148 배중손 동상(위키백과: Jangg8962) | 149 제주도 항파두리 항몽 유적과 유물들(문화재청) | 150 진도 용장성행궁지(문화재청) | 151 원나라 기황후 | 152 『직지심경』, 고려청자(뉴욕메트로폴리탄미술관) | 153 해인사, 해인사에 보관되어 있는 『팔만대장경』(문화재청) | 154 정지 장군의 갑옷(문화재청) | 155 강민첨 장군 영정 | 159 명나라의 문장 | 162 명나라 주원장 초상화 | 163 공민왕 내외의 영정, 공민왕 영정, '염제신'의 초상화, 〈천산대렵도(天山大獵圖)〉 | 165 황산대첩비의 탁본(위키백과: Eggmoon) | 167 공민왕 사당(문화재청) | 171 이성계의 초상화 | 173 정도전 사당(문화재청), 『삼봉집』과 목판(문화재청) | 174 선죽교 | 177 경복궁 근정전 현판(문화재청), 경복궁 근정전 천장의 쌍용(문화재청), 경복궁 근정전(문화재청) | 178 『팔만대장경』(문화재청) | 179 고려청자 찻잔, 그릇과 청자 베개(국립중앙박물관) | 183 구리 태조 건원릉 신도비(문화재청), 태조 건원릉(위키백과: Kbr0706) | 185 도담상봉(위키백과: Steve46814) | 186 태종 무덤 앞 문무석(위키백과: HanKooKin) | 187 태종이 직접

적은 글(전주이씨대동종양원) │ 188 숭례문 현판(위키백과: Isageum) │ 189 세종 영릉 신도비(문화재청) │ 190 측우기(기상청), 자격루(문화재청) │ 191 『훈민정음』(문화재청), 『훈민정음』, 세종대왕의 서문(문화재청), 『월인천강지곡』(문화재청) │ 193 〈북관유적도첩-야연사준도〉 │ 196 사육신 묘지공원(문화재청), 『경국대전』(위키백과: 三猎) │ 197 성종대왕 태실비(위키백과: 이인우) │ 198 김종직이 쓴 편지, 추원재(문화재청) │ 201 연산군의 묘(문화재청) │ 202 조광조의 영정, 조광조의 친필 편지 │ 203 조광조 적려유허비, 동죽서원(문화재청) │ 204 태릉, 강릉의 석인과 석수(문화재청) │ 205 문정왕후의 어보 │ 206 선조대왕어필병풍(문화재청) │ 208 송강 정철의 신도비(문화재청), 정철의 영정, 정철의 『송강가사』(국립한글박물관), 정철의 『송강문집』 │ 210 『삼강행실효자도』 표지, 본문(문화재청) │ 215 일본식 조총(위키백과: PHGCOM) │ 216 자운서원(문화재청) │ 217 판옥선 모형, 거북선(위키백과: Ji-soo Seo) │ 218 논개사당(flickr: old ccc) │ 219 권율 장군 영정, 권율 장군 신도비(문화재청) │ 220 서해 류성룡의 『징비록』 │ 221 옥포해전 기념탑(위키백과: WaffenSS) │ 222 이순실 친필, 서울전쟁기념관의 거북선 모형(위키백과: Feth) │ 223 『난중일기』와 『임진장초』, 이순신 장군 동상(서울소방재난본부) │ 225 누르하치의 초상화 │ 227 광해군의 묘지(문화재청) │ 230 태종 홍타이지의 초상화 │ 232 남한산성 수어장대(위키백과: Arne Hückelheim) │ 234 송파구 석촌동의 삼전도비(위키백과: Dalgial) │ 235 창렬사(문화재청) │ 236 이자성 기념관(위키백과: Sunatnight) │ 237 삼전도비(문화재청) │ 238 『조선왕조실록』, 『훈민정음 해례본』(위키백과: Jocelyndurrey) │ 239 『조선왕조의궤』(청주고인쇄박물관), 『승정원일기』(서울대학교규장각한국학연구원), 『동의보감』(서울대학교규장각한국학연구원) │ 244 러시아 요새를 공격하는 청나라 군대 │ 246 효종이 직접 쓴 한글 편지 │ 247 효종대왕릉의 재실(문화재청) │ 249 우암 송시열 전신상 │ 250 송시열 유적(문화재청) │ 252 연잉군의 초상화 │ 253 영조의 초상화 │ 254 어서비각 속 탕평비(위키백과: Motoko C. K.) │ 256 사도세자가 대리청정 기간 내린 영서 │ 257 사도세자가 장인에게 쓴 편지 │ 258 정조가 직접 쓴 글씨 │ 260 〈정조대왕 화성능행반차도〉 │ 261 정순왕후의 생가(문화재청) │ 262 순조의 초상화 │ 263 청주 한씨의 공명첩(경상대학교) │ 265 〈경직도〉 │ 267 육의전 터 표지석(위키백과: Eggmoon), 상평통보(위키백과: Lawinc82) │ 268 김홍도의 〈대장간〉 │ 270 김홍도의 〈자리 짜기〉 │ 271 청나라 병사 그림 │ 272 강진 정약용 유적지(강진군) │ 274 반계 선생 유적지(부안군), 『반계수록』(위키백과: Jocelyndurrey) │ 275 박지원 초상화, 『열하일기』 │ 279 암행어사의 마패(위키백과: Jocelyndurrey), 암행어사 절목(국립중앙박물관) │ 281 김득신의 〈반상도〉 │ 283 백상루(flickr: David Stanley) │ 288 이하응, 흥선대원군의 초상화 │ 289 당백전(통영시립박물관) │ 291 신미양요 참전 미군 기념사진, 척화비(문화재청) │ 292 흥선대원군의 초상화 │ 293 운현궁(덕성학원) │ 294 톈진 보정부에 억류된 흥선대원군 │ 295 김옥균, 우정총국(광화문우체국) │ 296 홍영식 │ 299 고부관아터(전라북도교육청), 김홍집 │ 301 유길준 │ 302 체포된 전봉준, 손병희 │ 303 러시아 전함 페트로파블롭스크 │ 304 조선의 러시아 공사관 │ 305 을미사변을 일으킨 낭인들 │ 306 덕수궁의 정문인 '대한문'(위키백과: Gapo) │ 307 신식 무기를 교육받는 대한제국의 군인 │ 308 랴오둥 반도에 상륙하는 일본군 │ 309 제물포 해전의 러시아 함선들 │ 310 러일전쟁을 묘사한 카툰 │ 311 이완용 │ 312 이토 히로부미 │ 313 평화의 소녀상(flickr: YunHo LEE) │ 315 고종 황제와 황태자 시절 순종, 을사늑약문(위키백과: Ryuch), 덕수궁 중명전(위키백과: Black207) │ 316 헤이그 특사, 이준 열사 기념관(위키백과: OSeveno)

- 본 도서에 사용한 도판은 'e뮤지엄(www.emuseum.go.kr)', '문화재청(www.cha.go.kr)'과 '위키백과(wikipedia.org)'에서 이용이 허락된 '공공누리', 'Creative Commons', 'GNU' license 자료입니다.
- 각 자료의 출처를 개별적으로 표기하였으며, 표기하지 않은 도판은 'Public Domain'입니다.
- 저작권으로 인해 사용상 문제 있는 자료는 차후 저작권자와 협의 하에 원만히 해결하도록 하겠습니다.